中国汽车工程学会汽车工程图书出版专家委员会推荐出版

大学生方程式赛车设计

王 建　林海英　梁颖华　周文立　编著

北京理工大学出版社
BEIJING INSTITUTE OF TECHNOLOGY PRESS

版权专有　侵权必究

图书在版编目（CIP）数据

大学生方程式赛车设计 / 王建等编著 . —北京：北京理工大学出版社，2016.8（2024.12 重印）

ISBN 978 - 7 - 5682 - 2691 - 2

Ⅰ. ①大…　Ⅱ. ①王…　Ⅲ. ①赛车 - 设计 - 高等学校 - 教材　Ⅳ. ①U469.602

中国版本图书馆 CIP 数据核字（2016）第 175351 号

出版发行 ／ 北京理工大学出版社有限责任公司
社　　址 ／ 北京市海淀区中关村南大街 5 号
邮　　编 ／ 100081
电　　话 ／（010）68914775（总编室）
　　　　　　（010）82562903（教材售后服务热线）
　　　　　　（010）68948351（其他图书服务热线）
网　　址 ／ http：//www.bitpress.com.cn
经　　销 ／ 全国各地新华书店
印　　刷 ／ 北京虎彩文化传播有限公司
开　　本 ／ 710 毫米 × 1000 毫米　1/16
印　　张 ／ 22
彩　　插 ／ 8
字　　数 ／ 329 千字
版　　次 ／ 2016 年 8 月第 1 版　2024 年 12 月第 6 次印刷
定　　价 ／ 68.00 元

责任编辑 ／ 孟雯雯
文案编辑 ／ 多海鹏
责任校对 ／ 周瑞红
责任印制 ／ 王美丽

图书出现印装质量问题，请拨打售后服务热线，本社负责调换

编写组成员名单

统　筹　王　建　　林海英　　梁颖华　　周文立

编　委　王　建　　林海英　　梁颖华　　周文立
　　　　　周天明　　张　程　　吴潇潇　　金明明
　　　　　弓泽华　　刘　强　　刘政禹　　范智伟
　　　　　薛鹏宇　　周瞰然　　刘　阳　　晏和玉
　　　　　肖知松　　陈震宇　　关礼庭　　杨　洋
　　　　　徐　赓

Preface 序

一晃,中国大学生方程式汽车大赛(Formula Student China)已经迈入第七个年头。期间经历了太多艰辛,也收获了很多感动。艰辛留给自己回忆,感动、感恩和感谢可以写下来分享。我时常被学生们的求知精神和不懈努力而感动;我也感恩时代为我们创造的机遇;我更感谢创办这一赛事期间得到了各级领导、同事,以及企业、院校等社会各界的鼎力支持。当然还要感谢北京航空航天大学王建师生团队写成此书,感谢他们又帮我实现了一个赛事目标——用FSC助力学科建设。

自1956年第一台解放汽车下线至2009年中国汽车产销量跃居世界第一,汽车大国梦得以实现。此后,"由制造业大国迈向产业强国"又成为了新一代汽车人的梦想。大国与强国的差距是技术,而技术的基础是人才。发现、培养、输送和积蓄人才成为当代汽车工业的当务之急、重中之重。

有人说:国家的竞争实际上就是教育体系的竞争。"我同意这种观点,而且从FSC实践中得到另一个感想:中德汽车的差距等于中德学生的差距。教育体制的变革不是一朝一夕的,我无意吐槽现有的应试教育体系,但是当代大学培养出来的学生考试能力强、动手能力弱是不争的事实。汽车工业的自主发展需要大批的体系型工程师,需要工程应用能力极强的毕业生。谁能告诉我哪个学校能够批量培养?

我常说:"教育不是教育部的责任,是全民族的共同责任。"中国汽车工程学会作为一个行业技术推进组织,有责任、有义务也有能力为全产业的人才需求提供共享培养平台。中国大学生方程式汽车大赛就是这样一个平台。项目要求参赛学生用大约一年的时间,亲手设计、制造和测试一辆小型方程式赛车,这基本上是汽车产品比较完整的正向开发流程,其艰难程度对于非汽车产业从业人员很难理解。能够坚持下来的学生在设计能力、制造能力、成本控制能力、沟通能力与协调能力、领导能力上必将得到极大提升。但这还不是项目的全部意义，此外，我最看中的有两点：一是矢量学习能力、自主学习能力和动手能力的结合，这是车队队员们未来职业生涯的竞争法宝；二是兴趣，通过 FSC 找到发烧级汽车工程师，找到不吃不喝也要造汽车的人！

大家都知道赛车是烧钱的游戏，这个项目同样需要动员极大的社会力量才能支撑。正是因为不易，项目才赋予受训学生极大的社会责任：他们将成为中国汽车由大变强的主力军！

本书的作者团队以北航方程式车队六年的实践为基础编写此书，虽不能涵盖所有技术路线和设计理念，但其意义重大——这是从实践中形成的辅导教材，有别于传统教材，难能可贵，特此隆重推荐。

中国大学生方程式汽车大赛组委会副主任兼秘书长
中国汽车工程学会副秘书长

2016 年 8 月于京

前言 Foreword

一、大学生方程式赛车

中国大学生方程式汽车大赛被称为 FSC（Formula Student China，中国大学生方程式）或是 FSAE（Formula SAE，汽车工程学会举办的方程式），是一项由高等院校汽车工程或汽车相关专业在校学生组队参加的汽车设计与制造比赛。各参赛车队按照赛事规则和赛车制造标准，在一年的时间内自行设计和制造出一辆在加速、制动和操控性能等方面具有优异表现的小型单人座休闲赛车。大赛设有以下比赛分项目：

静态项目：设计答辩、营销答辩、成本答辩；

动态项目：直线加速、八字绕环、高速避障、耐久比赛、效率测试。

世界上首届 FSAE 赛事于 1978 年在美国举行，很快因其先进的教育理念在全世界风靡，德国、英国、澳大利亚、日本、巴西、意大利等国家纷纷举办了自己的 FSAE。2010 年，中国首届 FSAE 比赛由中国汽车工程学会、中国 21 所大学（专）汽车院系、易车（BITAUTO）联合举办。中国 FSAE 赛事秉持"中国创造，擎动未来"的宗旨，立足于中国汽车工程教育和汽车产业的现状，吸收并借鉴其他国家 FSAE 赛事的成功经验，打造一个新型的、以培养中国未来汽车产业领导者和工程师为目标的公共教育平台。通过若干年的努力，使之逐步发展为国际青年汽车工程师的互动交流盛会，促进中国汽车工业从"制造大国"迈向"产业大国"。

二、本书创作意义

首届中国大学生方程式汽车大赛于 2010 年举办，有 20 所高校参赛。2015

年，中国赛油车和电车总参赛队伍已经超过 100 支，呈现如火如荼之势。然而在国内，却迟迟没有出现一本适合大学生方程式汽车大赛参赛队员的教材。实际情况是，广大新队员不得不阅读大量的英文原著，这对大多数学生而言是困难且低效的。在中外技术论坛上的交流中，许多好观点也没有得到系统性归纳。令人欣慰的是，相关学术论文总能给参赛队员带来很大帮助，但数量不多。造成中国参赛队员学习困难的原因是多方面的，主要有以下几点：

（1）国内关于乘用车的中文书籍很多，关于赛车的中文书籍却非常少，这跟国内赛车文化起步较晚有关。初学者在参考乘用车设计类书籍时也是大有裨益，但由于赛车的设计思路常常与乘用车相去甚远，完全参考乘用车设计方法去设计赛车很容易犯方向性错误。

（2）英文赛车类书籍阅读难度大，获取难度也大。英文赛车类书籍中含有大量赛车专有名词，会对初学者造成不小的阅读障碍。大部分英文赛车类书籍，没有在中国大陆出版发行，也没有对应的中文译本，只有一些盗版的电子影印本在 FSAE 学生群间流传。也有少部分学生托留学海外的学子购买英文书籍，漂洋过海带回中国。

（3）关于赛车的书籍本来就少，关于大学生方程式赛车的书籍更是少之又少，即使是在 FSAE 官网上的参考自学书单中，也没有一本是专门针对 FSAE 赛事的。大多数赛车类书目是基于一级方程式赛车、耐久赛、拉力赛、印地车赛等国外流行的专业赛车比赛。大学生方程式赛车的理念虽然是脱胎于一级方程式赛车，但具体规则与 F1 相差很大，有其自己的特色，关于它的专著很少。

（4）在可参考的文献书目中，多是针对赛车的分系统而非赛车的整体。如有许多专门介绍悬架、发动机、空气动力学，甚至是赛车驾驶理论的书籍，但整体性介绍赛车的书籍偏少。

（5）少数参赛车队为了保持自身的技术优势，仍有闭门造车的思想。大学生方程式赛车是一个重在学习交流的平台，对于车队自身积累下来的宝贵经验，理应与大家共分享同进步。

综上所述，本书是为广大的中国 FSAE 参赛队员而编写的，希望他们能快速、全面地掌握关于 FSAE 赛车的必备知识，而且通过阅读本书，其后阅读英文原著的效果肯定是事半功倍。同时本书也填补了没有全面系统讲解 FSAE 赛车的中文教材的业界空白。希望尽此绵薄之力，使中国 FSAE 整体水平更上一层楼，涌现出更多的世界劲旅。

三、适用读者

本书立足于大学生方程式汽车大赛，分系统地阐述了 FSAE 赛车的重点规则（2015 中国赛规则）、理论基础、零部件构造、设计思路及加工工艺，是一本面向广大大学生方程式赛车参赛队员和指导老师的教材。本书注重基础性、全面性、前沿性与实用性，既适合入门级的参赛队员，也适合有数年经验的 FSAE 从业人员。对于众多的业余赛车爱好者而言，本书也是绝对值得一读的。

四、本书各章节主要内容与编写作者

第 1 章 赛车总体设计：主要讨论赛车总体布置、整车形式的选择、重要部件选型、重要参数的选取与人机设计。本章由林海英与周天明编写。

第 2 章 车架：讨论了钢管车架常用材料与结构设计、仿真优化流程与焊接工艺，最后还对单体壳技术进行了介绍。本章由林海英与张程编写。

第 3 章 赛车动力学：介绍了赛车的基本运动、赛车轮胎特性与转向特性。本章由梁颖华与吴潇潇编写。

第 4 章 悬架与转向：悬架部分系统讲述悬架构造、悬架几何、悬架刚度与悬架结构设计。转向部分讲解了转向几何与转向结构设计。本章由周文立与金明明编写。

第 5 章 制动：讨论了制动系统的总体设计与理论计算、制动部件的选型。本章由梁颖华与弓泽华编写。

第 6 章 发动机：讲解发动机的各子系统，如进气、排气、水路、油路、油底壳改造等。此外还介绍了常用的发动机 ECU 调试方法、发动机台架实验与实车发动机的调试方法。本章由刘强、刘政禹、范智伟、薛鹏宇、周瞰然编写。

第 7 章　传动：全面讲解气动换挡技术，主减速器、差速器、传动轴、万向节的设计与选型，最后对车轮系统进行了介绍。本章由刘阳、晏和玉、肖知松编写。

第 8 章　电子系统：以实现仪表显示、换挡控制、数据记录、无线传输等功能的综合电子系统为目标，按设计流程介绍了系统的总体设计、硬件设计、软件设计及上位机设计。本章由王建与周文立编写。

第 9 章　空气动力学：本章先对空气动力学套件进行概述，并介绍了 FSAE 赛事中常见的前翼、后翼与扩散器；然后论述 CFD 仿真与空气动力学套件的加工工艺。本章由陈震宇编写。

第 10 章　赛车驾驶理论：本章针对 FSAE 赛事对各个分项目进行讨论，涵盖了直线加速、八字环绕、高速避障、耐久比赛等驾驶技巧与赛车调试方法。本章由徐赓、杨洋编写。

另外，还要感谢刘斐齐、杨巽博参与初稿编写，感谢陈俊杰、操杰儿、王俊霖参与初稿的审阅并提出不少的宝贵意见。

由于编者水平有限，而且受限于书本篇幅，本书并未涉及电动方程式赛车动力系统的设计，希望后来人能够填补这一缺憾，同时欢迎广大读者批评指正。

最后十分感谢国内各大参赛院校、中国大学生方程式赛车组委会以及中国汽车工程学会对本书编写的大力支持！

编　者

2016 年 3 月于北京航空航天大学

目录

第1章 赛车总体设计

1.1 赛车总体布置 / 002
    1.1.1 赛车总体布置思路 / 002
    1.1.2 赛车总体布置基本内容 / 004

1.2 整车形式的选择 / 004
    1.2.1 赛车基本样式 / 004
    1.2.2 驱动形式 / 006
    1.2.3 水箱与排气的布置 / 007

1.3 重要部件选型 / 009
    1.3.1 发动机选型 / 010
    1.3.2 轮胎选型 / 011

1.4 重要参数的选取 / 013
    1.4.1 外形参数 / 013
    1.4.2 质量参数 / 016

1.5 人机设计 / 018
    1.5.1 驾驶坐姿设计 / 019
    1.5.2 人机交互界面设计 / 023

1.5.3　车手安全装置 / 030

第2章　车架
2.1　钢管车架常用材料 / 040
2.1.1　基准钢铁材料 / 040
2.1.2　低碳钢与合金钢管件 / 041
2.1.3　其他替代材料 / 044
2.1.4　结构相关文件（SES 或 SRCF 报告）/ 046
2.2　钢管车架结构设计 / 046
2.2.1　初选部分尺寸 / 046
2.2.2　车架建模初步 / 047
2.2.3　坡口处理 / 048
2.2.4　车架结构设计 / 049
2.3　钢管车架仿真优化 / 057
2.3.1　赛车车架几何模型与有限元模型 / 058
2.3.2　车架强度仿真分析 / 060
2.3.3　车架刚度仿真分析 / 067
2.3.4　模态分析 / 071
2.4　车架的焊接定位 / 075
2.4.1　铝型材夹具 / 075
2.4.2　木夹具 / 076
2.5　单体壳简介 / 079
2.5.1　单体壳技术简介 / 079
2.5.2　单体壳设计 / 080
2.5.3　单体壳加工工艺 / 085
2.5.4　单体壳技术应用的思考 / 087

第3章 赛车动力学

3.1 车辆坐标系与赛车基本运动 / 090

3.2 赛车轮胎 / 094

    3.2.1 轮胎性能 / 095

    3.2.2 轮胎动力学 / 100

3.3 转向特性 / 121

第4章 悬架与转向

4.1 悬架简介 / 126

    4.1.1 独立悬架 / 126

    4.1.2 自由度控制 / 127

    4.1.3 簧上质量与簧下质量 / 128

4.2 车轮定位参数 / 129

    4.2.1 车轮外倾角 / 129

    4.2.2 主销后倾角与拖距 / 129

    4.2.3 主销内侧角与磨胎半径 / 131

    4.2.4 车轮前束角 / 131

4.3 悬架几何 / 132

    4.3.1 等效臂 / 132

    4.3.2 侧倾中心 / 134

    4.3.3 纵倾中心 / 135

4.4 刚度控制 / 136

    4.4.1 悬架线刚度 / 137

    4.4.2 偏频 / 138

    4.4.3 悬架角刚度 / 138

    4.4.4 阻尼比 / 139

4.5 悬架结构设计 / 140
　　4.5.1 控制臂 / 140
　　4.5.2 推杆与拉杆 / 142
　　4.5.3 防倾杆 / 143
4.6 转向简介 / 144
　　4.6.1 转向系组成 / 144
　　4.6.2 转向系传动比 / 145
　　4.6.3 最小转弯半径 / 145
　　4.6.4 轮跳转向 / 146
　　4.6.5 阿克曼转向 / 146
　　4.6.6 赛车中的阿克曼 / 148
4.7 转向结构设计 / 149
　　4.7.1 齿轮齿条计算 / 149
　　4.7.2 转向柱设计 / 152
　　4.7.3 转向旷量 / 156

第5章 制动

5.1 制动系统总体设计 / 158
5.2 制动系统理论计算 / 160
　　5.2.1 制动系统基本工作原理 / 160
　　5.2.2 计算过程 / 161
5.3 制动部件的选择 / 163
　　5.3.1 制动卡钳 / 163
　　5.3.2 制动主缸 / 165
　　5.3.3 平衡杆 / 167
　　5.3.4 制动盘 / 168
　　5.3.5 制动油管 / 170

第6章 发动机

  6.1 几款常用发动机／172

    6.1.1 CBR600／173

    6.1.2 CRF450／174

    6.1.3 LD450／174

  6.2 进气系统／175

    6.2.1 吸气方式／175

    6.2.2 进气系统的布置／176

    6.2.3 空气滤清器／178

    6.2.4 节气门／179

    6.2.5 限流阀／180

    6.2.6 稳压腔／181

    6.2.7 进气歧管／181

    6.2.8 进气系统的仿真／182

  6.3 排气系统／184

    6.3.1 排气歧管／185

    6.3.2 排气布置／187

    6.3.3 排气材料／188

    6.3.4 噪声测定／188

  6.4 冷却系统／191

    6.4.1 冷却系统基本组成／192

    6.4.2 散热器的设计／192

    6.4.3 风扇的选择／196

    6.4.4 冷却管路／196

    6.4.5 溢流瓶／196

    6.4.6 冷却液／197

  6.5 燃油供给系统／197

6.5.1 油路回油 / 202

6.6 油底壳 / 205

6.6.1 湿式油底壳 / 205

6.6.2 干式油底壳 / 207

6.7 发动机 ECU / 209

6.7.1 选择一款 ECU / 210

6.7.2 输入/输出信号 / 213

6.8 台架实验 / 214

6.8.1 台架的搭建 / 214

6.8.2 台架标定 / 216

6.9 实车测试 / 218

6.9.1 换挡切火 / 219

6.9.2 起步控制 / 220

6.9.3 牵引力控制 / 223

第7章 传动

7.1 气动换挡 / 226

7.1.1 气动元件计算与选型 / 227

7.1.2 换挡时序 / 235

7.2 主减速器 / 238

7.2.1 主减速器传动比的确定 / 239

7.2.2 链传动的设计 / 243

7.3 差速器 / 250

7.3.1 自由差速器 / 250

7.3.2 托森差速器 / 251

7.3.3 摩擦片式限滑差速器 / 252

7.4 半轴总成 / 254

7.4.1　传动半轴的设计计算 / 254

　　7.4.2　万向节选型 / 255

7.5　车轮系统 / 256

　　7.5.1　立柱 / 256

　　7.5.2　轮毂 / 257

　　7.5.3　轮辋 / 258

第8章　电子系统

8.1　主芯片 / 262

　　8.1.1　51单片机 / 263

　　8.1.2　ARM单片机 / 264

8.2　电源系统 / 265

　　8.2.1　蓄电池电压输入 / 266

　　8.2.2　发动机ECU电压输入 / 266

　　8.2.3　电池 / 267

　　8.2.4　直流电压转换 / 268

8.3　仪表系统 / 269

　　8.3.1　屏幕 / 270

　　8.3.2　转速 / 272

　　8.3.3　挡位 / 276

　　8.3.4　温度 / 278

　　8.3.5　指示灯 / 279

　　8.3.6　继电器 / 280

8.4　数据记录系统 / 281

　　8.4.1　模数转换 / 282

　　8.4.2　数据存储 / 282

　　8.4.3　无线通信 / 284

8.4.4　上位机 / 285

第9章　空气动力学
　9.1　空气动力学简介 / 290
　9.2　空气动力学原本原理 / 291
　　9.2.1　下压力的产生 / 291
　　9.2.2　阻力的产生 / 293
　9.3　空气动力学套件 / 296
　　9.3.1　前翼（Front‑Wing） / 296
　　9.3.2　后翼（Rear‑Wing） / 300
　　9.3.3　扩散器（Diffuser） / 304
　9.4　CFD仿真 / 307
　9.5　复合材料加工工艺 / 310
　　9.5.1　手糊工艺 / 311
　　9.5.2　真空袋压工艺 / 312

第10章　赛车驾驶理论
　10.1　车手训练 / 316
　　10.1.1　赛车模拟器 / 316
　　10.1.2　卡丁车练习 / 317
　　10.1.3　FSAE实车练习 / 317
　10.2　FSAE赛场驾驶技巧 / 318
　　10.2.1　直线加速 / 318
　　10.2.2　八字环绕 / 320
　　10.2.3　高速避障 / 323
　　10.2.4　耐久比赛 / 327

参考文献

第 1 章
Chapter 1　赛车总体设计

赛车的设计，就像在解一道多未知数的复杂应用题一样，每一个确定的参数、每一个确定的选型方案，都会让未知数逐一减少，赛车的设计也变得丰满起来。

1.1 赛车总体布置

FSAE赛车研发的一般过程有总体布置设计、车架或单体壳设计、动力及电气系统设计、底盘设计、空动套件设计、车身或涂装设计、总体装配、可靠性和稳定性测试等内容，在完成总体布置设计的前提下，其他部分的设计工作可以并行展开、互相配合。总体布置设计作为汽车设计全过程的协调和监控机制，其作用是逐渐确定设计重点，直至最后的精确装配，保证所有零部件和车架或单体壳以及人机交互界面的相互配合，同时它还能在一定程度上反映产品的成本和工艺性。总体布置设计在赛车研发过程中起着举足轻重的作用，通过它来协调统筹，可更好地进行其他部分的并行工程，有助于提高工作效率及产品开发的成功率。

1.1.1 赛车总体布置思路

赛车总体布置一般考虑以下几个方面：

1. 遵守规则

方程式赛车中Formula的原意是惯例，常规；准则，方案。赛车必须依照国际汽车联合会制定颁发的车辆技术规则规定的程式制造，在共同的规则与限制下制造出来的赛车，就是方程式赛车，所进行的比赛即方程式汽车赛。简而言之，"方程式"的意思就是"规则"。在大学生方程式赛车的设计、加

第1章 赛车总体设计

工、测试与竞技过程中,"中国大学生方程式汽车大赛规则"可谓是最基本的约束,也是可供大家普遍参考的文档。本书参考的规则为《2015年中国大学生方程式汽车大赛规则》,以下简称"规则"。

2. 考虑人力与资金

在赛车比赛中,经费永远是稀缺资源。每一支车队都会充分利用他们能筹集到的每一分资金,以追求更好的成绩,因而预算和成本会直接影响到零部件的选型和加工工艺。而不同品牌、型号的零部件和不同加工方法制造出来的零部件,在性能和尺寸上肯定会有差异,因此便会影响到总体布置所做的决定。人力资源是最宝贵的资源,每一支车队都有不一样的人员规模。人多力量大,虽然管理难度也大,但在设计思路上往往可以更加精益求精;人少易沟通,容易培养全才,但容易忙不过来,导致在设计思路上偏于保守,但同时这也是保证系统可靠的好方法。总之,人的时间与精力是有限的,在设计方案的选择上一定要考虑人的因素。

3. 大改款与小改款

对于初次参赛的车队,必然要从新车开发的阶段做起,应当广泛学习其他车队上一赛季的设计,从模仿中学习,并对比他们以往的设计,在此过程中融入自己的思考以知其所以然。随着参赛次数的增加,在每次赛季之初,车队应当认真抉择的是,本赛季新车是应进行"改型设计",还是只需要"局部改动",这一决定往往对车队会有深远的影响。对赛车的表现不满意才会要求在新车上改进,"改型设计"是大改款,意味着重大形式的改动,会大大增加工作量和难度,成本可能也会增加,因而进度会受拖累,赛车的可靠性和稳定性都可能降低,从而影响成绩;优点是赛车性能或许会脱胎换骨,比赛成绩会有飞跃式的进步。"局部改动"只是对旧车的改良,不存在零部件大的改动和改型,工作量和不确定因素大大降低,赛车性能的改变在可控范围内,虽然新车没有飞跃式的变化,但可靠性要高得多。总之,改型设计可能让车队有突飞猛进的发展,也可能有一落千丈的危险;局部改动可能让车队稳固如山,却也可能像逆水行舟那样不进则退。想提高改型的可靠性,技术积累十分关键,一项新技术在赛车参加比赛之前,如果有足够的实验验证时间,确保其能满足竞赛的工况要求,则发生故障的概率就会小得多。在FSAE比赛中，一辆驾驶体验良好的赛车，决定其比赛成绩的关键是赛车的稳定性和可靠性。

1.1.2 赛车总体布置基本内容

在进行总体布置时，必须以中国 FSAE 赛事规则作基础，再依据汽车总布置方法和汽车理论、汽车设计的相关知识，参考本队历届设计的可取之处以及其他优秀车队的设计，选择关键的零部件（发动机、变速器、轮胎、轮辋等），确定赛车的基本参数（尺寸参数、质量参数、性能参数等），作为后续设计和计算的前提，为整车的建模做准备。另外，总体布置中应当考虑各分系统的计划与目标，明确规定关键节点的零部件选型及基本参数，使整个团队更有目的地为新车的研发服务，避免只针对局部而忽视整体。一个赛季从始至终，赛车的设计加工和它的表现，都应与总体布置作比对。检验赛车是否达到设计目标的同时也要考量设计目标是否合理，记录赛车存在的缺陷，为来年制定新车总体布置服务。

1.2 整车形式的选择

1.2.1 赛车基本样式

"规则"中规定了一个基本的方程式赛车样式：车轮外露、座舱敞开，并且四个车轮不能在一条直线上。"车轮外露"要满足车轮周围 68.6mm 的区域内不允许被遮挡，如图 1-1 所示；"座舱敞开"即座舱没有车门遮盖，在只允许拆除方向盘、转向柱、座椅和全部防护包裹物的前提下，需要将如图 1-2 所示的检测板以水平姿态竖直下放到驾驶舱内。具体要求详见大赛规则。

一辆设计完备的 FSAE 方程式赛车主要包括车架或单体壳、发动机、进排气、散热水箱、油箱、主减速器、差速器、传动轴、悬架、车轮、避震器、座椅、方向盘、转向机和踏板等零部件。较为常规的部件布置形式如图 1-3 所示。

第1章 赛车总体设计

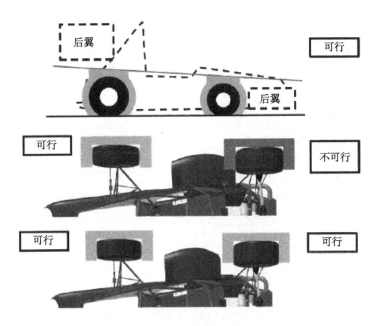

图1-1 车轮外露规则示意图

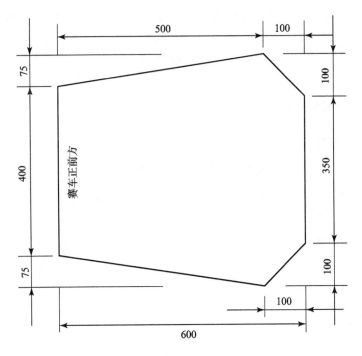

图1-2 驾驶舱开口检测板

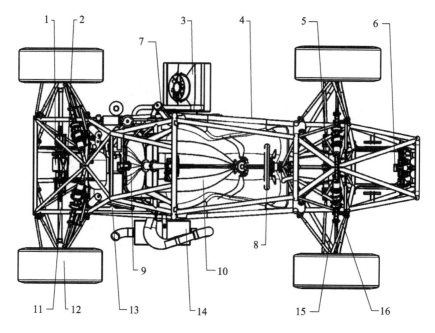

图 1-3 FSAE 赛车的一般布置形式

1—差速器；2—主减速器；3—水箱；4—车架；5—转向机；6—踏板；7—油箱；
8—方向盘；9—进气；10—座椅；11—传动轴；12—轮胎；13—发动机；
14—排气；15—避震器；16—悬架

1.2.2 驱动形式

1. 中置后驱

主流的驱动形式为发动机中置后驱（Middle-engine Rear-drive，缩写 MR）。在方程式赛车的范围里，发动机中置后驱貌似成了一条最基本的形式，因为它可以使赛车前后重量分配均匀、车手视野良好、动力传递路线最短、汽车动力性较佳，但容易产生转向过度或有甩尾倾向。在一辆结构紧凑、寸土寸金的方程式赛车上，中置后驱可谓最优化的设计。

2. 四驱

四轮驱动（4 Wheel Drive，缩写 4WD）可以充分利用所有车轮与地面间的附着力，提高动力性，但在单个发动机提供动力的方程式赛车上，需要加装传动轴、分动器和轴间差速器等部件,存在结构复杂、质量大、重心过高等较多缺陷;而在安装了轮毂电动机的纯电动方程式赛车上,无须复杂的传动机构,从而可以得到普遍的应用。

3. 其他驱动形式

一般汽车的驱动形式还有前置前驱(FF)、前置后驱(FR)和后置后驱(RR)。在F1赛事诞生之初,曾出现过FR的布置形式(图1-4),但由于其车头过重过长、传动系统过长、传动轴将车手垫高等缺点,很快被MR形式所取代。FF形式由于传动布置复杂且困难,转向不足明显,制动后轮易打滑,故前轮轮胎寿命短、动力性略差,一般不予考虑。

图1-4 早年前置后驱F1赛车

1.2.3 水箱与排气的布置

水箱与排气属于体积较大的部件,尤其是四缸发动机的水箱与排气。在赛车中、后部的布置中,安放好发动机后,再定好水箱与排气的位置,初步格局就已经确定了。

1. 一侧水箱一侧排气

在只有单个散热水箱和排气的时候,一般水箱布置在赛车一侧、排气管消声器在另一侧,如图1-5所示就是一个典型的一侧水箱、一侧排气的布置。此种布置形式使水箱与排气相距路线最短且质量轻,并可以平衡赛车左、右质量。水箱可以获得最大的迎风面积从而提高散热效率。

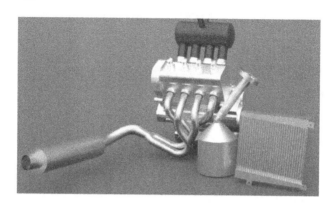

图1-5 同济大学2014年赛车的左水箱、右排气式布置

2. 两侧水箱后排气

单缸机的水箱通常较小,四缸机的功率较高,需要水箱的散热面积大,可以考虑将一个水箱拆分成两个更小的水箱装在赛车两侧,用来提高冷却效率,同时可以为其他部件保留空间。采用双水箱形式时通常排气朝后,如图1-6所示。

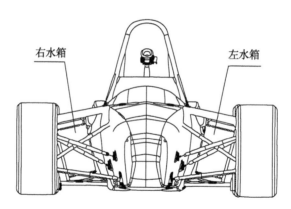

图1-6 拉格茨技术大学2008年赛车的双水箱布置

3. 无侧箱设计

无侧箱设计(图1-7)通常出现在单缸发动机的赛车上,是一种追求极致轻量化的设计。双侧无侧箱,可以节省不少重量。排气与水箱则被放在赛车的后部,十分紧凑。

第1章 赛车总体设计

图1-7 厦门大学2013年赛车的无侧箱布置

1.3 重要部件选型

一辆大学生方程式赛车，主要有以下部件需要选型采购：发动机、轮胎、轮辋、ECU、差速器、避震器、转向机、制动分泵、制动主缸、消声器、座椅、安全带、缓冲块等，世界上一些比较强的车队，会自制以上部件（安全装备除外），或者在很大程度上改造买来的零部件。而赛车上的其他部件往往需要队员们自行设计加工。本节主要讨论在进行总体布置设计时，需要确定的重要部件选型，一般指发动机和轮胎、轮辋。因为发动机是一辆赛车的心脏，也是技术含量最高的部件；轮胎则是赛车爆发出动力的最终途径，它是发挥发动机性能和提供机动性的保障，它的尺寸在很大程度上影响着行驶系统和悬架系统的设计以及整车造型。因此，赛车的设计者应该把轮胎看待得和发动机同等重要。

决定是否使用一款产品的因素不仅仅在于它的性能，还包括它的价格、维护性、数据支持、购买途径和使用难易程度等，需要实际考虑各方面因素来做决定。

1.3.1 发动机选型

目前世界上主流车队选择的发动机主要有两种形式：单缸机或四缸机。少数车队使用双缸机或三缸机。据统计，参加 2014 年 FSAE 的车队，有 8 支使用了单缸机、2 支使用了双缸机、52 支使用了四缸机。这些发动机基本都来自摩托车，变速箱和离合器一般都集成在发动机上，不需要另行选配或自制，结构很紧凑，工作可靠且便于使用。

对于发动机，"规则"仅规定了：发动机必须为四冲程、610cc 排量以下的活塞发动机，不允许使用混合动力，但可以使用多个发动机。就目前来讲，除了电动赛车，暂时没有发现使用多个发动机的车队。

那么为什么会出现选择发动机缸数的差异，发动机的缸数会带来什么区别呢？简单来说，就是发动机缸数越少，则机体越轻也越省油，但功率、扭矩也会下降。

1. 单缸机

理论上讲，单缸机的优点是构造简单，尺寸较小，质量轻，进排气系统、油路、冷却系统都更容易设计，燃油经济性上更有优势。单缸机的缺点是燃烧效率会随着燃烧室容积增大而不断下降，排气量越大，发动机活塞越大、越重，限制了最高转速，从而限制了大功率的输出。

一辆赛车在赛道上行驶，真正全力加速的时间很短，很多时候需要制动、需要转向，多余的车重就是累赘，会让车变得不灵活、反应慢。由此看来，单缸机应该是不错的选择。至少目前看来，世界上速度快的几台赛车，单缸机居多，例如 Global Formula Racing（GFR）、Graz University of Technology（GRAZ）、University of Hertfordshire（HATFIELD），在国内，北京理工大学和厦门理工大学的赛车比较有代表性。

但是，单缸机并没有想象得那么简单，相对于四缸机它在使用上将会有更多麻烦。若原厂单缸发动机使用的是化油器，则要自己改为电喷；同时，装上 20mm 的限流阀后能不能再点着发动机也是个问题；即便可以运转起来，换上电喷，使标定的马力够用，也是非常大的挑战；另外，即便是能在台架上调试 6 个月，也不一定能让它很好地工作，不能保证它不会在赛场上罢工。

另外一个挑战是，要想发挥单缸机优势，必须把车重降下来，整车达到170kg左右甚至更轻，不然就毫无竞争力可言。

2. 四缸机

直列四缸发动机的优点是工作流畅度高，振动少，排气声浑厚。发动机部件轻巧，燃烧效率佳，有利于发挥高转速的功率，散热较好。缺点是发动机较重，体积较大，结构较复杂，造价高，燃油消耗也较高。

虽然四缸机扭矩大，但是对于FSAE赛道这种基本没有什么直道的道路，大马力可能没有什么发挥的余地，一辆最大功率40kW的单缸车和60kW的四缸车不会相差多少，甚至很有可能被更轻的单缸车在弯道上超越。

四缸机可靠稳定，振动小。四缸机基本上都是电喷，它需要改动的地方很少，只要线束接对，即便加上限流阀用原厂数据一般也能点燃，之后就是如何标定使之爆发出更大功率了。对于第一年车队，四缸机是不错的选择，它有足够的功率可以弥补减重的不足，点燃也比单缸机要容易很多。

3. 双缸机及三缸机

双缸发动机和三缸发动机是冷门选择。从全世界来看，整个大赛上使用它们的人都很少，它们不如四缸机容易操作，也不如单缸机带来的优势明显。诸如阿普利亚的一款V2发动机，虽然性能很棒，但是非常贵，而且零件非常难找，使用起来会出很多问题，却找不到人提供技术支持，也就没有了优势可言。

1.3.2 轮胎选型

轮胎是赛车唯一接触地面的部分，每种影响赛车的力量以及车手的表现都通过四个轮胎传递，说轮胎的重要性不亚于发动机一点也不过分。在FSAE的比赛中，最主流的轮胎品牌是Hoosier，其次还有马牌轮胎（Continental）、固特异轮胎（Goodyear）和佳通轮胎（Giti）。赛车轮胎为全热熔胎，质量轻，配方比较软，升温快，温度升高之后胎面很容易融化，然后牢牢黏附在地面上，能够产生十分可观的抓地力。

1. 外径选择

FSAE赛事主流轮胎外径有两种：10寸与13寸。10寸轮胎尺寸更小，质量更轻，整个行驶系统和悬架系统的几何尺寸都要缩小，一共可减轻约10kg，这是一个十分可观的减重数字。直观上来说，要跑过同样的距离，小轮胎需要转动更多的圈数，磨损也会更大。但是传动系的减速比（输入转速与输出转速之比）变小了，动力损失也会减小。10寸胎最大的挑战是：在更小的轮辋内部布置立柱、刹车盘和卡钳等零部件；更小的刹车盘尺寸对制动系统提出了更严苛的要求；在转向或跳动过程中，更容易发生运动干涉等。因此，建议经验较少的车队可以从13寸轮胎开始设计，等技术成熟一些后再向10寸轮胎发展。减小轮胎的尺寸，不仅仅会影响到上述两个系统的设计，且车架、传动、空气动力学装置均会受到波及，可谓牵一发而动全身。

13寸轮胎的优势在于内部空间大，方便布置下轮系零部件。在相同的宽度下，13寸轮胎的接地面积更大，可以有更大的极限抓地力。缺点是转动惯量大，需要更强的扭矩加速，所以13寸轮胎一般匹配四缸机。

2. 宽窄选择

在确定了品牌、轮胎直径和配方之后，就要具体选择轮胎和轮辋的型号了。常用轮胎、轮辋型号和参数见表1-1。原则上希望轮胎和轮辋更轻、胎面更宽、胎壁更矮，但也需要为互换性和适配性做出妥协。更宽的胎面直接提高了轮胎的抓地力极限，因此宽胎逐渐成为强队的选择。另一方面，宽胎也会带来重量及转向力增加等问题。

表1-1 常用轮胎、轮辋型号和参数

编号	尺寸规格	外径/寸	接地面宽/寸	断面宽/寸	配套轮辋宽度/寸	与轮辋配合处的宽度/寸	配方
43101	18.0×6.0-10	18.1	6.2	8.1	5.5~7.0	6.0	R25B
43105	18.0×7.5-10	18.3	7.5	9.5	7.0~8.0	8.0	R25B
43110	19.5×6.5-10	19.4	6.5	8.2	5.5~7.0	6.0	R25B
43120	19.5×7.5-10	19.5	7.5	9.5	7.0~8.0	8.0	R25B
43128	20.5×6.0-13	21.0	6.0	7.3	5.5~6.5	5.5	R25B
43163	20.5×7.0-13	21.0	7.0	8.0	5.5~8.0	6.0	R25B
43169	20.0×7.5-13	20.6	8.0	9.4	7.0~9.0	8.0	R25B
41100	6.0×18.0-10	18.0	6.0	8.5	6.0~7.0	7.0	LC0

1.4 重要参数的选取

赛车重要参数可以分为外形参数与质量参数。外形参数包括轮距、轴距、总长、总宽、总高和离地间隙等;质量参数包括整备质量、质心高度和轴荷分配等参数。外形参数主要用于建模,如车身车架、空动套件设计等;质量参数主要用于计算,如制动力计算、主减速器减速比计算、悬架运动仿真计算等。对于初次参赛的车队,在设计这些参数时,首先要对比历届优秀车队的参数,再进行适当的计算;往届车队还需要对比本队历届赛车的参数权衡利弊之后进行适当选取。

1.4.1 外形参数

在做这方面计划的时候首先要熟悉规则,规则对赛车的轮距、轴距、空动套件位置、车架关键受力位置的尺寸等都有明确规定(规则对于车架及驾驶单元的规定尤其详细)。

1. 轴距

大赛规则对轴距给出了以下规定:

规则2.3 赛车的轴距至少为1 525mm(60英寸)。轴距是指在车轮指向正前方时同侧两车轮的接地面中心点之间的距离。

规则2.4 赛车较小的轮距(前轮或后轮)必须不小于较大轮距的75%。

赛车的轴距(图1-8)越长,高速稳定性越好,轴距越小,在同等条件下前后轴荷转移越大,容易造成高速制动入弯时操控不稳定;但轴距越长,最小转弯半径越大,迅速转弯和小转弯半径的机动性会变差。一般来说,赛车的最小转弯半径为轴距的2~2.5倍,针对赛道来进行关于轴距的讨论才更有方向性。对于FSAE赛车来说,为适应高避和耐久赛道直线短、高速弯道和低速弯道多,极速一般不超过120km/h的特点,轴距应该是短些更好,可以接近1 525mm。但是轴距的长短会影响到赛车内零部件的布置,短轴距对于设计的难度是比较大的，轴距1 700mm以下的布置十分紧凑，发动机、传动系统、转向系统和人机的布置压力会比较大；另外，轴距越接近极限（接近1 525mm），越考验加工精度水平，若精度略差，加工出来轮距小于1 525mm，就无法参加动态竞赛了。

图1-8　赛车的轴距

2. 轮距

大赛规则对轮距给出了以下规定：

规则2.4　赛车较小的轮距（前轮或后轮）必须不小于较大轮距的75%。

轮距（Track），如图1-9所示，指同一轴线上赛车左右两侧车轮在车辆

图1-9　赛车的轮距

第1章 赛车总体设计

支撑平面上留下的轨迹的中心线之间的距离。通常来讲，轮距小，车体宽度就小，绕桩更轻松；更宽的轮距能使转弯时轮荷转移更小，外侧车轮能提供更好的支撑，在弯道中车辆的侧倾角更小，外侧车轮的极限也会出现得更迟，于是稳定性更好。后轮驱动的车，前轮距越大于后轮距，越趋向于转向不足，这样的转向特性在弯道中更安全。但是前轮距增大会增加车辆的转弯半径，所以前轮距大的车，前轮转向角也要相应增大，来抵消对转弯半径的不利影响。前轮距大于后轮距的车，还有一个附加优势就是在绕桩过程中，只要前轮过桩，后轮一般不会扫倒桩桶。从历届中外车队的数据来看，主流上轮距一般选在 1 200mm 左右，前轮距比后轮距大不超过 50mm。

3. 最小离地间隙

最小离地间隙（The minimum Ground Clearance），就是指赛车停放在水平地面上，在额定满载的前提下，其底盘最下凸出部位与水平地面的距离。通常此距离为主环最低点下面的车身或扩散器（空动套件的一种）下表面与地面间的距离。"规则"中并未规定这一距离，但要求赛车除轮胎外任何部件不得接触地面。较低的离地间隙可以降低赛车重心、减小空气阻力、提高车速和高速过弯的稳定性，但若离地间隙过低，悬架刚度不够，赛车在高速转弯时外侧底盘就容易触底造成损伤。较为推荐的最小离地间隙取值为 30 ~ 50mm。在赛车装配完成后，可以通过调整前后部的离地间隙轻微改变赛车的前后轮荷分配。

4. 总长、总宽、总高

下一步，可以根据之前确定的轮距、轴距、离地间隙来粗略计算赛车的总长、总宽和总高。赛车总宽为最宽轮距加上轮胎宽度。赛车总高在没有空动套件时，可以以主环作为参考。主环的高度要足够，满足主环顶端与前环顶端连线距离 95% 分位人体模型头顶高度大于 50.8mm，此时从车架底端算起，主环的竖直高度一般在 1 100mm 左右，再加上离地间隙便为赛车总高。赛车总长的计算比较复杂，因为纵向来看赛车的零部件较多，粗估的误差相对大些。主环平面距离后轮轴连线的水平距离在 600mm 左右，四缸机与单缸机差别不大；通常车手脚底到主环平面的水平距离在 1 400mm 左右；脚掌前端是踏板、制动主缸、缓冲装置等，加上车鼻延伸部分合计 700mm 左右；再加上后轮半径，即可得到赛车总长。在安装了空动套件的情况下，赛车的总高一般是后翼端板的高度，总长要考虑后翼端板或扩散器后缘与车轮后缘的距离，"规则"规定此距离不得大于305mm。

1.4.2 质量参数

在初定赛车的质量参数时，主要考虑整备质量、轴荷分配和重心高度的选取。准确估算赛车的质量参数是为后期设计制动力、主减速器传动比、悬架刚度等提供重要参数。另外，在分析各零部件的质量时，还能寻找出减重的空间。对于赛车而言，减重的意义甚至大于增强发动机功率和扭矩的意义。

1. 整备质量

所谓整备质量是指赛车按照参赛要求的技术条件装备完整、加满各种油和水，在没有驾驶员的情况下的质量。对于往届车队而言，各零部件的质量估算应该以上一年的赛车作为参考。因此，记录赛车的各种数据十分重要，这些将是来年设计新车的基础。对于首届参赛的车队，缺乏第一手材料，这里只能粗估算一下各个主要部件的质量，见表1-2。

表1-2 赛车主要部件质量估算（含油液）

名称	四缸机	单缸机	10寸胎和轮辋	13寸胎和轮辋	车身车架	座椅、安全带
质量/kg	60	30	25	30	36	8
名称	传动系统	转向系统	制动系统	悬架、避震器	前翼	后翼
质量/kg	13	3	7	12	6	7
名称	扩散器	油箱	四缸进排气	单缸进排气	四缸冷却	单缸冷却
质量/kg	5	5	10	6	8	5

赛车工程师会为减轻赛车身上的每一克质量而努力。一辆优秀的FSAE赛车，需要达到表1-3中的重量等级（含全套空动套件质量）。但需要特别注意的是，减重需要量力而行，过于激进的减重行为只会牺牲赛车的可靠性。

第1章 赛车总体设计

表1-3 优秀的FSAE赛车应该达到的质量

发动机	车轮尺寸/寸	车架形式	整车优秀质量/kg
四缸	13	钢架	230
四缸	10	钢架	220
四缸	13	单体壳	220
四缸	10	单体壳	210
单缸	13	钢架	180
单缸	10	钢架	170
单缸	13	单体壳	170
单缸	10	单体壳	160

2. 重心高度和轴荷分配

重心高度和轴荷分配是按满载情况下赛车在纵向平面内的质心位置所确定的。轴荷分配通常后面比前面稍大，常取的前、后轴荷比从43∶57到49∶51，这样可以增大后轮抓地力，提高加速性能，减少瞬间转向过度，使赛车略有转向不足的趋势。前后轴荷比在赛车装配完成后通过调节推杆、拉杆或者弹簧预载可以进行微调，但同时会改变前后离地间隙。

重心高度一般在300~400mm，重心高度越低，赛车动态性能越好。重心高度有两种测试方法：一是三维建模时确定所有部件的重量及位置，便可计算出整车装配体的重心位置；二是实车装配之后，用平面测重法与斜面测重法找出赛车实际重心位置。

本节最后附上FSG（Formula Student Germany，德国大学生方程式）2015赛季和FSC 2014赛季前五名的赛车基本参数表，以及被誉为世界FSAE冠军的GFR车队赛车近4年的基本参数变化表，如表1-4和表1-5所示，给大家作为参考。

表1-4　FSG2015和FSC2014前五名赛车基本参数

车队	总长/mm	总高/mm	轴距/mm	前轮距/mm	后轮距/mm	整备质量/kg	轴荷分配	离地间隙/mm
GFR	2 835	1 200	1 535	1 145	1 145	156	42:58	/
Stuttgart U	3 050	1 190	1 630	1 140	1 120	180	49:51	/
Graz UAS	2 995	1 200	1 540	1 220	1 180	199	48:52	/
Graz TU	2 900	1 195	1 550	1 180	1 150	147	49:51	/
Coburg UAS	2 970	1 192	1 555	1 134	1 134	192	46:54	/
湖南大学	2 845	1 155	1 580	1 180	1 150	210	45:55	20
北京理工	2 980	1 140	1 530	1 200	1 180	165	45:55	30
厦门理工	2 800	1 370	1 530	1 200	1 170	160	45:55	30
湖北汽院	3 050	1 400	1 550	1 200	1 170	220	45:55	35
同济大学	3 190	1 285	1 620	1 220	1 184	225	48:52	31

表1-5　GFR车队赛车近4年基本参数变化

年份	总长/mm	总宽/mm	总高/mm	轴距/mm	前轮距/mm	后轮距/mm	整备质量/kg	轴荷分配	马力①	扭矩/(N·m)
2012	3 100	1 300	1 327	1 555	1 145	1 168	156	47:53	51	42
2013	3 040	1 330	1 400	1 555	1 120	1 120	167	47:53	51	42
2014	3 034	1 355	1 488	1 555	1 145	1 168	162	47:53	51	42
2015	2 835	1 335	1 200	1 535	1 145	1 145	156	42:58	51	42

1.5　人机设计

　　人机关系的设计，包括了赛车座椅、操纵界面和坐姿等方面的设计，其重要性往往超出许多车手和车队的想象。

　　在赛车设计之初进行人机设计，通过绘制人机关系草图来描述车手和主

---

① 1马力=0.74千瓦。

第1章 赛车总体设计

要部件在赛车纵向截面内的位置，可以定位发动机、进排气、油箱、座椅、防火墙、头枕、仪表板、方向盘、离合把手和踏板等的位置，为总体布置设计和模型总装提供依据，满足了驾驶舒适性的同时还协调了不同系统的空间分配。在赛车中感觉舒适是很重要的。如果感觉坐姿不自然，那么在驾驶时不仅会消耗车手更多的体力，而且也会影响其精神意志力，甚至身体的疼痛会削弱车手的集中力。一个注意力无法集中的车手，人们无法期待他能创造出优异的成绩。

1.5.1 驾驶坐姿设计

车手只通过三个点与赛车接触：座椅，方向盘，踏板。车手最佳的姿势包含了一个合理的坐姿系统，这个系统决定了车手的视野、驾驶所需的力量以及驾驶动作是烦琐还是灵敏。在坐姿设计的过程中，车手和发动机的定位是第一位的。车手的位置绝不应由方向盘、挡位和踏板的位置决定。而恰恰相反，车手的坐姿和在驾驶室内的位置支配着其他部件的定位，以及座椅和头枕的设计。如图1-10所示。

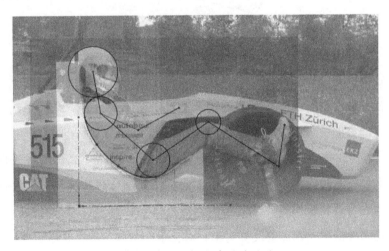

图1-10 人机坐姿设计效果

1. 身材测量

坐姿设计的第一步是测量车手的身体尺寸。为完成FSAE的全部动态比赛，一支车队需要至少四名车手上场，也就是说需要测量他们所有人的尺寸，包括身高、头长、眼高、肩高、脖长、脊柱长度、大腿长、小腿长、足底至脚踝长、大臂长、小臂长、手掌长；在侧向平面内，肩关节、膝关节、臀部可以简化用圆形代替；头部需要佩戴头盔，可简化为直径300mm 的圆；记录肩宽、胸宽、腰宽、臀宽，作为设计座椅的尺寸参考。必须注意的是，"规则"要求：人机设计必须满足男性第95百分位模板，如图1－11 所示。必须在满足这一要求的基础上，才能针对自己的车手做出更为贴切的人机设计。

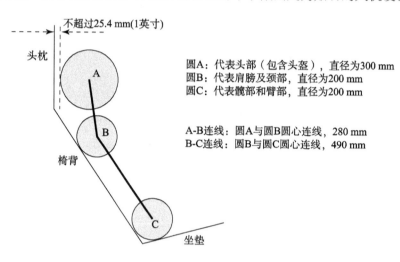

圆A：代表头部（包含头盔），直径为300 mm
圆B：代表肩膀及颈部，直径为200 mm
圆C：代表髋部和臀部，直径为200 mm

A-B连线：圆A与圆B圆心连线，280 mm
B-C连线：圆B与圆C圆心连线，490 mm

图1－11　男性第95百分位模板

若各车手的身体尺寸相差不大，可以简化出一套人体模型绘制草图。车手身高相差悬殊就麻烦一些了，通常赛车可以通过设计可调踏板结构、更换座椅（方向盘的位置一般不可调），来满足不同体型的车手驾驶，同时需要设计多个不同尺寸的人体模型的坐姿。在不便设计的情况下，需要优先保证参加耐久赛和高速避障赛车手的舒适性，而牺牲参加直线加速和八字绕环车手的舒适性进行驾驶舱设计；或者折中选取身体参数建立模型，再进行坐姿设计。不论哪种情况，都需要反复讨论，对记录的身体参数有策略地进行取舍。

2. 舒适坐姿角度

图1－12大致表现出了坐姿设计的实际效果，以及人体模型简化后的样子。有了简化的人体模型之后，先布置车手和发动机的位置，再将其他部件添加到车手附近。发动机的定位要与传动系统协调，满足传动布置要求。定

位车手时,先要找到臀部 H 点的位置,H 点是躯干和大腿相连接的旋转点(胯点),能够比较准确地确定车手在座椅中的位置。H 点应当尽可能低,以降低车手的重心。在驾驶舱中,座椅的最低点一般紧贴车架或单体壳的最低包络面。可以根据图 1-12 和表 1-6 给出的推荐角度在合理范围内调整人体模型,并反复跟车手沟通,确认最舒服的角度,尽量满足各位车手的需求。

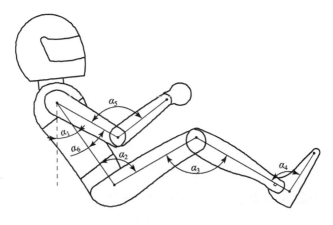

图 1-12 车手坐姿角度

表 1-6 车手舒适的坐姿角度

节点	α_1	α_2	α_3	α_4	α_5	α_6
角度/(°)	10~40	90~110	100~130	85~95	80~130	6~50

3. 方向盘与踏板定位

摆好人体模型和发动机后,就要考虑方向盘和踏板的定位了。"规则"对方向盘位置的规定较多,在定位时,使用旋转 90°后的方向盘模型(方向盘垂直时最容易发生干涉),可以简化为矩形,让其上沿尽量靠近前环最高点的水平高度,为腿部和腹部留出空间。若能满足车手固定在座位上,方向盘旋转 90°时不需要将上面的手臂完全伸直去够,下面的手不会顶到腹部,那么方向盘距座椅的距离就很合适。车手仅以脚跟作支点就能完成将踏板踩到底的工作,腿部总有些伸展的余地,这时踏板的距离就是合适的。踏板的高度和踏板立柱旋转的轴线也是设计者需要考虑的因素,一个适当的高度和轴线位置,可以让车手将踏板踩到底且不至于使前脚掌脱离踏板平面。

4. 坐姿干涉检查

随着坐姿设计的进行，可调入车架模型进行比对，并参考"规则"中规定的检测板，满足"规则"对驾驶舱的尺寸要求。"规则"对驾驶舱开口、驾驶舱内部横截面、主环前环的相对高度都有详细的限制，满足这些限制能保证车手的安全，但不一定能满足舒适性需求。若有体型较大的车手，则可以适当加宽驾驶舱开口和腿部横截面的尺寸，因为在驾驶过程中，车手肘关节容易撞到侧边防撞杆上杆，膝关节容易撞到前环斜撑，会造成不适甚至损伤。前环与主环的水平距离以及前环的竖直高度是比较重要的参数。过高的前环会影响视线；过低的前环会压低方向盘的高度，从而使车手握着方向盘向下运动的手与腹部发生干涉。

布置头枕和座椅时，要考虑它们的支撑结构方便防火墙的拆装。防火墙要足够高，满足"规则"：遮住油路和水路，但不会与进排气干涉，为油箱等其他部件留出适当的空间。一个绘制好的坐姿设计草图如图1-13所示。工作进行到这个阶段，车架的大致轮廓基本就出现了，需要安装在车架包络面以内的零部件基本定位完毕。

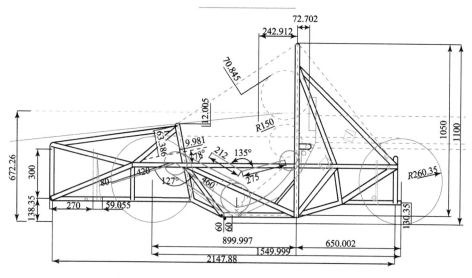

图1-13 坐姿设计草图

5. 搭建实物检验设计

坐姿设计的很多参数常常没有确定的数值或公式作为参考，需要设计者与车手反复沟通，搭建实物模型（PVC 管件模型、木板架模型等，如图 1-14 所示）让车手乘坐，测量实际数值，再调整自己的设计，最终满足安全性和驾驶体验的需求。车架或单体壳加工完成后，应当第一时间搭建简易平台让车手乘坐，记录与坐姿草图设计的异同，对设计不合理的地方制定改进建议。

图 1-14 北京航空航天大学 2013 年赛车 PVC 车架模型检测实验

1.5.2 人机交互界面设计

人机交互界面主要由座椅、踏板、仪表、方向盘、手离合或换挡杆这几个部分组成。以下分别从人机工程学的角度简单讨论一下它们的设计要点。

1. 座椅

赛车通过座椅将其状态反馈给车手，但座椅常是最容易被低估的一个环节。当坐在一个精心塑造的座椅里时，车手对振动和加速度的感觉将会更加敏锐，由此才能更明白赛车究竟处于一个什么状态。图 1-15 和图 1-16 所示为两个较为优秀的座椅示例。车手应当嵌进座椅里，而非坐在座椅上，这就要求座椅要对车手有足够的侧向包裹能力。座椅的材料要紧贴车手身体，提

图1-15 同济大学2014年赛车座椅渲染图

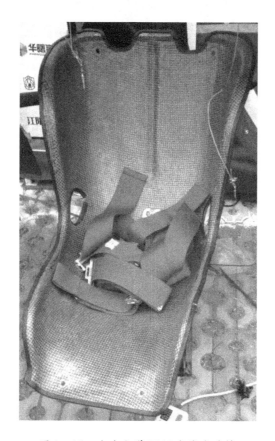

图1-16 湖南大学2014年赛车座椅

供足够的支撑,但它不应太硬或太软,太硬会影响车手的血液循环、增加疲劳感,太软的座椅会削弱车手对振动和加速度的感知能力。通常,赛车的座椅形式有 FSAE 赛车专用座椅、卡丁车座椅、自制座椅,它们一般都采用碳纤维或玻璃纤维材料。自制座椅的车队会用卡丁车座椅改制,或用车手的身体做模具,再翻出阳模来加工座椅。为了使座椅更好地紧贴身体,可以使用聚氨酯一类的硬质发泡剂填充车手和座椅之间的缝隙。这种发泡剂通过混合两种液态原料产生泡沫,以 50 倍左右的倍率膨胀,凝固之后就会固化成容器的形状。

2. 踏板

踏板组最常见的是加速、制动双踏板式,因为 FSAE 赛车的驾驶舱横向空间很小,布置下三个踏板十分困难,而且三个踏板很容易发生误操作。一些技术成熟的车队,甚至不需要手动控制离合器。

踏片宽度应符合人机工程学,由于驾驶员脚掌宽度变化不大,故踏片宽度一般在 120mm 左右,高度在 60mm 左右。其表面可设计一些花纹以增加摩擦力。踏片两端应当设计挡板,避免在过大的侧向加速度、制动加速度作用时,脚部窜出踏板界面。为使车手的脚有舒适的支点,在过大的侧向加速度作用时脚不会"甩飞"误触踏板,需要在脚跟处设置"挡脚块",如图 1-17

图 1-17 代尔夫特理工大学 2013 年电车踏板系统

所示,它是一种可以让脚跟陷进去的槽,并且有足够的强度承受车手大力制动时踩向踏板的力。未及时踩到加速踏板只是影响速度,若不能及时踩住制动踏板可能会造成难以挽回的损失。图 1-17 所示为一例十分优秀的踏板设计,其中踏片和挡脚块采用了碳纤维材料。

由于车手的身高、腿长等因素不一,很多车队开始了可调式踏板组的设计。可调式踏板组一般采用导轨来实现踏板在纵向上的移动,导轨与车架固定,踏板组与导轨之间用螺栓连接。如图 1-18 所示,齿条式导轨可实现踏板组在纵向上移动,最小移动单位为两齿间的距离。

图 1-18　齿条式可调踏板

此外还可以采用螺栓式导轨来实现踏板在纵向上的分段式移动,如图 1-19 所示。可调式踏板应注意可调节的范围与牢固程度。

3. 仪表

很多车队在做仪表的时候很容易步入一个误区:仪表显示赛车状态参数越全越理想。然而事实并非如此。仪表在比赛中是为车手服务的,车手在精神紧张、注意力高度集中的时候,很少有时间关心仪表在显示什么,尤其是在需要频繁转弯的赛道上,故仪表只需要对车手所需要知道的状态参数进行显示,它们是转速、挡位、水温、油温、圈数和圈速。即便是这些看似重要的参数,也无须车手随时掌握。例如水温、油温的显示,可以简单到只需要

第1章 赛车总体设计

图1-19 爱达荷大学2008年赛车螺栓式可调式踏板

在超过正常水温时进行报警提示即可;车手对于转速的关心可能只是因为要升挡或降挡,因而有换挡提示灯就够了……

最理想的仪表应该是显示的数据尽可能少。以如图1-20所示的仪表设计为例,最重要的莫过于顶端的转速跑马灯提示换挡,它们也最为醒目;左端是水温报警灯,左上角是转速的0.01倍,左下角是圈数以及较上一圈快或

图1-20 北京航空航天大学2014年赛车赛季仪表设计图

慢的秒数，右侧是水温和数据记录情况显示。比赛中光线一般比较强烈，赛车的振动也很大，所以要求仪表显示的内容一定要又大又亮，否则很难看清。

有一些车队会模仿 F1 将仪表集成到方向盘上，如图 1-21 所示，但他们很快就发现了这样做的缺点。出于安全考虑，FSAE"规则"规定，方向盘在转动过程中必须低于前环。如此一来，若仪表集成于方向盘上，会导致车手需要低头看仪表，这是一种有安全隐患的设计。若车手为了捕捉瞬息万变的赛场情况而不去低头，又将导致仪表形同虚设。正是这个原因，大多数车队选择将仪表布置在前环下方，甚至高于前环少许（在不阻挡车手视线的前提下），如图 1-22 所示。

图 1-21　某外国车队 2014 年的方向盘仪表组合设计

图 1-22　马斯大学 2014 年赛车的仪表板设计

第1章 赛车总体设计

4. 方向盘

方向盘的造型可以有很多种,但必须兼顾轻便和结实的设计要求。

规则6.5.5:方向盘轮廓必须为连续闭合的近圆形或近椭圆形。方向盘外轮廓可以有一些部分趋向直线,但不可以有内凹的部分。禁止使用H形、8形或外轮廓有开口的方向盘。

有些车队会用按钮或拨片控制离合和升降挡,在设计之前要充分测量车手戴着手套的手指所能有效触碰到的范围。如图1-23所示,按钮的结构简单、便于实现,而且主要是购买的成品件,可靠性高、不容易损坏,但容易误碰,所以要谨慎选取按钮布置的位置;拨片可以令车手换挡时基本保持手握方向盘的姿势不变,其原理通常是触发微动开关。

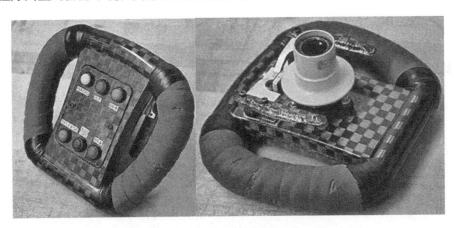

图1-23 一种集成拨片的方向盘设计

5. 离合

很多车队喜欢把离合把手集成在方向盘后面,如图1-24所示,或放在驾驶舱侧边防撞杆旁边,如图1-25所示。离合把手可以很简单,只要有一个拉杆和基座就够了,或者直接使用购买来的摩托车把手。在设计时,要计算好杠杆的受力情况,一般人手的拉力最大值在600N左右,握力最大值在450N左右,为保持耐久赛的驾驶状态,手柄拉力最好控制在300N以下并且握力最好控制在150N以下。还要注意离合把手的行程,在拉满行程的情况下不能与方向盘或车架发生干涉,更不能要求车手为了将离合踩到底而改变正常坐姿。

图 1-24　北京航空航天大学 2013 年赛车的方向盘集成离合把手设计

图 1-25　燕山大学 2012 年赛车的离合把手设计

6. 结语

总体来说,任何与车手接触的界面,都最好能够让车手毫不费力地够到;车手在连续承受 $1.5g \sim 2g$ 重力加速度驾驶半小时后,除制动踏板外,其他部件均能轻松地操控;座椅能够将车手牢牢地固定在上面,车手的手和脚无论何时都不会打滑。

1.5.3　车手安全装置

在赛车的设计过程中,为了取得一个优异的成绩,人们可能更注重发动机的动力、悬架的响应、整车的减重,而忽视了赛车的安全性。但在赛车运动中,车手可以说是一辆赛车的灵魂,没有灵魂四肢便无法行动,没有车手赛车就无从谈起。保护好赛车的灵魂是赛车运动最重要的工作。在车祸发生时,安全装置可以减少对车手的伤害,甚至挽救车手性命;在比赛过程中,安全装置可以稳固车手的身体,使其保持舒适。

FSAE"规则"中主要规定安全带、头枕、防滚架包裹物和车手腿部保护为赛车中的保护装置。车手需要穿戴防火赛服、内衣、袜子、手套、手臂束缚带(束手带)、法帽(防火头套)、头盔参加比赛;此外防火墙也是不可或缺的安全装置之一;车手还可以选择佩戴头颈保护系统(HANS,Head and Neck Support device)来为头部进行额外的保护和支撑。

对于可以购买到的车手安全装备成品,要满足"规则"规定的 FIA 或 SFI 相应规范,并且要保证在安全有效期内,一般在产品上和说明书里都有标识,需要认真核对避免买错。无论是设计的部件或者连接件,还是购买的安全装备如安全带、赛服等,都需要考虑可以减重的空间,在对比几个同类产品的质量之前最好不要轻易购买。比赛中常用的产品品牌有 Sparco、OMP、G - Force、Bell 等。

1. 安全带

在赛车中,安全带可能是最重要的安全部件。"规则"中规定,可以使用 5 点式、6 点式或 7 点式的安全带,但在比赛中使用较多的是 5 点式和 6 点式的安全带,只要舒适、轻便且保护充分就够了,如图 1 - 26 和图 1 - 27 所示。由于购买的安全带一般可适用于房车等赛车的座椅,所以会比较长,故在选择安全带时应尽量选择有调节卡扣、长度方便调节的安全带,可以在固定车手和更换车手时提高效率;长出来的部分不允许切断,所以在赛前应当将它们绑好,避免对车手逃生等情况造成影响。安全带的作用不仅是在碰撞时保护车手,而且还能固定车手的身体。调整安全带,使它能牢固且舒服地将车手固定在座椅上,可以帮助车手最高效地驾驶赛车。安全带应保持干净,经常检查其是否有磨损和毁坏。安全带可以阻燃,但在高温下会融化,所以需要避免它们和过热的部件接触,比如排气管或发动机箱体。按照规则要求,安全带需要和束手带一起使用。束手带就是一条套在手腕上的带子,同时它会扣在安全带的中央卡扣上。当佩戴整齐时,应适当调整束手带的长度,使车手在保证正确坐姿的情况下可以够到最远端的手柄或按钮,并且不能伸出防滚架的包络面。

图 1-26　TRS 生产的一种六点式安全带

图 1-27　G-FORCE 生产的一种五点式安全带

2. 赛服与头盔

车队应当合理考虑预算,购买尽可能优质的安全设备,以最大程度保护

第1章 赛车总体设计

车手的人身安全。穿戴合适的赛服、头盔等装备，可以给车手提供一个舒适的驾驶环境，让车手不会被肥大的赛服拖住手脚，或被宽松的头盔遮挡视线，在赛道上可以全力以赴，发挥出真实水平。在车队购买自己所能够负担得起的最优质的安全设备后，应仔细地保管好这些设备。不要把头盔颠倒地放在地上，以避免磕碰头盔，损伤其吸能结构；保持车手服装干净整洁，如果覆盖上了油脂和灰尘，它的防火功能会大打折扣。不要将赛服当作工作服参与修整任务；也不要将赛车手套当作工作手套，随便抓拿过烫或尖锐的工件。车手只有在上车比赛之前，才应穿好装备，上车前应当尽量保持赛车鞋清洁，保证鞋与手套的干净和干燥，使车手在驾驶过程中可以充分发挥出力道，不致因为打滑酿成悲剧。如图1-28所示。

图1-28 OMP生产的一套车手装备（包括头盔、赛车服、手套、赛车鞋）

3. 头枕

对于头枕而言，很难买到合适的成品件，所以多数车队倾向于自制头枕，如图1-29所示。"规则"详细规定了头枕的尺寸、位置和安装要求等项目，以确保各车队在换上不同身高的车手之后，它们的头枕都能为其提供最好的保护和支撑。头枕可用EVA、XPE等硬质泡沫塑料、珍珠棉作为填充材料，以起到一定的缓冲作用。设计头枕的安装和调节件时，应当充分考虑头枕和进气、防火墙、安全带等部件是否会发生干涉。在没有佩戴HANS时，头枕与防滚架包裹物一起，可以很好地限制头部移动，并能避免头部撞击主环或其他部件。在"规则"中对头枕的调节性与长度有如下要求：

规则5.6.2 头枕至少有17.5cm（7英寸）的高度可调范围，或者长度至少为28cm（11英寸）。

图1-29 卡尔斯鲁厄理工学院2014年赛车头枕

4. 驾驶舱

图1-30所示为一个比较合理的赛车驾驶舱设计范例,应该像乘用车座舱的效果一样设计赛车的驾驶舱,让它保持整洁和简洁,但一定要注意减重。

图1-30 卡尔斯鲁厄理工学院2014年赛车的驾驶舱设计

在不要求承载的位置,可以覆盖一层碳纤维板、塑料板或棉布,让驾驶舱与外界隔开,避免进入石子、碎片等杂物;悬架、转向机、万向节、避震器等进入到驾驶舱内的零部件,可以在上面覆盖不易变形或穿透的保护罩;踏板前端的脚跟着力点,要重点考虑其承载和承受冲击的能力,设计强度足够高的铝制或碳纤维支座;在正常坐姿驾驶时,膝盖内侧和外侧在转向离心力的作用下可能触碰到的位置,应当安装柔软的保护垫缓冲撞击。

5. 防火墙

防火墙的形式多种多样,有承载式的,具有一定的强度与刚度;也有非承载式的,可以制造得比较轻薄。最为常见的是使用铝板、花纹铝板、铝箔、防火棉等材料加工而成的一面薄壁,如图 1-31 所示。只要它可以充分隔开驾驶舱和发动机及供油、润滑、冷却系统即可。需要注意的一点是,防火墙作为一道屏障,应尽量远离过热的部件(排气管、发动机、水箱等),或者覆盖隔热材料,以有效阻止热的传递,简化隔热结构。

图 1-31 某些外国车队的防火墙设计

第 2 章
Chapter 2 车 架

车架（Frame），顾名思义，是赛车的"骨架"，用于支撑和连接汽车各个零部件，承受来自车内外的各种载荷，同时保护车手的空间结构。规则中，车架被描述为"被设计用来支撑所有赛车的功能系统的结构总成。该部件可以是单个焊接结构，也可以是复杂的焊接结构，或是复合材料与焊接结构的组合"。

根据形式划分，车架有中梁式、边梁式等多种形式，适用于不同类型的车辆；根据材料划分，有钢管车架与复合材料车架（单体壳）等，如图 2-1 和图 2-2 所示。目前，FSAE 赛车多使用钢管组成的桁架式（空间管阵式）车架，其具有刚度大、质量小、成本低和结构紧凑的特点，适用于赛车，被国内大多数车队所采用。单体壳（Monocoque）在职业赛车和超跑领域广泛采用，是一种先进的结构技术，指的是用一个物体的表面而不是内部框架来承载，一般使用碳纤维增强树脂（Carbon Fiber Reinforced Polymer，CFRP），与传统钢管车架相比有更高的强度和刚度，且质量轻，非常有利于赛车轻量化和车手安全，同时单体壳带来的设计复杂、加工要求高、成本极高的缺点使得很多车队望而却步。

本书车架部分重点介绍钢管桁架式车架，关于单体壳更多的是理论性介绍与前瞻性分析，详见本章第 5 节"单体壳简介"。

根据"规则"对车架的总体要求，赛车的结构必须包括两个带有支撑的防滚架、有支撑系统和缓冲结构的前隔板以及侧边防撞结构，即主环、前环、防滚架斜撑及其支撑结构、侧边防撞结构、前隔板、前隔板支撑系统、所有的能将车手束缚系统的负荷传递到基本结构的车架单元。

车架单元则指的是最短的、未切割的、连续的单个管件，车架单元是车架的基本单位。

第 2 章 车 架

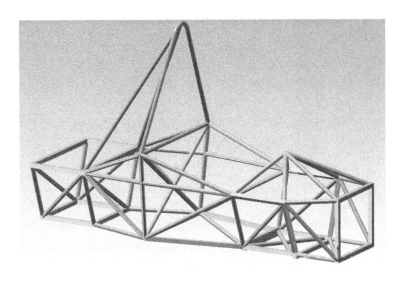

图 2-1 AERO-2015 钢管桁架式车架

图 2-2 复合材料车架（单体壳）

图 2-3 中清晰地标注出了上述的车架基本结构。

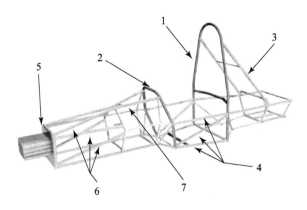

图 2-3 车架的基本结构

1—主环；2—前环；3—主环斜撑；4—侧边防撞结构；
5—前隔板；6—前隔板支撑；7—前环支撑结构

2.1 钢管车架常用材料

钢管车架最常用的材料自然是钢材。但是钢的种类繁多，物化特性各异，如何选择最符合要求的钢？选定了钢材，利用何种形式将其搭建成桁架？选择实心棒还是空心管？截面是圆形、方形还是其他形状？这些问题都是需要考虑的。

规则 3.4.1 赛车的基本结构必须为以下材料之一制作：

（1）低碳钢或合金钢（含碳量至少为 0.1%）制造的圆管（最小尺寸规格要求见表 2-1）；

（2）第 2 章 3.4、3.5、3.6、3.7 中允许的替代材料。

2.1.1 基准钢铁材料

上述已经提到，车架的功用之一是承受来自车内、外的各种载荷，但是，各种材料的力学性能相差甚远，判断车架承载能力是否符合标准对于设计者和裁判来说都是一大难题。为了统一标准,方便大家判断,"规则"设置了基准钢铁材料:低碳钢或合金钢,最小尺寸规格见表2-1。

表2-1 基准钢铁材料最小尺寸规格

部件或用途	外径×壁厚
主环和前环,肩带安装杆	圆管25.4mm×2.4mm; 圆管25.0mm×2.50mm
侧边防撞结构,前隔板,防滚架斜撑,安全带安装杆(不包括上述部分,指肩带安装杆) 电车:蓄电池保护结构	圆管25.4mm×1.65mm; 圆管25.0mm×1.75mm; 圆管25.0mm×1.60mm; 方管25.4mm×25.4mm×1.25mm; 方管25.0mm×25.0mm×1.25mm; 方管26.0mm×26.0mm×1.2mm
前隔板支撑,主环斜撑支撑 电车:传动系统部件	圆管25.4mm×1.25mm; 圆管25.0mm×1.5mm; 圆管26.0mm×1.2mm

如果参赛车队选用替代管件或材料,则必须提交《结构等同性表格》。参赛车队必须提交他们所选材料的计算结果,来证明所选材料与表2-1中最小尺寸规格的钢材有相同或更高的屈服强度、弯曲极限、扭转和拉伸强度以及扭转系数和能量耗散(屈服强度被定义为EI,其中E=弹性模量,I=最脆弱轴处的惯性矩)。

2.1.2 低碳钢与合金钢管件

事实上,大多数车队选择与基准钢铁材料相同的钢材作为车架管材,因为这二者有很多优点。

低碳钢(Low Carbon Steel)为碳含量低于0.25%的碳素钢,因其强度低、硬度低而软,故又称软钢。它包括大部分普通碳素结构钢和一部分优质碳素结构钢。其强度和硬度较低,塑性和韧性较好。因此,低碳钢冷成形性良好,可采用卷边、折弯、冲压等方法进行冷成形。这种钢还具有良好的焊接性。含碳量0.10%~0.30%的低碳钢易于进行各种加工,如锻造、焊接和切削,常用于制造链条、铆钉、螺栓、轴等。图2-4所示为Q235低碳钢管。

图 2-4　Q235 低碳钢管

合金钢（Alloy Steel）是在普通碳素钢的基础上添加适量的一种或多种合金元素而构成的铁碳合金。添加不同的元素，并采取适当的加工工艺，可获得高强度、高韧性、耐磨、耐腐蚀、耐低温、耐高温、无磁性等特殊性能。以 4130（30CrMo）钢（图 2-5）为例，其具有高的强度和韧性，淬透性较高，在油中临界淬透直径为 15~70mm；钢的热强度也较好，在 500℃以下具有足够的高温强度；当合金元素在下限时焊接相当好，但接近上限时焊接性中等，并在焊前需预热到 175℃以上；钢的可切削性良好，冷变形时塑性中等。

图 2-5　4130 合金钢管

第 2 章 车 架

为了直观展现低碳钢与合金钢的区别，选取常用于制作成管材的 Q235、Q345 低碳钢与 4130（30CrMo）合金钢的部分力学性能和焊接性能进行对比，如表 2-2 所示。

表 2-2　合金钢与碳素钢对比

材料名称	屈服强度/MPa	抗拉强度/MPa	焊接性能
Q235	235	≥205	焊接时，一般无须进行预热及控制层间温度，焊后也不必采用热处理改善组织，整个焊接过程不必采取特殊的工艺措施，焊接性优良
Q345	345	≥490	焊接性良好，焊前一般不必预热
30CrMo	785	≥985	当合金元素在下限时焊接相当好，但接近上限时焊接性中等，并在焊前需预热到 175℃ 以上

从表 2-2 中可知，4130 钢的力学性能远远高于 Q235、Q345 钢，虽然焊接稍有困难，但是靠当下的焊接工艺完全可以保证，所以 4130 钢管材非常适合制作车架。而且"规则"规定了钢材的同等处理原则——不允许合金钢管件的壁厚比所用的低碳钢管件的壁厚更薄，所以利用合金钢管制作的车架具有更出色的承载性能，也能提供更多的设计余量与承载余量。因此大多数车队选择 4130 无缝钢管作为车架管材。以某典型车架为例，不同位置管材的外径与壁厚如图 2-6 所示，其管材规格见表 2-3。

图 2-6　典型车架模型

表 2-3 典型车架管材规格

图示颜色	类别	外径/mm	壁厚/mm	材料
红色	圆管	25.4	2.4	30CrMo
白色	圆管	25.4	1.6	30CrMo
蓝色	圆管	25.4	1.25	30CrMo
绿色	圆管	14	1.5	30CrMo
紫色	圆管	10	1	30CrMo
黄色	圆管	20	1.5	30CrMo

2.1.3 其他替代材料

若将视野拓宽到乘用车领域，可以看到现在已有多种合金应用于汽车框架，例如奥迪 A8 的全铝制承载式车身。少数高档车，如宾利凡尔赛 B-4，在车身框架中应用了双层钛合金。这几种新型合金与传统的钢铁相比，有诸多优点，以铝为例，铝的密度仅为 $2.7g/cm^3$，远低于铁的 $7.86g/cm^3$，可以大大减轻整车质量，同时铝制品可塑性好，易于加工。虽然方程式赛车车架有别于一般乘用车的承载式车身，但是若资金充裕，在保证强度和刚度的前提下将部分车架管选用铝合金或钛合金管，在轻量化方面可有出色表现。

复合材料的应用是汽车材料应用的一个巨大进步，以碳纤维增强树脂（CFRP）为代表的新型复合材料已在 F1 单体壳上广泛应用。这种材料的强度是钢的两倍，但是质量只有其五分之一，其优势不言而喻。复合材料多应用于单体壳形式的车架上，具体会在第 5 节"单体壳简介"中介绍，此处不再赘述。

在 FSAE 赛事中，"规则"并未禁止使用其他合金和复合材料，除了某些特定位置有硬性要求，如主环和前环必须用钢管，铝制或钛制的管件以及复合材料在主环和主环斜撑上禁止使用外，多数部位可以使用替代材料，车队只需提交能够证明结构等同的文件即可。但受限于设计水平、机加工工艺、使用效果等因素，国内外车队使用铝、钛、镁等金属替代材料的较少。但是复合材料制成的单体壳因其极大的优势在国内外强队中逐渐得到推广。

第 2 章 车　架

图 2-7 所示为 FSAE Japan 京都大学全铝车架，由于各国 FSAE 赛事规则有所区别，所以日本赛全铝车架是被允许的，而根据中国赛规则，主环和前环必须为钢管，须知设计务必以所参加比赛的规则为准。

图 2-7　京都大学全铝车架

图 2-8 所示为日本上智大学的单体壳，为了追求更高的扭转刚度，该单体壳设计的"略重"了些，然而仍然只有 22.7kg，而且扭转刚度达到惊人的 8 956N·M/（°）。一般情况下，钢管车架包括所有支架在内能做到 25kg 已经是非常优秀了，而且钢管车架扭转刚度远远达不到这一数值。

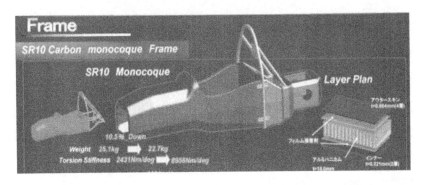

图 2-8　上智大学单体壳

2.1.4 结构相关文件（SES 或 SRCF 报告）

前面已经提到，无论采用何种材料和形式，都要进行等同型计算以证明安全性，因此规则规定：所有的等同型计算必须证明车队所用结构与 SAE/AISI 1010 所构成的结构等同。SAE1010 是一种优质碳素结构钢，其性能接近于国标低碳钢 10 号钢，这也就是前面提到的"基准钢铁材料"的具体材料，其各方面力学性能参数也将作为基准出现在结构相关文件中。为了简化计算，结构相关文件中已经拟好了等同型计算方法与公式，只需填写数值即可。

遵从"规则"第 2 章第 3 节"驾驶员单元"的队伍必须提交一份结构等同性表格（SES，Structural Equivalency Spreadsheet），即使他们不打算替换"规则"第 2 章中的基准钢铁材料和管件尺寸。遵从"规则"第 3 章"替代车架"的队伍必须提交一份结构要求认证表（SRCF，Structural Requirements Certification Form）。

2.2 钢管车架结构设计

完成了材料选择，下一个环节便是结构设计。必须提到的是，只有在合理的设计中，选择的管材才能发挥应有的特性。所以，结构设计是整个车架设计的关键。

2.2.1 初选部分尺寸

车架的设计不是孤立、凭空而来的，而应依附于整车。作为赛车的骨架，车架是较早开始设计的。在每赛季设计任务开始之前，车队都会有一个总体设计方案，勾画出新赛季的赛车设计方向，同时也会继承往年的优秀设计，修正之前出现的问题，融入新想法，形成一套初步目标参数。车架部分的尺寸参数也包含其中，这也是车架建模的基础。

例如，初步目标参数可以有：

车架总长约 2 030mm；

第 2 章 车 架

车架竖直总高 1 075.4mm，满载情况下最低点离地高度 25mm；

车架裸重控制在 28kg 以内；

主环平面与地面垂直，前环平面与竖直平面夹角为 5°；

从前环到前隔板逐渐过渡为矩形；

……

根据以上要求进行改进，即可初步完成一般车架的设计。总体设计方案只是一个大的框架，后续需要根据设计要求再进行调整。

2.2.2 车架建模初步

设计车架的基础是建模，所以设计车架的前提是选取合适的建模软件并熟练运用，车架是空间杆系，可以由各管中心线构成的空间直线系直接生成管道而形成车架，常用的 3D 建模软件 UG、SolidWorks、CATIA 等都能实现此功能。推荐选用 UG NX8.0 作为车架建模软件，其原因有以下几点：首先，UG 创建空间直线比较方便，符合车架设计思路；其次，UG NX8.0 版本可直接另存为 CATIA V5 文件，与大多数车队官方建模软件版本一致。

车架建模顺序应按照重要性顺序，先建关键平面，再定关键直线，然后将节点自然连接在一起，即可构建出车架的空间直线系，最后再生成管道，进行焊接坡口处理，即完成建模。

如图 2-9 所示，建立主环、前环、前隔板、后框和最低平面这几个关键平面，以及与悬架连接的连接杆这 8 根关键直线，选定坐标系即可确定各平

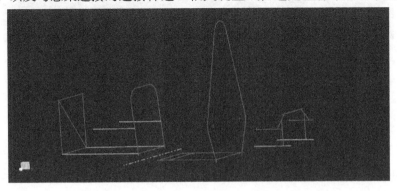

图 2-9　建立关键平面与直线

面与直线的空间位置。需要注意的是，车架坐标系务必与整车坐标系一致，这样有利于确定点的空间位置，方便日后修改。

如图 2-10 所示，根据"规则"在各节点间补充空间直线，即可完成车架的空间直线图；生成管道，即可构建出空间杆系，为了方便可将不同外径与壁厚杆件涂不同的颜色，车架基本成型，如图 2-11 所示。

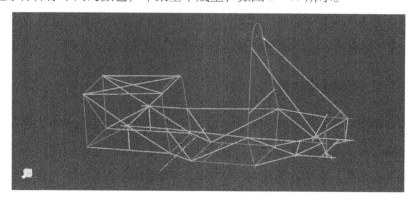

图 2-10　车架空间直线系

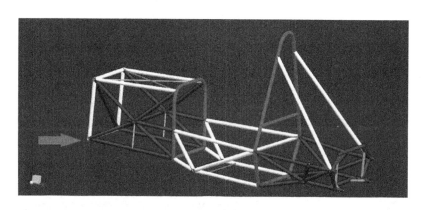

图 2-11　车架空间杆系

2.2.3　坡口处理

车架大体成型后，还有细节需要处理，从图 2-12（a）可以看到各管在节点处存在干涉，这是因为每根管子都是圆柱体，中心线相交，而圆柱体外形线则相贯，所以大部分管子的两端不应是平的，而应该具有相贯线的形状，在加工时这一弧线也将作为焊接的焊缝,即所谓的"坡口"。

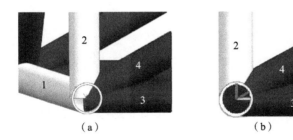

图 2-12 坡口处理

制造坡口,需要对管子进行修剪,那么这便涉及了管子优先级的问题:焊接的位置承受载荷的能力显然不如整体的管道,所以承受载荷要求高的管子应少切割以保证强度,定义其为优先级高的管子。还以图 2-12 为例,给四根相交的管子编号为 1、2、3、4,已知 1、2 号管为前隔板,是车架基准面之一,且防侵隔板与防撞块安装于此,强度与刚度要求最高,故 1、2 号管优先级高。为加工方便,先设定同一节点横杆优先级高于竖杆,即 1 号杆优先级高于 2 号杆;再看 3 号杆,其为前悬架上 A 臂固定杆,需要承受悬架跳动传递的动静载荷,对强度和刚度要求也很高,而 4 号杆是为了满足三角形结构规则和加强整体刚度而设的,所以优先级 1>2>3>4,那么修剪时,1 号杆不修剪,2 号杆以 1 号杆为基准进行修剪,即 2 号杆只有与 1 号杆相贯的弧面,3 号管分别与 1、2 号管做相贯,4 号管要对 1、2、3 号管都做相贯,隐藏掉修剪体,其侧视图如图 2-12(b)所示。对所有节点做此处理,即可得到每根管子的正确形状。

在实际优先级操作中,会有很多问题,例如有些杆件功能相近,从强度和刚度判断优先级相同,这时应该从加工难度、受力状况等多方面分析,若仍然相近,设计者可以自己拟定优先级,如规定 x、y、z 按正方向优先级增大等,此举是为了方便设计者确认每个节点各杆件的优先级顺序,核心目的是确保每根杆件都有正确的坡口。

2.2.4 车架结构设计

通过前面的描述,可以知道如何来"画"一副车架,但"画"与"设计"还有一定的距离,下面将把车架分为前鼻、驾驶舱和后部三个部分,结合"规则"简述一些设计思路和理念。

1. 车架前鼻

车架前鼻指的是前环之前,即前隔板到前环之间的部分,也被称作前框、车鼻等。

与前鼻连接的零部件有前悬上下 A 臂、踏板、转向机等,需要承受悬架跳动、车轮冲击、踏板载荷以及可能出现的正面撞击等多种载荷,所以需要进行合理设计。"规则"中"点对点三角结构"规定:将车架结构投影到一个面上,在此平面内施加一个任意方向的载荷到任意节点,只会导致车架管件受到拉伸力或是压缩力,也称为"正确三角结构",如图 2 – 13 所示。这么做能保证在节点上不会产生对任意杆件的弯矩导致杆弯曲变形,是强度和刚度的有力保证,也是在整个车架设计中需要遵守的重要规则。

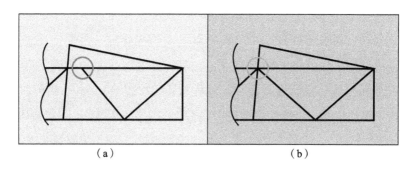

图 2 – 13　点对点三角结构
(a) 不正确的三角结构;(b) 正确的三角结构

图 2 – 14 所示为典型车架前鼻部分,根据"规则"可知前环是主要承载部位,所以采用外径×壁厚为 25.4mm×2.4mm 的杆件,用红色标出;同样根据"规则"前隔板用 25.4mm×1.6mm 的杆件,用白色标出。可以看到侧面也有四根标注为白色同壁厚的杆件,这四根杆是前悬架上下 A 臂安装杆,直接承受悬架跳动载荷,所以选用壁厚较厚的管件,其他杆件载荷相对较小,即选用 25.4mm×1.25mm 的壁厚杆件。可以看到前鼻侧面杆件中心线均交于同一节点,这便是"点对点三角结构"的体现。

第 2 章　车　架

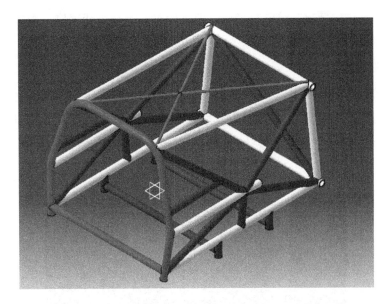

图 2-14　车架前鼻

前鼻的设计要根据前悬、踏板等各种零件的设计形式和定位而定，而其他用于连接和加强的结构杆则只需符合"规则"和强度要求即可，例如图 2-14 中车鼻上部 X 形杆件，采用了 10mm×1mm 的细杆。然而清华大学 2011 年车架（图 2-15）相同位置则选用外径为 25.4mm 的粗杆，直接去掉两边 X 形的杆

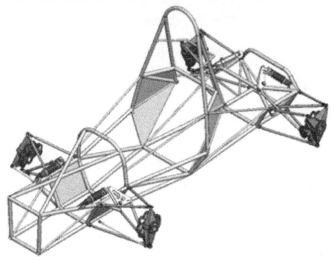

图 2-15　清华大学 2011 年车架

件,同样能达到要求。这两种形式,前者相对易于建模和定位,重量也略轻,但是后者扭转刚度更大。

2. 驾驶舱

驾驶舱指的是前环、主环和侧边防撞机构构成的舱体。"防撞"构件,即承载能力较高的管件,底面承担驾驶员的单元也是如此,所以基本都采用 25.4mm×1.6mm 的钢管,这也是"规则"的最低要求。图 2-16 所示为驾驶舱结构。

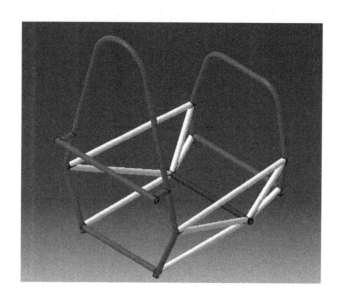

图 2-16 车架驾驶舱

驾驶舱杆件较少,比较简单,但是"规则"要求较多,有一些要求,例如检测板,需要从建模时就予以保证,现以驾驶舱开口与驾驶舱横截面"规则"为例:

规则 4.1 "驾驶舱开口":为了保证驾驶舱的开口有足够的尺寸,如图 2-17 所示的模板将被放入驾驶舱内来测试其开口的尺寸。模板将以水平姿态竖直向下地放入驾驶舱,直至通过上部侧边防撞杆的底部。

规则 4.2 "驾驶舱内部横截面":如图 2-18 所示的模板被放入驾驶舱

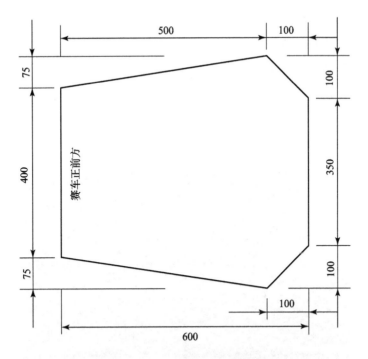

图 2-17 驾驶舱开口检测板

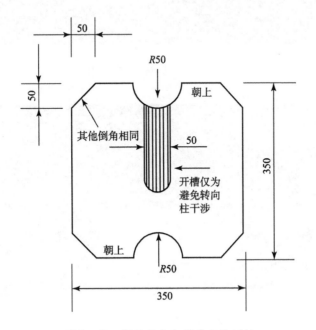

图 2-18 驾驶舱内部横截面检测板

内来测试其内部空间的横截面尺寸。模板将以竖直的姿态沿水平方向放入驾驶舱，直至到达距离踏板后端面（可调节的踏板必须位于车头最前端的位置，且踏板未被踩踏）之后100mm（4英寸）处的位置。

为了保证这两条规则，可直接在对应位置建立检测板模型，如图2-19和图2-20所示，目测或者用相关命令检测不干涉即可，但是检测板周围应留有一定的加工余量，以防加工时变形。

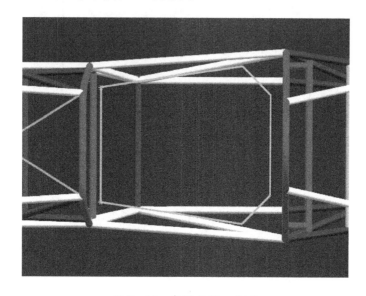

图2-19　驾驶舱开口检测

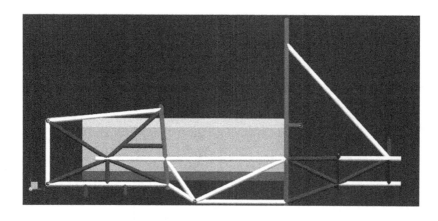

图2-20　驾驶舱横截面检测

3. 车架后部

车架后部指的是主环以后的所有杆件，与前鼻类似，后部有后悬架上下 A 臂固定杆，也有一个与 x 方向垂直的平面，用于固定传动部件和连接悬架固定杆，此外还有肩带安装杆、主环斜撑等结构。

图 2-21 所示为某车架后部，根据"规则"要求选择了最小壁厚。为了加强悬架传来载荷的承担能力，悬架安装杆也采用了 1.6mm 的壁厚，后面的六边形结构称作后框，用于连接悬架安装杆、固定传动装置，为加强结构强度还设置了 4 根 14mm×1.5mm 的加强杆（图 2-21 中绿色杆件）。

图 2-21 车架后部

车架后部也有很多设计形式，例如图 2-22 车架后部采用短车架形式，传动吊耳固定在后框杆件上，而传动轴、大链轮统统位于后框的后面。同时悬架后掠，与车架形成钝角三角形。总装模型如图 2-23 所示。

比较传统的方法是将整个传动系统包覆在车架里面，在结构上，此种方法比短车架"长了"一截，因为相当于多了一个包覆传动系统的矩形框，故称为长车架。包覆传动系统的结构是真正意义的"后框"。这样的结构使车架

图 2-22 短车架总装模型

图 2-23 短车架

重量大，但是能较好地保护传动系统。北航 AERO 车队 2012 年车架即采取这种形式，实际装车效果如图 2-24 所示。

图 2-24 长车架

还有的车队采取了副车架的形式。图 2-25 所示为清华大学 2013 赛季车架后部的铝制副车架，可以看到该车架取消了后框和悬架安装杆，直接将悬架和传动系统用螺栓连接到副车架上，固定吊耳的位置可以在副车架平面上任取，而不像钢管车架吊耳必须依靠车架保证位置，从而提高了定位精度，而且用一个铝制框架代替若干根钢制车架管，无疑能减重不少。如果再大胆一些，可以将后避震、防倾杆甚至发动机悬架装置一并固定到副车架上，以方便拆卸和维修。但是副车架也有设计和加工难度大及成本高的缺点，需要有一定的调研和技术储备。

图 2-25　清华大学 2013 年赛车副车架

2.3　钢管车架仿真优化

大多数车队赛车车架结构为空间钢架结构，材料采用 4130 无缝钢管，以氩弧焊工艺焊接成型。由于经验有限、能力不足等多种原因，各车队的钢管车架往往有较大的设计冗余，急切需要通过仿真优化得知其整体性能及降低的重量。为提高赛车的动力性，要求赛车车架在满足强度、刚度的前提下尽可能减轻自身重量。所以，对车架做出适当的仿真优化是非常必要的。

有限元分析（FEA，Finite Element Analysis）的基本概念是用较简单的问题代替复杂问题后再求解。它将求解域看成是由许多称为有限元的、小的互连子域组成，对每一单元假定一个合适的（较简单的）近似解，然后推导求解这个域的总的满足条件（如结构的平衡条件），从而得到问题的解。这个解不是准确解，而是近似解，因为实际问题被较简单的问题所代替。由于大多数实际问题难以得到准确解，而有限元不仅计算精度高，而且能适应各种复杂形状，因而成为行之有效的工程分析手段。

本书的重点是介绍方程式赛车相关知识，所以关于有限元方法原理、有限元软件操作等不再赘述，读者可参阅相关书籍。下面以某典型车架为例进行有限元仿真分析。

2.3.1 赛车车架几何模型与有限元模型

车架模型的建立需要悬架、转向、传动及发动机等零部件的设计共同配合，在建模的过程中运用到了 UG 和 CATIA 两个三维造型软件，车架三维模型如图 2-26 所示。

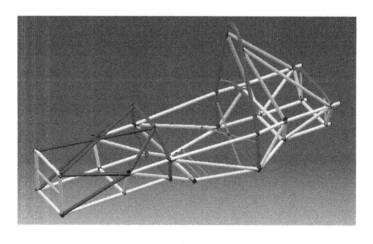

图 2-26　车架三维模型

图 2-26 中不同壁厚的管件以不同颜色标识出来，具体的壁厚尺寸等信息在表 2-4 中展示。

第 2 章 车　架

表 2-4　车架管截面尺寸

管件	管件数量	截面图形	内圆半径/mm	外圆半径/mm
车鼻上部管件	9		11.6	13
前环及主环	6		10.3	12.7
普通管件	47		11.1	12.7
车鼻前部加强管	1		9	10
车尾后框加强管	2		6	7.5
驾驶舱底部加强管	5		5	6

在 CATIA 软件中给模型添加"钢材"的材料属性，以密度 7 850kg/m³ 计算得到的质量约为 30.817kg。

为进行有限元分析，需要将建好的模型导入到有限元软件中进行结构离散、单元分析、方程求解等，常用有限元分析软件有 LUSAS、MSC、NASTRAN、ANSYS、ABAQUS、LMS – SAMTECH 等。其中 ANSYS 是最通用、应用最广的有限元分析软件，其操作简单，适用于结构强度分析，所以基于 ANSYS 建立了有限元模型。各个软件针对特定的领域都有其各自的优势，只要正确使用即可得到接近真实情况的结果。

首先对车架管件进行材料属性设置。因在三维造型软件中以毫米（mm）为单位建立车架三维模型，故将其导入有限元分析软件中时将保持原有尺寸单位。有限元软件 ANSYS 中没有关于单位的具体规定，但在分析中需要统一单位，即长度、质量和时间单位统一，由这三者导出的单位可以相互推导。当长度单位为毫米（mm）时，选定质量单位为吨（t）、时间单位为秒（s），由此导出的弹性模量单位为兆帕（MPa）、密度单位为吨/立方毫米（t/mm³）。

车架材料为 4130 钢材，即 30CrMo，其弹性模量为 2.11×10^5 MPa，泊松比为 0.3，密度为 7.85×10^{-9} t/mm³，材料的屈服极限为 785MPa，强度极限为 980MPa。

然后进行网格划分。如图 2-26 所示的车架由 70 余根 4130 钢材无缝钢管通过氩弧焊焊接工艺加工而成，钢管壁厚为 1~3mm。在 ANSYS 软件中，采用梁单元对车架进行网格划分工作,梁单元的横截面尺寸见表 2-4 中的数据。通常,当网格的数量增加时,计算精度会有一定程度的提高,但同时计算规模也会有相应的增加,所以在确定网格尺寸时应综合考虑这两个因素。本书在分析过程中,车架线性有限元模型建立时网格尺寸为 10mm,钢管连接处采用共节点模拟焊接,即将焊点处各部件的节点重合在一起,使得相邻焊件融为一体。

最后进行网格质量检查。如果网格质量不好,则会影响有限元计算的准确性,甚至会造成计算不收敛。最终赛车车架有限元模型如图 2-27 所示,其共有 4 460 个节点及 4 780 个梁单元。

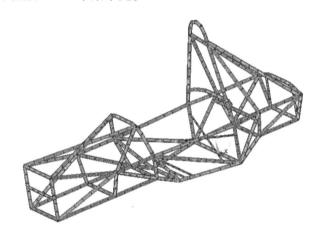

图 2-27 车架有限元模型

2.3.2 车架强度仿真分析

运用有限元软件对车架结构进行分析,找到不同工况下的车架在受到来自外部载荷以后所产生的应力、应变及变形的情况,以此作为校核车架结构刚度和强度的依据。

1. 静态载荷

车架所受静态载荷包括车架自重和驾驶员、发动机总成、底盘总成以及空气动力套件等组成的负重。其中在分析过程中,车架自重可通过重力场施加在车架上,车架负重可简化为施加在各连接处的集中载荷或均布载荷。车架受到的来自主要零部件的载荷及作用方式见表 2-5。

第2章 车 架

表2-5 车架所受静态载荷情况

载荷类型	质量/kg	等效载荷/N	处理方式
车架自重	35	857.5	重力场
驾驶员质量	70	1 715	均布载荷
发动机质量	57	1 396.5	集中载荷
转向系统质量	5	122.5	集中载荷
传动系总成质量	12	294	集中载荷
空气动力套件质量	12	294	集中载荷
制动系总成质量	10	245	集中载荷
车身质量	7	171.5	均布载荷
进气排气水箱质量	15	367.5	集中载荷

由于转向系统质量较小，故在静态载荷分析中将其忽略。车架内部驾驶舱面积为 $0.67m^2$，在驾驶员体重的作用下受到的均布载荷为 1 044.78Pa；制动总成固定在一平面上，平面面积为 $0.12m^2$，故在制动系统总成的重力作用下受到的均布载荷为 833.34Pa。

2. 边界条件

车架与悬架的连接方式如图 2-28 所示。

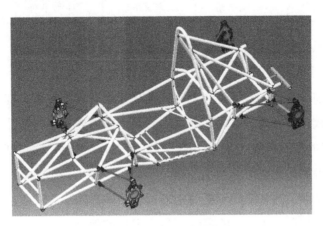

图 2-28 车架与悬架连接

赛车前后悬架均为双横臂式独立悬架，每个独立悬架通过 4 个焊接铰链与车架相连。在强度分析过程中，采用约束车架和悬架连接点的位移自由度来模拟整车的实际约束状况。取悬架上下摆臂与车架的连接点作为约束点,这样只需对 16 个点施加边界条件约束即可。在此,只对连接点施加位移自由度约束,释放全部转动自由度。

3. 工况分析

(1) 车架弯曲工况分析

车架弯曲工况主要是模拟赛车静止或者在良好的赛道上匀速行驶时的车架应力分布及车架变形情况。此工况是赛车常用的基本工况。

车架主要受到赛车手、发动机和其他部件的竖直方向向下的作用力。

赛道的反作用力能使车架产生弯曲变形,而变形的大小取决于作用在车架上的静载荷和动载荷(垂向加速度),所以车架要具有很好的强度、刚度,以及抗疲劳能力。

当计算弯曲工况时,车架承受的静载荷需要乘上一个动载因数,一般为 2.0~2.5,本节取为 2。

弯曲工况下车架的约束情况如表 2-6 所示。

表 2-6 弯曲工况下车架位移约束方式

约束位置	左前悬架	右前悬架	左后悬架	右后悬架
位移自由度约束	y 方向平动	xz 方向平动	yz 方向平动	xyz 方向平动

经过有限元分析计算,本车架在弯曲工况下的应力云图如图 2-29 所示,从应力云图上可以看出车架整体应力水平相对较低,最大应力为 10.295MPa,出现在车架前环左下侧管件连接处。此处是多个管件连接处,容易出现应力集中,产生较大的应力。弯曲工况得出的最大应力要远小于管件材料美国规格 4130 钢材的屈服极限 785MPa,故车架的整体存在很大的强度富余量,同时也存在较大的优化空间。

本车架弯曲工况有限元分析得出的位移云图如图 2-30 所示,从该图中可以看出,车架在此工况下的最大位移出现在前隔板左下方位置,最大位移量为 0.338 9mm。

第2章 车　架

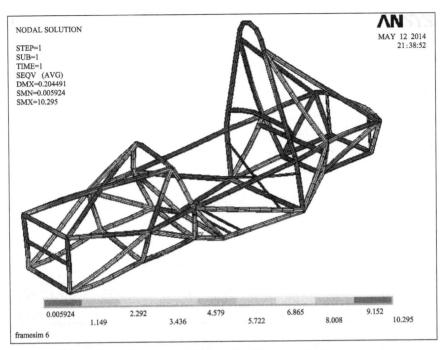

图2-29　车架弯曲工况节点应力云图

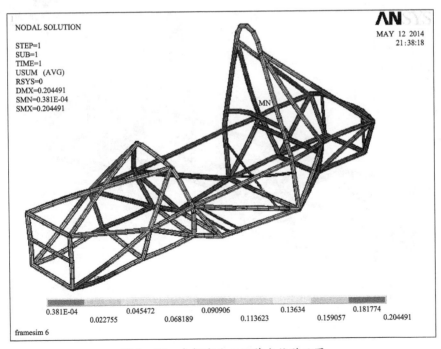

图2-30　车架弯曲工况节点位移云图

（2）赛车制动工况分析

车架紧急制动工况将模拟赛车在比赛中紧急制动（或加速）时的载荷情况，赛车车架除承受赛车及车手的重力作用以外，同时还要受到纵向制动（或加速）惯性力的作用。赛车在制动（或加速）时，由于惯性力的作用，车架将承受纵向载荷。赛车在紧急制动工况下，惯性力的大小取决于制动减速度及赛车总质量两个参数的大小；而加速工况下纵向载荷的大小取决于纵向加速度、车手体重及赛车总质量等参数。

制动工况分析：在车架弯曲工况分析的基础上对车架施加 $1.4g$ 的制动减速度，并对车架施加如表 2-7 所示的自由度约束。

表 2-7　制动工况下车架位移约束方式

约束位置	左前悬架	右前悬架	左后悬架	右后悬架
位移自由度约束	y 方向平动	xz 方向平动	yz 方向平动	xyz 方向平动

经过有限元分析计算，本车架在制动工况下的应力云图如图 2-31 所

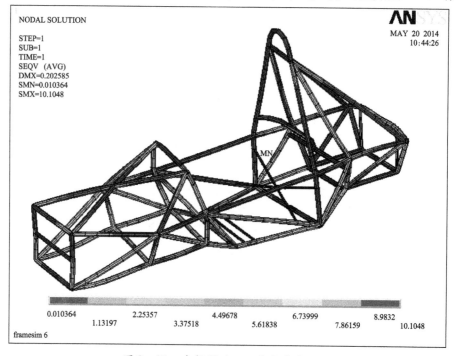

图 2-31　车架制动工况节点应力云图

示,从应力云图上可看出,车架的整体应力水平相对较低,最大应力为10.104 8MPa,出现在车架前环左下侧管件连接处。此处是多个管件连接处,容易出现应力集中,产生较大的应力。

本车架制动工况有限元分析得出的位移云图如图2-32所示,从该图中可看出,车架在此工况下的最大位移出现在前隔板左下方位置,最大位移量为0.202 5mm。

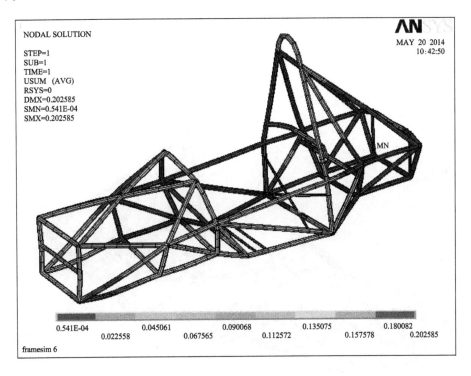

图2-32 车架制动工况节点位移云图

(3) 赛车转弯工况分析

紧急转弯时,赛车车架会受到由离心力作用而产生的侧向动载荷,所以赛车车架结构要能承受一定程度的侧向载荷。行驶车速的高低和转弯半径的大小决定了离心加速度的大小;而离心力的大小是由车架上所承载的赛车手、发动机及其他零部件所决定的。车架结构在方程式赛车以较高的转弯速度转弯时将同时承受弯曲载荷以及离心力产生的动载荷。

转弯工况分析:在车架弯曲工况分析的基础上对车架施加$1g$的侧向加速

度，并对车架施加如表2-8所示的自由度约束。

表2-8　转弯工况下车架位移约束方式

约束位置	左前悬架	右前悬架	左后悬架	右后悬架
位移自由度约束	xyz方向平动	xyz方向平动	yz方向平动	yz方向平动

经过有限元分析计算，本车架在转弯工况下的应力云图如图2-33所示，从应力云图上可以看出车架整体应力水平相对较低，最大应力为11.353 1MPa，出现在车架前环左下侧管件连接处。与制动工况得出的结果类似，因为多个管件连接容易出现应力集中，故产生了较大的应力。

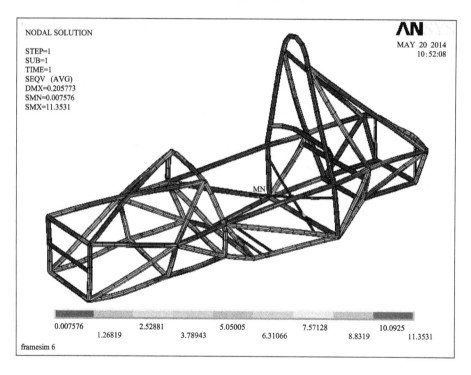

图2-33　车架转弯工况节点应力云图

本车架转弯工况有限元分析得出的位移云图如图2-34所示，从该图中可以看出，车架在此工况下的最大位移出现在前隔板左下方位置，最大位移量为0.205 8mm。

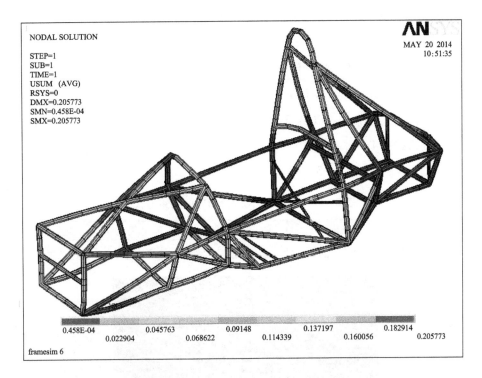

图 2-34 车架转弯工况节点位移云图

2.3.3 车架刚度仿真分析

车架是赛车的承载基体。车架的弯曲刚度可以确保车架上各部件总成之间相对的安装位置不变,即赛车在比赛时车架的变形范围较小。车架的扭转刚度过大,将导致轮胎的接地性能变差、车架和悬架系统所承受的载荷变大,并且使整车的通过性能变坏,所以对车身、车架的刚度进行研究是十分必要的。

赛车车架刚度是评价赛车车架性能的一个重要指标,而且车架刚度对车架其他性能如强度、疲劳耐久性和 NVH 性能也有很大的影响。评定赛车车架的刚度指标有扭转刚度分析和弯曲刚度分析两项。车架的扭转刚度决定车辆在扭曲路面行驶时悬架硬点的位置精度,是影响赛车性能的重要指标之一,国外大多数参赛车队均将车架的扭转刚度作为车架设计的重点。而车架的弯曲刚度是指车架在承受垂直载荷时挠曲变形的程度。弯曲刚度会影响整车轴距以及车轮定位参数,进而影响整车的操纵稳定性。

1. 车架扭转刚度分析

在分析车架的扭转刚度时,施加的约束条件(车架前部扭转)为:在车架与后悬架8个连接点处施加 x、y 和 z 等3个方向的平动位移约束;在前悬架与车架连接区域添加 MPC 单元,在单侧四个连接点定义的面的中间点处施加强制位移约束 1mm,通过仿真分析计算该硬点的支反力 F。具体的约束加载方式见表 2-9 和图 2-35 所示。

表 2-9 车架扭转刚度分析时的约束方式

约束位置	左前悬架	右前悬架	左后悬架	右后悬架
位移自由度约束	z 方向 1mm	z 方向 -1mm	xyz 方向平动	xyz 方向平动

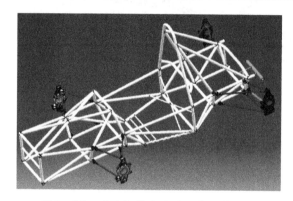

图 2-35 前悬架所受位移约束加载方式

当计算得知支反力 F 后,车架的扭转刚度可通过结构力学相关理论计算得出。

经过有限元分析计算,本车架扭转刚度分析的应力云图如图 2-36 所示,从应力云图上可以看出,车架整体应力水平较低,最大应力为 64.168MPa,出现在车架驾驶舱内座椅固定杆与侧边防撞杆的交点处。此处是多个管件连接处,容易出现应力集中,再由于左侧车架受到方向向上的强制位移,故产生了较大的应力。扭转分析得出的最大应力要小于管件材料美国规格 4130 钢材的屈服极限 785MPa。

扭转分析得到的位移云图如图 2-37 所示,最大位移发生在前环左上侧的管件相交处,大小为 2.569mm。

第 2 章　车　架

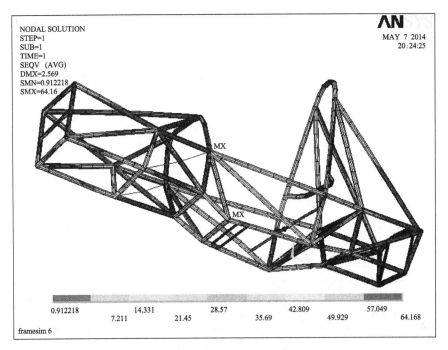

图 2-36　车架扭转刚度分析应力云图

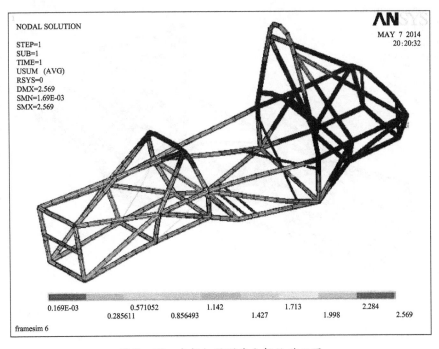

图 2-37　车架扭转刚度分析位移云图

经仿真计算,强制位移施加点的支反力大小为 F_1 = 1 609.5N,故得到转矩 $T_1 = F_1L$ = 706.57N·m,从而计算得到车架扭转刚度大小为 K_1 = 2 707.17N·m/(°)。国外方程式赛车的扭转刚度在 1 000 ~ 4 000N·m/(°),可以看出该赛车车架的扭转刚度在正常范围内。

2. 车架弯曲刚度分析

将车架视为简支梁,支点为与前、后悬架的连接点。根据材料力学中简支梁挠度的计算方法,可近似计算车架的弯曲刚度。本例中,在车架底板中心加载 1 000N 的力,并通过 MPC 单元与周围节点相连接。

弯曲刚度分析时的车架约束施加方案如表 2 – 10 所示。

表 2 – 10　弯曲刚度分析时的车架约束方式

约束位置	左前悬架	右前悬架	左后悬架	右后悬架
位移约束方向	xz 方向平动	xz 方向平动	xyz 方向平动	xyz 方向平动

本车架的弯曲刚度应力云图及位移云图如图 2 – 38 和图 2 – 39 所示。

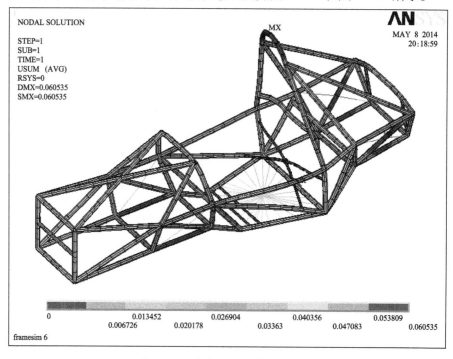

图 2 – 38　车架弯曲刚度应力云图

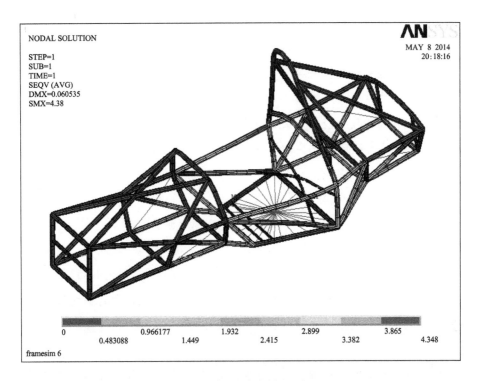

图 2-39　车架弯曲刚度位移云图

由图 2-38 和图 2-39 可知，车架的应力和位移都很小。最大位移处车架挠度 $f = 0.06\text{mm}$，纵向坐标 $x = 0.437\text{m}$，可得车架弯曲刚度为 $(EI)_1 = 64\,648.88\text{N} \cdot \text{m}^2$。

2.3.4　模态分析

赛车在赛道上行驶时，路面不平度和发动机振动会对车架产生随机激振，如果激振力的频率和车架的某一固有频率吻合，则会产生共振现象，影响赛车的机械性能并可能造成结构破坏。

一般以振动理论为基础，以模态参数为目标的分析方法称为模态分析。模态分析的最终目标是识别出系统的模态参数，为结构系统的振动分析、振动故障诊断和预报、结构动力特性的优化设计提供依据。

根据研究方法和手段的不同，模态分析可以分为理论模态分析和试验模态分析。理论模态分析则又可以分为自由模态、安装模态及运行模态分析。

自由模态分析是指对车架模型不加任何约束时的模态分析；安装模态分析是指对安装后（含有一些位置上的约束）的车架模型进行的模态分析；而运行模态分析则是指考虑结构的某个实际运动状态下的模态分析。由于与车架连接的悬架和轮胎具有非线性特性，车架的实际边界条件非常复杂，在有限元模态分析中若施加刚度较大的实际边界条件将影响整体模态计算结果。因此，本节在车架模态分析中采用自由边界条件，即自由模态分析。

在自由模态分析中，车架不受任何的外部载荷和约束。下面是 ANSYS 软件中提供的几种常用的模态提取方法：

1) Block Lanczos：用一组向量来实现 Lanczos 递归计算。这种方法和子空间法一样精确，但速度更快，适用于大型对称问题求解。

2) Subspace：使用子空间迭代技术，它内部采用广义 Jacobian 迭代算法。由于该方法采用完整的刚度和质量矩阵，因此精度很高，但计算速度比缩减法要慢。该方法常用于计算精度要求较高，但无法选择主自由度（DOF）的情况。

3) Power Dynamics：内部采用子空间迭代计算，但需使用 PCG 迭代求解器。该方法明显地比分块 Lanczos 法和子空间法快。该法适用于求解超大模型（大于 100 000 个自由度）的起始少数阶模态。

4) Reduced：采用一个较小的自由度子集——主自由度（DOF）来计算，因此计算速度更快。但由于减缩质量矩阵是近似矩阵，所以相应精度比较低。

通过比较各种方法的特点，本节采用了 Block Lanczos 算法获得车架的固有频率振型等模态参数。

方程式赛车在比赛过程中，发动机激振以及路面激励是最主要的两个激振源。其中路面激励由赛道条件决定，因为方程式赛车主要是在专用赛道上行驶，路面良好，参照国家较好的路面情况，激励大多数在 30Hz 以下。所以，为了避免车架结构共振现象的发生，其低阶模态频率应高于 30Hz。发动机的激励频率由发动机的转速决定。参照发动机激励频率计算公式，分别计算赛车处在怠速工况及正常行驶工况下的发动机激励频率，用此来分析发动机主要的振动频率范围。

第2章 车 架

$$发动机激励频率 = \frac{2 \times 发动机缸数 \times 发动机转速}{发动机冲程数 \times 60}$$

本节中的方程式赛车选用的发动机为本田 CBR600 四冲程四缸发动机，发动机怠速转速为 1 000r/min，发动机最大功率转速为 11 000r/min，通过计算得出发动机怠速时的激励频率为 33.3Hz；发动机常用工作转速为 5 000 ~ 11 000r/min，相应的发动机激励频率为 167 ~ 367Hz。由于此发动机转速升高极快，从怠速状态转为工作状态的时间极短，故所设计的车架各阶次振动频率应该为 33.3 ~ 167Hz，以避开发动机爆发频率，进而减少共振现象。

由于自由模态分析得出的前六阶模态为刚体模态，频率为零，故选取表 2-11 中所示的车架 7 ~ 10 阶模态固有频率。一般来说，结构的前几阶次振动容易被激发出来，较好地表现了结构的整体性能；振动阶次越高，越不容易被激发出来，振动含有的能量越低。因此，选取 7 ~ 10 阶次的振动频率和振型来表达车架振动特性是足够的。

表 2-11 车架自由模态 7 ~ 10 阶模态频率及振型

模态阶次	模态频率/Hz	模态振型
7	49.457	绕 z 轴左扭转
8	91.791	绕 x 轴右扭转
9	93.790	绕 z 轴右扭转
10	118.56	车架后部扭转

车架第 7、8 两阶次计算模态振型如图 2-40 所示。

由计算结果可知，车架模态振动振型主要表现为扭转和弯曲。分析所得低阶模态频率高于 33.3Hz，而高阶模态频率低于 167Hz，避免了较大的共振现象的发生。

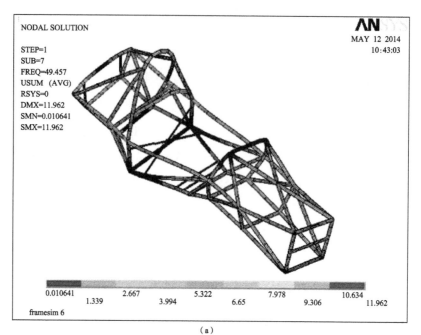

(a)

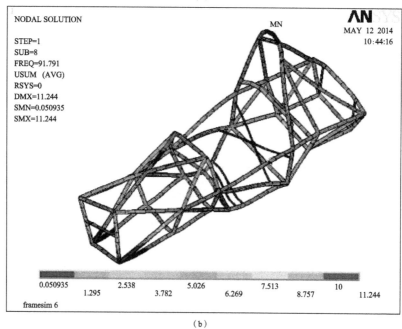

(b)

图 2-40　车架第 7、8 阶模态振型

(a) 第 7 阶模态振型；(b) 第 8 阶模态振型

2.4 车架的焊接定位

车架不是停留在计算机中的模型或者印在纸面上的,而是要加工成实体,设计只是第一步。通过良好的加工手段,使其与模型的误差尽可能小,可以给装配带来很多方便,而且有利于整车接近设计目标。钢管车架比较先进的加工工艺是氩弧焊焊接成型,其焊接误差主要有焊接坡口弧度误差、空间位置误差和焊接热变形误差等。这些都需要通过合适的焊接定位方法来减小误差以保证质量。目前国内大多数车队采用夹具定位,夹具的材料、形式等多种多样,下面主要介绍铝型材夹具和木夹具两种。

2.4.1 铝型材夹具

铝型材夹具是通过铝型材和夹块将车架固定到某一空间位置的焊接定位手段。

图2-41(a)所示为某车架焊接定位图,可以看到车架通过夹块固定在

(a)   (b)

图2-41 铝型材夹具固定车架

铝型材上，铝型材之间通过角铝连接，其连接方式放大图如图2-41（b）所示。工业铝型材通过热熔、挤压等方式获得不同截面形状，具有很高的加工精度和装配精度，故可装配成框架作为车架的定位基准。

但是，铝型材夹具也有其无法弥补的缺点。首先，整套铝型材夹具的精准是相对于某个定位基准的精准，例如实际操作中的大平板或焊接工作台等很精确的平面，可以当作基准平面，如果直接将铝型材放到不太平的地面上，铝型材的精准也就无从谈起了。另外，铝型材只是消除了装配误差，如果因测量不准确带来较大测量误差，那么累计误差也会很大，同样达不到给车架精确焊接定位的效果。下面即将提到的木夹具则可以很好地解决这两个问题。

2.4.2 木夹具

为了提高精确度，一些预算较充裕的车队选取木夹具来进行焊接定位。木夹具同铝型材夹具一样，要提前建模才能加工，夹具是为车架服务的，所以夹具设计应该与车架杆件的重要性相匹配。需要保证精度的杆件可以在木板上开槽限位，而其他精度要求不高的杆件可以只留出位置以便搭接。

图2-42所示为某车架经过木夹具定位后的模型，可以看到，木夹具是

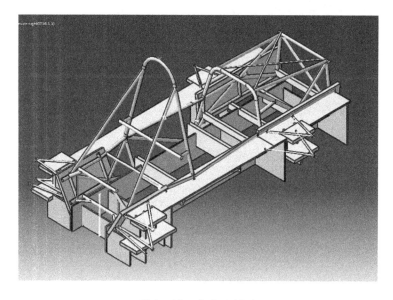

图2-42　木夹具模型

由若干板件拼接而成的，在定位精度要求高的杆件上，例如前后悬安装杆、前环、主环等，都有用于限位而开的槽，搭接时将杆件与槽紧密贴合并固定，即可保证相对位置不变，其精度可以保证在1mm以内。

图2-43所示为木夹具实体，可以清晰地看到平行于或者垂直于各个面的凹槽，剩下的只需要对照模型，像搭积木一样将钢管放到正确的位置并予以固定，在整体固定完成后检查各个部分误差是否在可接受范围内，即完成了焊接定位。图2-44所示为固定好的前悬架安装杆部分，届时直接焊接即可。

图2-43 木夹具

图2-44 钢管与木夹具搭接

木夹具的高准确度来源于其加工方式。图2-45所示为木夹具的加工方式——雕刻，图中的机器是雕刻机，其原理类似于数控铣床，用程序控制进、退刀，可以直接加工出成品，这样不但保证了夹具的高精度（刀具的精确度可达到0.02mm甚至更高），而且省去了测量这一步骤，避免了测量误差。虽然不同木夹具之间的拼装、粘接、受潮等也会产生变形误差，但是相比于铝型材夹具大量测量及画线等带来的误差，已经有了显著改善。

图2-45　木夹具雕刻

还可以看到，前、后悬安装杆的木夹具采用的是25mm厚的层合板，对于致密的层合板来说，25mm厚意味着非常高的硬度，所以即使焊接产生热变形，也会被层合板"压"回原位，这样焊接热变形的影响也大大减小。

综上所述，木夹具与铝型材夹具相比，精确度能提高一个等级。但是，更高的精准度也意味着更高的要求。首先，夹具的设计必须巧妙，事实上这套夹具已经很接近于模具，必须有精巧的设计才能在同一个基准下保证所需要的尺寸，且各个杆件不相互影响。其次，高精确度的夹具还需要更准确的坡口，坡口是由不同经验水平的学生纯手工制作的，准确度很差，所以导致在搭接时会产生大量返工，有的甚至因为焊缝过大需要重新磨制。此外，木

第 2 章 车 架

夹具的成本也高于铝型材夹具,故需要从整车角度进行利弊分析而做出选择。

2.5 单体壳简介

2.5.1 单体壳技术简介

单体壳(Monocoque)是一种结构技术,它通过一个物体的表面来承载,而不是使用内部框架来承载,是承载式车身的一种。应用在竞技赛车中的单体壳车身技术源于 F1 方程式赛车领域,近年来逐步被引入 FSAE 赛车领域。由于其独特的优势,已经被越来越多的车队所采用。

很多国际上的 FSAE 强队已经拥有了多年的单体壳制造经验,技术上已经较为成熟。他们在成绩上的领先也证明了单体壳技术的成熟应用的确可以提高赛车的总体性能。诸如目前全球排名第一的 GFR(Global Formula Racing)车队,采用碳纤维模具进行复合材料单体壳成型技术,使单体壳达到了极高的制造精度。

康奈尔大学 2013 赛车单体壳模型如图 2-46 所示。

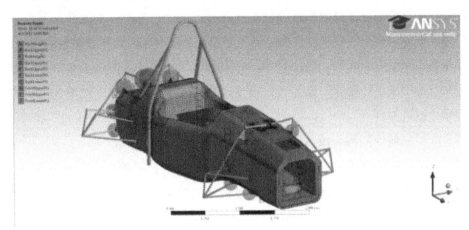

图 2-46 康奈尔大学 2013 年赛车单体壳模型

国内目前只有少数车队将单体壳应用在赛车上,2014 赛季已知有两家国内车队——哈尔滨工业大学威海学院和华南理工大学应用了单体壳或半单体壳技术。其中哈尔滨工业大学威海学院通过复合材料制造企业赞助的方式已经是第二年采用单体壳技术，车队内部也已经摸索出了一套较为成熟的单体壳设计制造方法；华南理工大学第一年采用单体壳车身技术，采用单项预浸布铺层，芯材为 OHACELL 结构泡沫，他们给出的数据显示，半单体壳质量为 35.5kg，可以推测其单体壳在确保可靠性的基础上还有很大的轻量化空间。

由于财力和技术的限制，绝大部分车队依旧采用传统的管架车身结构。但近几年，一些实力较强的车队已经开始着手研发单体壳技术，力求在一到两年之内将此技术应用于实车。可以预见，在不久的将来，国内实力排名较为靠前的车队中，将会涌现出一批采用单体壳车身的赛车，届时，由于轻量化带来的性能提升，赛车竞争将会更加激烈。

2.5.2　单体壳设计

1. 设计目标

单体壳的主要功能，首先是给车手、发动机和所有其他部件提供一个坚硬、安全并且强度足够的支持与保护。其次，单体壳必须具备足够的刚度，保证悬架能够展现出良好的操纵性。在此基础之上，赛车在加速性能方面对单体壳的质量提出了要求。然而总体上来说，质量的减轻意味着材料的削减，通常会带来强度的降低。不过 FSAE 赛事规则已经根据详细的安全性评估规定出车身必须满足的要求，设计者只需要以规则要求作为底线，对单体壳实施轻量化改进即可。

2. "三明治"层合板结构

大部分应用在单体壳上的碳纤维增强树脂复合材料都是形如"三明治"的夹层层合板结构。芯材一般使用密度较低的蜂窝铝、泡沫等材料。在芯材的两个外表面铺设碳纤维，制成复合材料层合板。

之所以使用这样的结构，是为了承受板件在受到垂直表面的正面冲击过程（对于赛车而言主要是座舱侧板承受来自侧面的撞击）中截面所受到的剪切应力，如图 2-47 所示。

第2章 车架

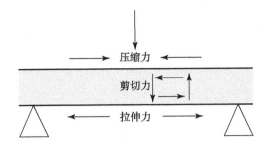

图 2-47 板件受到正面冲击时的受力分析

剪切应力的分布呈中心小边缘大的状态，与节点到中性面的垂直距离呈线性增长，如图 2-48 所示。所以把板材的中间用更轻更弱的材料代替，这就是"三明治"结构层合板（Sandwich Laminate）的由来。"三明治"结构层合板由中间的芯材和两侧的面板构成。芯材一般为带孔的低密度、低刚度、低强度材料，如轻质木材、闭孔的泡沫材料、开孔的瓦楞和蜂窝等。芯材主要承受正压应力和面外剪切力。面板则常由相对高刚度、高强度的材料制作，如钢、铝、碳纤维、玻璃钢等。面板主要承受面内拉压应力。

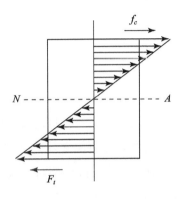

图 2-48 剪切受载的梁截面

本质上，"三明治"夹层结构在减少芯材质量的同时，保证了截面外缘高强度材料受弯时的极惯性矩，进而保证了板材的抗弯强度。

3. 碳纤维预浸布的选择

碳纤维预浸布是经过高压高温技术将环氧树脂复合在碳纤维上的工艺。预浸布的铺层方法称为干式成型法，其有别于碳纤维铺层后整体注入树脂的湿式成型法。考虑到湿式成型法需要额外的一套注入树脂设备，一般选择较为简便的干式成型法。干式成型法需要注意的是预浸布的存放问题，必须现用现买，尽量避免因为长期放置导致树脂固化。下面对碳纤维的几个主要属性进行讨论。

（1）K 数

每一束碳纤维由数千根微小的碳纤维组成，每一束碳纤维有多少千根纤维，就将它命名为多少 K 碳纤维，此参数由生产纤维丝的企业所决定。市面上的碳纤维 K 数有 1K、3K、6K、12K 和 24K。K 数越大，意味着单张碳纤维布的厚度越厚。

对于 FSAE 单体壳的制造，宜选用 K 数尽量小的预浸布，减小单层碳纤维的厚度，达到在有限的堆叠厚度内按所需的不同方向多层铺叠的效果，更有利于优化层合板的整体力学性能。

（2）树脂

碳纤维材料的固化树脂通常为热塑性环氧树脂，成分为环氧树脂 AG - 80、DSS（4,4 二氨基二苯基砜）及三氟化硼单乙胺和工业丙酮。预浸料中的树脂已经由厂家以大约 40% 的质量比例浸入编织布中。

（3）编织布与单向布

当碳纤维加入树脂之后制成复合材料，它的力学性能就完全改变，由各向同性变为各向异性。纤维主要增强了顺着纤维方向的刚度、强度等性能，而其他的两个方向则相对来说会弱很多。由于纤维和纤维之间仅靠树脂的粘接作用连接，故容易剥离。

因此，将纺织工业的手法照搬到碳纤维上，通过纤维经纬相交纺织，将只有单个方向的单向布制成了交织布。交织布相对于单向布有以下几项优点：

较佳的止裂作用，使产品有更高的损伤容限性能，提高机械连接强度；改善工艺性，易裁剪、铺覆，可提高工作效率，使产品质量更易控制；可将不同纤维进行混编，以满足产品的性能要求；可提高产品的层间性能。

但同时其也产生了以下缺点：

纤维容易弯曲扭结，降低了平面方向的刚度强度；层间缝隙变大，树脂含量较单向布高，降低刚度比和强度比；其他参数不变的情况下，成本为单向布的 2~3 倍。

（4）编织方式

根据纤维经纬分布的不同，碳纤维编织布主要有平纹和斜纹两种编织方式，如图 2-49 所示。

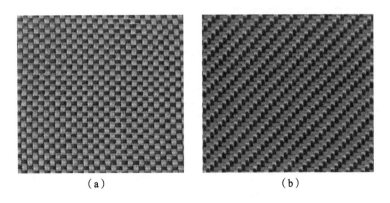

图 2-49 直纹编织与斜纹编织

(a) 直纹编织；(b) 斜纹编织

平纹编织即每束经纱交替上下穿过纬纱。平纹布具有对称特性（指 x 方向和 y 方向相同，而非各向同性），拥有最好的稳定性和合理的孔隙率。然而，平纹布是最难以弯曲的交织布，且纤维弯曲较多使得它的机械性能较其他交织布低。如使用较大 K 数的纤维平纹布则会产生过度弯曲，因此其往往不用在 K 数较大的纤维上。由于 FSAE 单体壳选用小 K 数的纤维，故采用此种编织是比较稳妥的选择。

斜纹编织即多于一束经纱交替上下穿过同数量的纬纱。斜纹布具有很好的润湿性和弯曲铺覆性能，相对于平纹布仅牺牲了部分稳定性。由于减少了纤维的弯曲，斜纹布具有更光滑的表面和更好的机械性能。因此斜纹布更适合作为最外层的材料，保证车身的光滑。

4. 芯材的选择

适合作为层合板芯材的材料有多种，包括蜂窝铝、泡沫塑料、玻璃纤维等。结合侧面碰撞中的受力，主要考虑材料的剪切模量与剪切强度这两项参数，另外考虑材料购买的可行性以及价格。最后还要验证材料在固化炉中被加热后的稳定性。可以选择机械性能较好、稳定性高及价格较为适中的蜂窝铝 2024。

5. 嵌入件设计

层合板是薄面板和软芯材的组合。由于芯材的原因，若直接强行进行机械安装，则会像图 2-50 一样产生芯材破碎，"规则"明令禁止。而且此时不仅破坏了原本的结构、预紧力不足，甚至破坏了主要受力的面板。

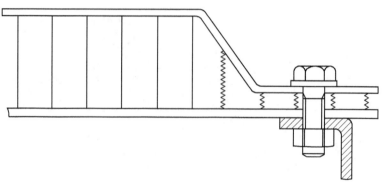

图 2-50 层合板的压溃

另一方面，假设支架、紧固件可以将力传递给层合板，那么简化后以二维模型来看，传递垂直面板方向的力时，由于剪切刚度差距很大，其近似等于剪切支架周边的面板。传递平行面板方向的力的时候，由于作用点的问题，除了作用于面板的平行面板方向的力之外还会产生垂直于面板方向的力。而由于面板薄、芯材软，故层合板对于垂直面板方向的剪切力承受能力很有限。

由于以上两个原因，对于层合板的机械安装位置需要做一些改进：在安装孔的周围使用硬质材料代替芯材，使芯材不会被预紧力压溃；同时增加硬质材料和紧固件垫片的周长，以减小剪切应力。为此，应当设计用于安装螺栓的铝制嵌入件，在所布设的区域替代蜂窝铝芯材。用 CATIA 建立铝制嵌入件安装后的模型，如图 2-51 所示。

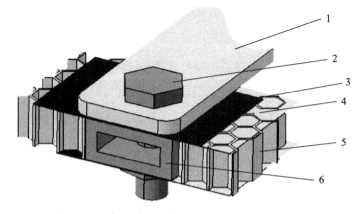

图 2-51 嵌入件、层合板、固定部件的装配模型

1—连接部件；2—螺栓；3—碳纤维树脂复合材料；4—胶膜；5—蜂窝铝芯材；6—铝制嵌入件

由于需要埋设在层合板内,故在加工过程中,此嵌入件需和芯材同时铺设在底层碳纤维之上。

2.5.3 单体壳加工工艺

1. 单体壳的制造流程

钢管车架从无到有,需要建模、仿真、切割、磨制管件、搭接夹具、焊接成型等流程,与钢管车架类似,单体壳也有系统的制造流程,可总结如图 2-52 所示。

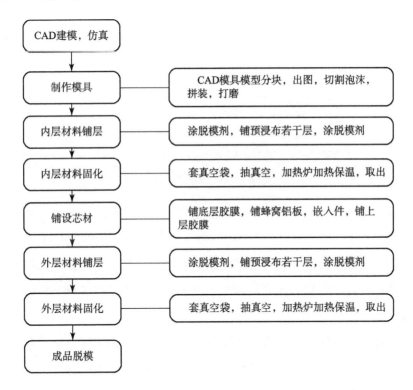

图 2-52 单体壳制造流程

2. 模具

单体壳成型模具可使用两个阴模分别成型后拼合,也可使用阳模整体成型。这里考虑到如果采用阴模拼合,其连接处的强度无论使用何种形式都无法保证达到整体连接的强度,并且连接件还要额外增加质量,所以一般采用阳模整体成型。阳模CAD图纸如图2-53。

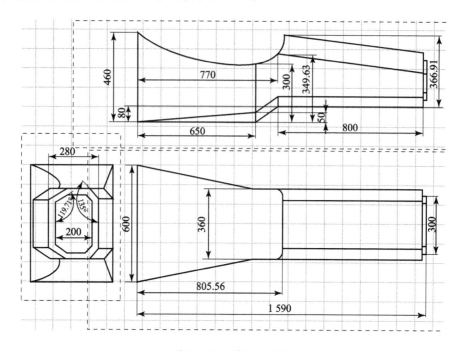

图2-53 模具工程图

考虑到车队资金的限制，阳模的制作可以用手工切片—拼合—打磨的方式代替数字铣削，即将模具的CAD模型按一定的厚度（10~20cm）分割为若干个截面，在每个截面上标注模型轮廓的控制点，拼合在一起后以这些控制点为基准进行人工打磨、抛光后形成模具的表面。为了保证制造精度，打磨过程要求十分仔细。

在连接件的固定部位需要预留出螺栓孔的位置，为了保证螺栓顺利地安装，预浸布的开口需要略大于螺栓直径，这样螺栓与安装孔的同轴性只需由嵌入件在芯材上的定位保证。

3. 铺层方式

铺层过程中要保证预浸布平整，紧实地贴在模具表面。整个单体壳具有$4m^2$左右的表面积，根据工作量，铺层工作应至少由三人同时进行，以便能在预浸布常温保质期之内完成铺层工作。

由于单体壳的不同部位在工作中所受的载荷不尽相同，所以铺层方式势必会在铺层数量以及铺层方向上有所不同。这也是实现单体壳轻量化的根本方法，需要经过理论仿真。

芯材铺设的方法为：将蜂窝铝按照各个平面、嵌入件的缺口切割成相应的形状后，直接用蜂窝铝芯材拼接并用胶膜固定在固化后的碳纤维层上即可。

4. 固化方式

将铺设完毕的碳纤维层涂抹脱模剂后装入真空袋，抽真空（压力0.1MPa）后送入加热炉加热保温进行固化。

根据不同厂家提供的数据，预浸布的固化时间、温度会略有不同，但此类预浸布的固化条件大都分布在130℃~160℃，固化时间在3小时以内。

小型的碳纤维部件如制动踏板、悬架A臂可以使用热风枪固化。单体壳由于体积大、结构复杂，使用热风枪将导致树脂固化不均匀，严重影响成型质量，故禁止用热风枪替代固化炉实施固化。图2-54所示为建议固化方案。

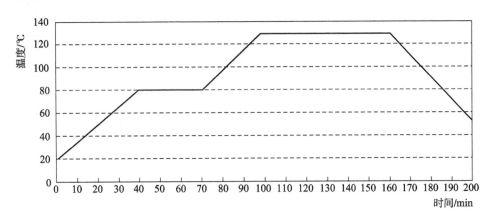

图2-54 建议固化方案

2.5.4 单体壳技术应用的思考

单体壳的轻量化是十分吸引人的。但是尝试单体壳仍然有较高的技术风险与资金压力。根据当下碳纤维销售市场与模具加工市场行情，一个完整单体壳从无到有需要近20万元人民币。若把这笔钱用于底盘、动力、传动等其他系统的研发制造上，会不会取得更好的回报？这都是制定总体技术路线时需要考虑的问题。

不过，单体壳终归是 FSAE 赛车发展的方向。随着 FSAE 赛场日新月异的进步，相信这些问题终究都会解决。而赛场上会涌现出更多优秀的单体壳赛车。

第 3 章
Chapter 3　赛车动力学

一辆赛车，若拥有出众的动力学性能，犹如运动员拥有着健硕发达的体魄，让车手能够拥有最充足的信心去赢得比赛。本章将介绍赛车动力学的基础知识，内容涵盖赛车基本运动、赛车轮胎与赛车转向特性。

3.1 车辆坐标系与赛车基本运动

图 3-1 所示为描述车身运动的 SAE 标准坐标系。汽车上的各种运动是以右手正交坐标系（固结于车辆的坐标系，简称车辆坐标系）为参考定义的，该坐标系的原点 O 位于车辆质心 CG 处，并随着车辆一起运动。按照 SAE 的规定，车辆坐标系的 x 轴平行于地面指向车辆的前进方向，并位于汽车的纵向对称面内；y 轴平行于地面并指向车辆的右侧；z 轴垂直于地面指向车

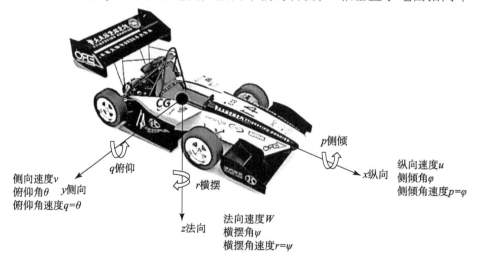

图 3-1　SAE 车辆坐标系

第3章 赛车动力学

辆的下方。在车辆坐标系中定义了车身的6个自由度（包括3个平动和3个转动），并规定了运动变量的符号（包括位移、速度、角位移和角速度）。

赛车运动过程中的姿态和轨迹是以一个固结于地面的右手正交坐标系（简称地面坐标系）来定义的。通常将地面坐标系选择为与车辆起始位置的车辆坐标系重合，如图3-2所示。其中 x、y 和 z 分别表示向前的位移、向右的位移和垂直位移（向下为正）；ψ 为横摆角（车辆坐标系 x 轴与地面坐标系 X 轴在地面内的夹角）；ν 为航向角（车辆速度矢量与 X 轴的夹角）；β 为质心侧偏角（车辆速度矢量与 x 轴的夹角）。

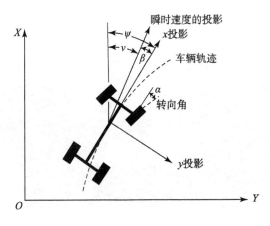

图3-2 固结于地面坐标系中的车辆

在FSAE赛车的设计中，需要考虑的赛车的运动主要有：侧倾运动、俯仰运动、侧向运动以及横摆运动。

1. 侧倾运动（Roll）

汽车由于受到侧倾力矩，会产生侧倾运动。对于赛车而言，侧倾运动主要是由于过弯时的离心力导致的。质心处的离心力对侧倾中心将产生侧倾力矩，而该力矩将由悬架弹簧来平衡。FSAE赛车采用双横臂独立式悬架设计，侧倾运动不仅会导致车身姿态的变化，更会影响左右轮荷的转移、车轮定位参数的变化、轮胎侧偏刚度的变化以及转向特性的变化，对赛车的过弯速度与操纵性能有着重要的影响。

车身相对于地面转动时的瞬时轴线称为侧倾轴线。该轴线通过车身在前、后轴处横断面上的瞬时转动中心,这两个瞬时中心称为侧倾中心(Roll Center)。其位置由悬架导向机构决定,常用图解法确定。

2. 俯仰运动(Pitch)

赛车因加速、制动时会产生俯仰力矩,同时由于前后悬架具有一定弹性,因而会产生俯仰运动。俯仰运动伴随较大的轴荷转移,影响着赛车的加速、制动以及转向性能。

起步加速时,轴荷转移到后轴,若加速度足够大,前轮甚至会离地。这就是所谓的"起步抬头",如图 3-3 所示。同样道理,大力制动时,车内的人也有往向冲的感觉,这被称为"制动前俯"。

图 3-3 起步抬头的赛车

加速或制动时赛车的俯仰运动要尽可能少,以防止车鼻、车尾部件蹭地,更是为了让四轮轮胎都能有较好的接地面积。减少俯仰运动的方法有两种:一是降低赛车的质心高度,这会减少纵向加速度产生的俯仰力矩;二是悬架设计为具有抗反特性,详细内容请参考悬架几何一节。

3. 侧向运动(Slide)与横摆运动(Yaw)

描述赛车操纵稳定性最主要的运动为侧向运动与横摆运动。

一般而言,侧向运动为不稳定状态,因为车轮一旦出现侧滑,轮胎能提供的侧向力几乎为零,此时任何的侧向干扰力都有可能导致赛车失控。但在一些激烈的赛车比赛中,如汽车拉力赛,经常会出现利用赛车侧滑,后轮几乎完全失去侧向力产生甩尾来获得快速的过弯能力,俗称"漂移(Drift)",

如图 3-4 所示。但是在方程式比赛中，由于速度比较快，而且路况较好，往往选择稳中求快，利用漂移过弯只会损失速度。

图 3-4　赛车"漂移"过弯

横摆运动为衡量赛车操纵稳定性的最主要的性能目标，其主要体现在转向特性上，常常用质心侧偏角 β 与横摆角速度 $\dot{\psi}$ 来描述。转向特性主要有三种类型：过度转向（Oversteer）、中性转向（Natural Neutral Steer）以及不足转向（Understeer）。如图 3-5 所示。通俗地说，过度转向就是赛车转弯程度比车手期望值大；不足转向是比期望值小；中性转向是刚刚好。

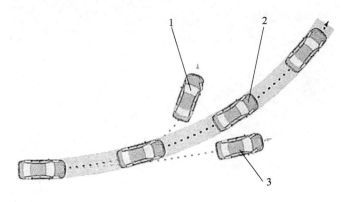

图 3-5　三种转向特性
1—过度转向；2—中性转向；3—不足转向

3.2 赛车轮胎

"你说,这车最重要的部分是什么?我猜会不会是悬架啊?"

Bobby回答:"是轮胎!还有让轮胎发挥最佳性能的悬架。"

我补充道:"车的所有性能都要通过轮胎来证明,因为它们是车上唯一的操纵面。"

这是FSAE界内著名的自传《赛车梦》中的一段对话,充分说明了轮胎——作为赛车唯一与赛道接触的部件的重要性。赛道对于赛车所有的位移、力以及力矩的激励首先需要通过轮胎传递给悬架,而车手对于赛车的操控最终通过轮胎执行给赛道。了解并掌握轮胎的性能极限,便可知赛车能够达到的性能极限。好的轮胎性能对于增强车队的竞争力具有重大意义。

由于轮胎复杂的成分组成、各向不同性、非线性以及复杂的帘线构成,掌握轮胎的性能参数较为困难。一方面可以向厂家或轮胎测试组织支付费用购买轮胎参数,另一方面也可以通过昂贵的试验台测得具体参数,如图3-6所示。

图3-6 轮胎试验台

3.2.1 轮胎性能

FSAE 比赛采用的大部分是无内胎充气的橡胶热熔轮胎，干地使用的是光头热熔胎，而湿地使用的是带有排水沟槽的雨胎，如图 3-7 所示。在满足赛事规则的规定下，大部分车队采用轮胎公司为 FSAE 比赛准备的不同尺寸的轮胎，也有部分实力雄厚的车队研发专用轮胎。

图 3-7 方程式赛车轮胎

(a) 干胎；(b) 雨胎

赛车轮胎的性能主要体现在接地特性、散热能力、各向附着系数、各向刚度和耐用程度等方面，由于热熔胎的摩擦特性不符合牛顿摩擦定律，其在良好的工作条件下摩擦系数可以达到 1.6，这使赛车加速、过弯与制动获得了更高的极限。图 3-8 所示为 FSAE 赛车专用轮胎。

图 3-8 FSAE 赛车专用轮胎

影响轮胎性能的因素主要有外形尺寸、构成成分、帘布结构、工作温度与轮胎气压。

1. 外形尺寸

轮胎的尺寸影响着轮系的布置、轮胎散热能力、侧偏刚度、垂直刚度、接地面积和附着系数等轮胎性能。图 3-9 所示为轮胎子午断面的尺寸结构图。

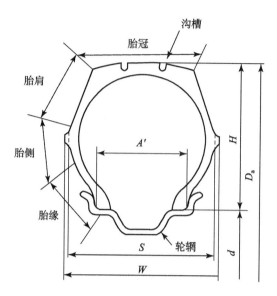

图3-9 轮胎尺寸与结构

D_a—外直径;d—轮辋名义直径;H—断面高度;
A'—测量轮辋宽度;S—断面宽度;W—总宽度

赛事规定赛车轮辋直径必须至少为 8 英寸,同时对轮胎宽度无限制。因而在布置条件满足的情况下,尽可能选择扁平率(H 与 S 比值)低、外径尺寸小、胎冠宽的轮胎,这样可以获得更好的接地性能与更小的转动惯量。但过小的轮胎直径会增加轮系的布置难度,过宽的胎冠会导致对于车轮外倾角敏感度增加,浪费更多胎冠面积。因此轮胎尺寸在考虑性能的前提下,需要结合轮系的布置以及定位参数影响等条件而定。

2. 构成成分

轮胎构成成分直接影响轮胎的附着系数与耐磨能力。轮胎成分配方较为复杂,而且是厂家的商业机密,但对于轮胎效果而言,可以归类为软胎与硬胎。软胎工作温度比硬胎工作温度低,附着系数高,抓地力大,但滚动阻力也大,耐磨性差,寿命短。硬一些的轮胎,抓地力会差一些,而胎壁更硬会使侧偏刚度增加,对轮胎的指向性要好一些,并且对路感的反馈更敏感。F1 比赛的轮胎策略在很大程度上影响着最终成绩。FSAE 比赛强度低,车队往往会选择成分偏软的轮胎,以更快地在赛道上进入轮胎最佳工作温度,但要相

第3章 赛车动力学

应地付出更多的资金成本。

3. 帘布结构

轮胎根据帘布层结构可分为普通斜交轮胎（Bias Tire）与子午线轮胎（Radial Tire），乘用车以及房车比赛越来越多地采用子午线轮胎，而方程式赛车轮胎大部分采用尼龙斜交轮胎。

图3-10所示为斜交胎的结构图，帘布层和缓冲层各相邻层帘线交叉且与胎心中心线呈小于90°角排列。因帘线交错分布，导致轮胎各向具有一定的抗剪切与拉伸能力，可以支撑 x、y、z 三个方向的刚度。

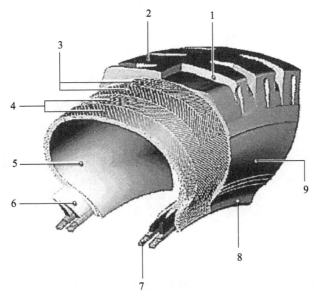

图3-10　斜交轮胎结构图

1—胎面胶（Tread Rubber）；2—花纹（Patter）；3—缓冲层（Breake）；
4—胎体帘布层（Carcass）；5—内面部（Inner Liner）；6—三角胶（Bead Fille）；
7—胎唇钢丝（Bead Wire）；8—胎唇部（Bead）；9—胎边胶（Sidewall Rubbcr）

图3-11所示为子午线轮胎的结构图，与斜交胎不同的是，其帘线层排列方向与轮胎的子午断面一致，帘线在圆周方向只能靠橡胶联系，为了承受行驶时产生的剪切力，子午线轮胎需要带束层来加强。因子午线轮胎具有滚动阻力小、胎侧薄、帘布层少、接地性好等优点，故广泛被乘用车以及房车比赛使用。但因胎侧柔软，受侧向力时变形较大，导致汽车横向稳定性差，

侧偏刚度低,因而对侧偏刚度要求更高的方程式赛车普遍采用斜交轮胎。

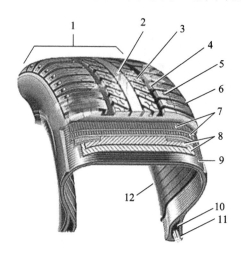

图 3-11 子午线轮胎结构图

1—胎冠区域;2—肋条型花纹;3—花纹块;4—沟槽;5—刀槽花纹;6—胎层;7—尼龙带束层;8—钢丝层;9—帘线层(子午线);10—三角胶;11—胎圈钢丝;12—气密层

帘布层的布置形式与布置层数影响着轮胎的各向刚度,同时帘布层的材料极大地影响着轮胎性能。帘布由纵向强韧的经线和放在各经线之间的少数纬线织成。帘线可以是棉线、人造丝线、尼龙线和钢丝,方程式赛车轮胎往往采用尼龙线,耐用性强。

4. 工作温度

因为轮胎的主要成分为橡胶,因而工作温度对轮胎的力学性能和寿命都有着重要的影响。轮胎温度是指轮胎三个部分的温度,按照从外及内的顺序为:

1)轮胎接地面温度和轮胎胎壁表面温度;

2)胎冠和胎体内部的温度;

3)轮胎内部填充用气体的平均温度。

工作温度的变化,会使橡胶的弹性模量发生变化,也会对侧偏刚度产生影响。同时,轮胎气压也与轮胎的工作温度有关。较低初始胎压会使轮胎工作时的变形更大,变形能不断转为热能,从而导致轮胎温度的升高。升高的轮胎温度又会反过来使轮胎气压升高。

赛车轮胎有最佳的工作温度,热熔胎更是如此。赛车轮胎的正常工作温

第 3 章 赛车动力学

度一般在 100℃ 左右。当胎面温度低于正常工作温度时轮胎附着力会不足，而胎面温度高于工作温度时胎面橡胶会加速融化，使轮胎磨损加剧。

一般职业方程式如 F1 会在比赛时使用暖胎设备，并通过暖胎圈来让轮胎温度进入工作温度。而 FSAE 规则禁止使用任何暖胎设备，为了让轮胎尽快工作在理想温度下，排除天气、赛道等客观条件，可以选择符合比赛规则的轮胎、合理的胎压、合理的驾驶策略，以此来提高比赛成绩。

5. 轮胎气压

轮胎气压的调整是赛车调校中最简单和最常用的方法。轮胎气压为整车重量施加给轮胎并充入一定量的气体后的压力。保证轮胎正常使用的气压范围通常是由轮胎生产厂家制定的。轮胎气压影响着轮胎各个方向的刚度、轮胎的接地面积、附着系数以及轮胎的使用寿命等。

若轮胎的侧偏特性在弹性范围内，轮胎气压的升高会使胎体的刚度增加，从而使轮胎侧偏刚度增加。所以通过调整前后轮胎的胎压，可以适度地调整赛车的转向特性。

一般情况下，降低轮胎气压可以增加轮胎的接地面积和减少轮胎与路面的接触压力，从而使轮胎与路面的摩擦系数提高。但若轮胎气压过低，会导致轮胎与地面接触不均。因轮胎侧壁刚度较大，故会使接触压力集中在轮胎两侧，降低附着条件，如图 3-12 所示。

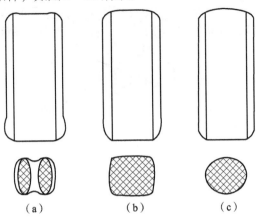

图 3-12 不同胎压的轮胎触地痕迹
(a) 胎压不足；(b) 胎压合适；(c) 胎压过高

当轮胎气压降低时，轮胎接地面变长，使轮胎所受侧向力的作用点向后移，增大了回正力矩的力臂，从而使回正力矩增大，使方向盘变沉。

轮胎气压升高会使轮胎的变形与轮胎接地面减少，从而使滚动阻力较小。同时，轮胎气压升高会使轮胎侧偏刚度增加、侧偏角减小，从而使整个轮胎的阻力减小。

轮胎的工作气压是通过综合考虑上述因素而确定的，而且不同工况下需要采用不同的气压设定，一般只有通过实验才能确定轮胎的最佳工作气压。新投入使用的轮胎则一般采用轮胎生产厂家推荐的工作气压。经验上而言，F1 赛车的胎压一般为 1~1.2bar①，而 FSAE 赛车的胎压一般为 0.8~1bar。

3.2.2　轮胎动力学

地面给予赛车所有的力和力矩都直接作用在轮胎上，包括加速、制动、转向的所有工况，因而轮胎受力情况极其复杂。但通过矢量合成，可以将轮胎上的受力简化表示在同一个坐标系当中，以方便分析。图 3-13 所示为描

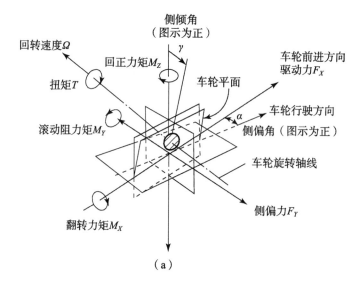

(a)

图 3-13　SAE 轮胎坐标系

---

①　1bar = 1×10⁵Pa。

第3章 赛车动力学

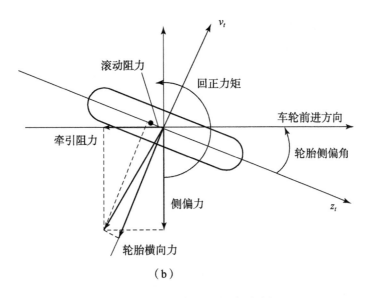

（b）

图 3-13 SAE 轮胎坐标系（续）

述轮胎运动的 SAE 标准坐标系，图中给出了轮胎的作用力和力矩的定义。同样，轮胎坐标系中，对方向、符号意义及表达均有详细规定。

1. 轮胎纵向力 F_X（Tyre Longitudinal Force）

车轮纵向力 F_X 为赛车施加给车轮驱动力矩和制动力矩，导致轮胎与地面发生相对运动或趋势而产生的摩擦力。与牛顿摩擦定律不同的是，赛车采用的热熔型轮胎的摩擦系数（或称为附着系数 φ）可以超过 1，并与滑移率 s 有关，如图 3-14 所示。

纵向附着系数 φ 与滑移率 s 定义如下：

$$\varphi = \left| \frac{F_X}{F_Z} \right| \tag{3-1}$$

$$s = \left| \frac{r\omega - u}{u} \times 100\% \right| \tag{3-2}$$

式中，r 为车轮滚动半径；ω 为车轮转速；u 为实际车速。

从图 3-14 中可以看出，峰值附着系数出现在 5%~20% 滑移率时。除却轮胎自身，附着系数还与路面工况、侧偏角、赛车重量、车轮定位参数等因素有关。

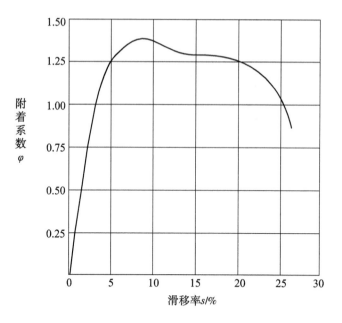

图 3-14 轮胎附着系数与滑移率的关系

2. 轮胎垂直力 F_Z（Tyre Vertical Force）

轮胎垂直力 F_Z 分为静态垂直力与动态垂直力。静态垂直力为赛车静止时，赛车与车手的总重量分担给四只轮胎，每只轮胎所受到的地面的支反力。而动态垂直力为赛车行驶时，由于轮荷转移、地面激励等工况使轮胎受到的地面的支反力。垂直力会直接影响赛车的力学性能，如纵向附着系数、横向附着系数、侧偏刚度等，如图 3-15 所示。其中 1lb = 4.452 8N。

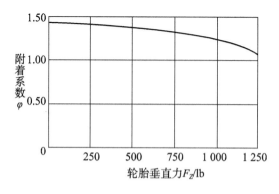

图 3-15 轮胎垂直力 F_Z 对轮胎力学性能影响

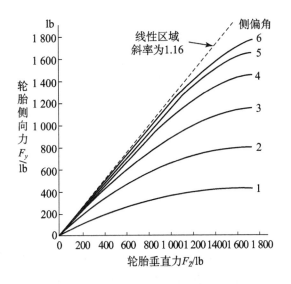

图 3-15 轮胎垂直力 F_Z 对轮胎力学性能影响（续）

3. 轮胎侧偏力 F_Y（Tyre Cornering Force）

汽车在行行驶过程中，由于路面的侧向倾斜、侧向风或曲线行驶时的离心力的作用，车轮中心沿 y 轴方向将作用有侧向力 F_y，相应地在地面上产生地面侧向反作用力 F_Y，F_Y 也称为侧偏力（Cornering Force）。

当有地面侧向反作用力时，若车轮是刚性的，则可以发生两种情况：

1）当地面侧向反作用力 F_Y 未超过车轮与地面间的附着极限时，车轮与地面间没有滑动，车轮仍在其自身平面 cc 内运动，如图 3-16（a）所示。

2）当地面侧向反作用力 F_Y 超过车轮与地面的附着极限时，车轮发生侧向滑动，若滑动速度为 Δu，车轮便沿合成速度 u' 的方向行驶，偏离了 cc 平面，如图 3-16（b）所示。

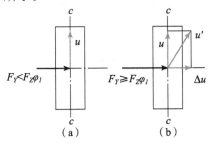

图 3-16 有侧向力作用时刚性车轮的滚动

当车轮有侧向弹性时，即使 F_Y 没有达到附着极限，车轮行驶方向亦将偏离车轮平面 cc，这就是轮胎的侧偏现象（Slip）。

如图 3-17 所示，此时车轮静止，由于车轮中心侧向力 F_Y 作用，轮胎发生侧向变形，轮胎接地印记的中心线 aa 与轮胎平面 cc 不重合，错开 Δh，但 aa 仍平行于 cc。

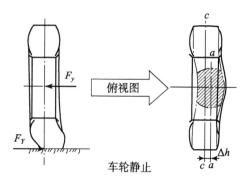

图 3-17 轮胎静止时侧偏现象

如图 3-18 所示，当车轮滚动时，车轮中心仍受到侧向力 F_Y 作用，轮胎发生侧向变形，此时接触印记的中心线 aa 不只与车轮平面 cc 错开一定距离，而且与其呈一定的角度，aa 与 cc 的夹角 α 称为侧偏角（Slip Angle）。

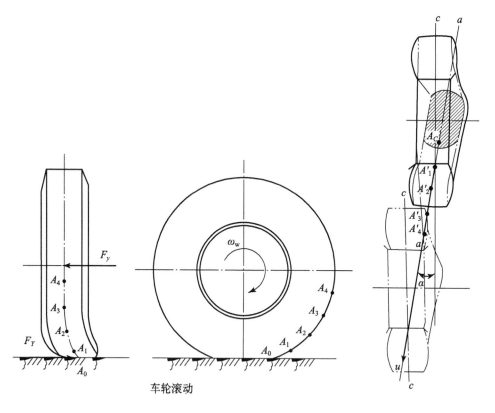

图 3-18 轮胎滚动时侧偏现象

第3章 赛车动力学

如图 3-19 所示，给出了不同轮胎侧偏角 α 对于横向附着系数的影响。前一段线性区域附着系数快速地随着侧偏角的变化而变化，并在 8°~12°区间达到峰值。此段线性区域极大地影响着赛车的操纵性能。在此段区域，车手可以更迅速并自信地去选择过弯速度。而选择轮胎时，尽量让峰值附着系数的侧偏角范围更宽一些，以便于赛车在较宽的过弯车速范围拥有良好的附着性能。而当侧偏角过大时，侧向附着系数急剧降低。若赛车在此段区域工作，往往会发生侧滑现象，导致赛车失去控制。

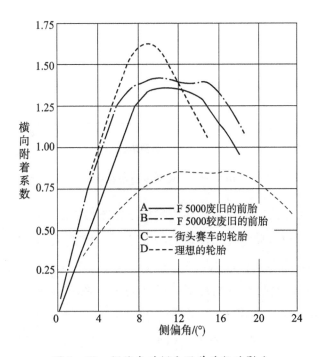

图 3-19 侧偏角对侧向附着系数的影响

图 3-20 给出了一款典型赛车轮胎的侧偏力—侧偏角曲线。其中线性区域斜率称为侧偏刚度（Cornering Stiffness），用字母 k 表示，单位为 N/rad 或 N/(°)。一般而言，侧向附着系数越大，最大侧向力越大，则赛车过弯时达到的加速度越大，过弯的速度越大，从而竞争力越大。因此，赛车轮胎在保持接地性的前提下，选择侧偏刚度大的轮胎，更具竞争力。

$$F_y = k\alpha \quad\quad (3-3)$$

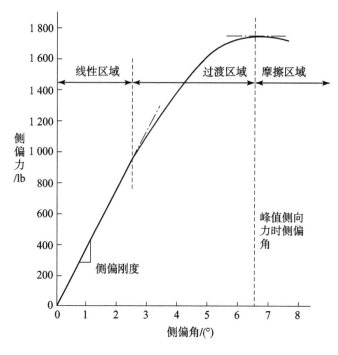

图3-20 赛车轮胎侧偏特性

侧偏刚度 k 是决定赛车操纵性能的重要轮胎参数。线性区域为轮胎稳定工作的区域，过渡区域为轮胎性能的极限区域，而摩擦区域是轮胎不稳定工作区域。影响轮胎侧偏特性的因素有很多，如轮胎的扁平率、轮胎配方、轮胎垂直载荷 F_Z、轮胎充气气压 P、纵向力 F_X、纵向滑移率、车轮外倾角（Camber Angle）等，如图3-21所示。

从图3-21（a）中可以看出，扁平率越小的轮胎，侧偏刚度越大，因而赛车采用的都是轮胎断面高度小、宽度大的宽体轮胎，一般赛车轮胎的扁平率都在40%以下。从图3-21（a）、（b）、（d）、（f）中可以看出，随着垂直载荷的增大，轮胎能够承受的最大侧偏力也在增大，侧偏刚度也在增大；但垂直载荷过大时，轮胎与地面接触的压力变得极不均匀，这使轮胎侧偏刚度反而有所减小。从图3-21（c）中可以看出，随着轮胎充气压力的增大，侧偏刚度增大；但过高的气压会导致轮胎与地面的接触面积变小，反而会使轮胎侧偏刚度变小。轮胎纵向的滑移率对于轮胎的侧偏刚度影响较大，如图3-21（e）所示，滑移率越小，轮胎的侧偏刚度越大，轮胎能够承受的最大侧偏力越大。但在制动工况，滑移率为2%左右时，侧偏刚度最大。滑移率越大，轮胎的侧偏刚度越小，当轮胎处于滑转或者抱死的工况下时，赛车甚至会失去侧向的附着力，失去控制。因而在过弯时，不应该给赛车施以过大的制动力或者驱动力。从图3-21（f）中可以看出，车轮的外倾角对于轮胎的侧偏特性有一定影响，在不同的轮胎载荷下，最大侧偏力出现在不同的车轮外倾角。赛车在调试车轮外倾角时，需要考虑其对于车轮侧偏特性的影响。

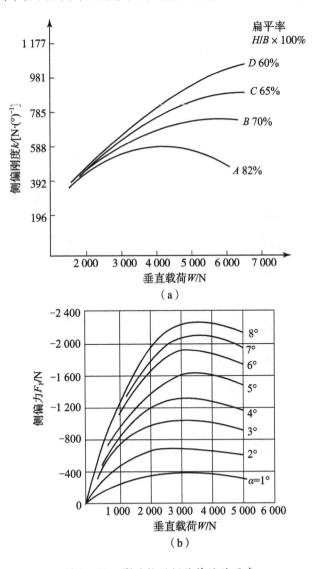

图3-21　影响轮胎侧偏特性的因素

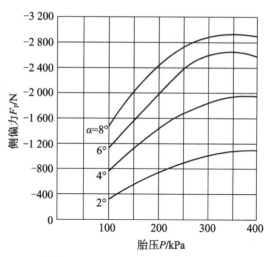

轮胎：6.40~13；速度u=11m/s；垂直载荷W=4 000 N

(c)

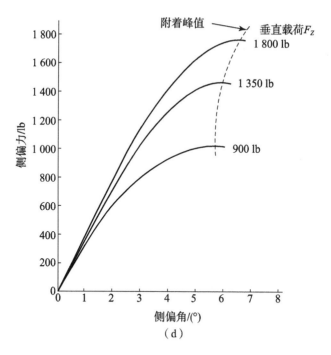

(d)

图 3-21 影响轮胎侧偏特性的因素（续）

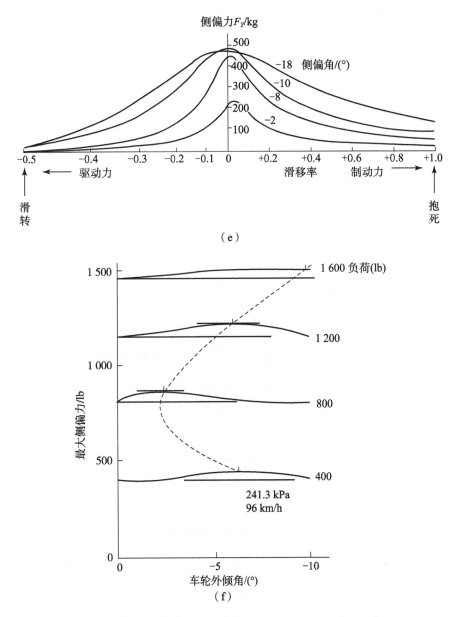

图 3-21 影响轮胎侧偏特性的因素（续）

4. 轮胎摩擦圆（Tyre Friction Circle）

赛车轮胎拥有几乎相同的纵向与侧向附着能力，即可以拥有相同的加速、制动以及过弯的加速度。将轮胎各个方向能够达到的极限附着力表示在一个直角坐标系中,可以得到轮胎力学性能的"摩擦圆",职业车手称其为"轮胎的灵魂"。图 3-22 所示为轮胎极限附着系数为 1.4,不考虑侧偏与滑移现象的理想摩擦圆。轮胎在任何工况情况,其合力矢量都在该摩擦圆的范围内,其在 x 方向的分力用于加速或制动,其在 y 方向的分力用于过弯。例如图 3-22 中的合力 F_T,其提供了 $0.8g$ 的驱动加速度以及 $1.1g$ 的过弯离心加速度。

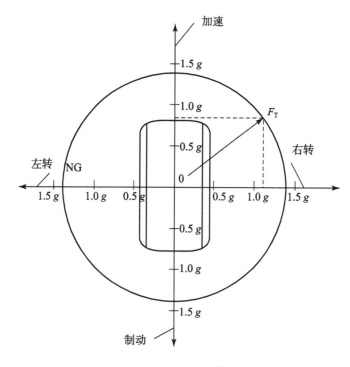

图 3-22 轮胎理想摩擦圆

轮胎摩擦圆特性约束了赛车过弯的性能极限,每位赛车手需要根据此特性在每个弯道操控制动踏板、方向盘以及加速踏板。考虑如何在保证入弯的过程中拥有持续的制动力的同时,仍能拥有足够的过弯加速度;如何保证在出弯的过程中保持足够过弯加速度的同时,仍能给予驱动加速充足的附着力空间。在过弯的过程中,车手不仅需要掌握最佳的过弯路线,更重要的是,车手需要了解赛车轮胎的摩擦圆特性,在合理路线中执行制动踏板、方向盘、加速踏板,以获得最短的过弯时间以及最快的出弯速度。当然,车手在实际操作中,难以让轮胎一直工作在摩擦圆上。图 3-23 描述了在一个典型的直角弯,赛车过弯时轮胎合力轨迹的几种类型,充分体现了车手对赛车性能的利用水平。其中,优秀的职业赛车手可以达到"极难"的水准。

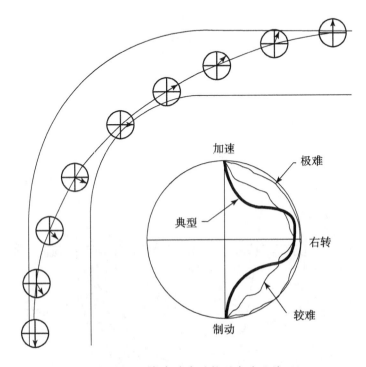

图 3-23 赛车过弯时轮胎合力足迹

考虑轮胎的侧偏现象以及滑移现象时,轮胎的力学特性就变得极为复杂,摩擦圆变为了摩擦椭圆,如图 3-24 所示。车手需要在实际的反复练车中,通过较为极限的工况来感受和掌握轮胎的力学特性,并结合赛车的调教来提高对赛车过弯的操纵能力。

5. 滚动阻力矩(Rolling Resistance Moment)

车轮滚动时,轮胎与路面的接触区域产生法向、切向的相互作用力以及相应的轮胎和支撑路面的变形。此时由于轮胎有内部摩擦产生弹性迟滞损失,故使轮胎变形时对它做的功不能全部回收,如图 3-25 所示。其中,阴影区域为因摩擦而损失的功。

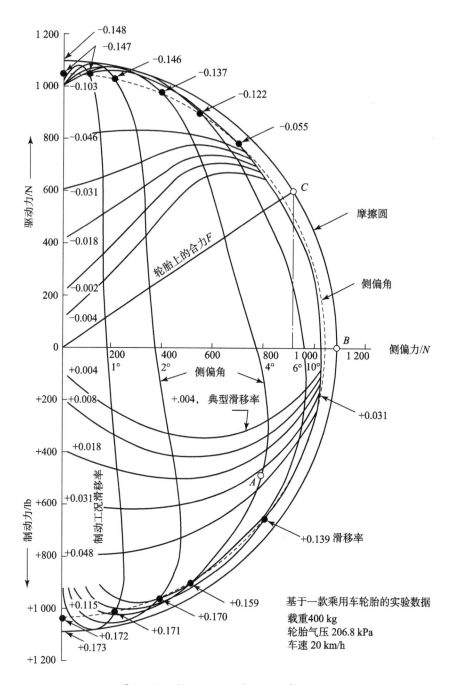

图 3-24 轮胎侧偏与滑移时的摩擦椭圆

第3章 赛车动力学

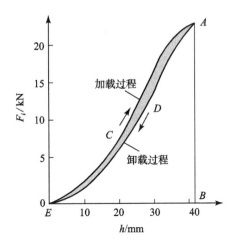

图 3 – 25　轮胎迟滞损失

当车轮不滚动时，地面对车轮法向作用力的分布是前后对称的；但当车轮滚动时，在法线 $n-n'$ 前后相对应点 d 和 d'（见图 3 – 26）变形虽然相同，但由于弹性迟滞现象，处于压缩过程前部 d 点的地面法向反作用力就会大于处于恢复过程的后部 d' 点的地面法向反作用力。如果将法向反作用力合力 F_z 平移至与通过车轮中心的垂线重合，则此时将对轮胎形成滚动阻力偶矩 $T_{f1} = F_z a$ 阻碍车轮的滚动。

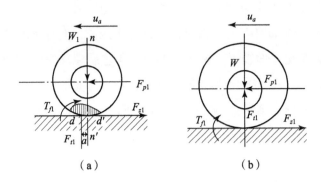

图 3 – 26　从动轮在硬路面上滚动时的受力情况

T_f—滚动阻力矩；F_{p1}—车轮中心增加的一推力；F_{z1}—车轮的法向反作用力；
a—车轮压缩过程中前部距车轮中心的距离；W—车轮法向载荷

从图 3 – 26 可知，欲使从动轮在硬路上等速滚动，必须在车轮中心施加

推力 F_{p1},它与地面切向反作用力构成力偶矩来克服上述滚动阻力矩。由平衡条件得

$$F_{p1}r = T_{f1} \quad (3-4)$$

则有

$$F_{p1} = \frac{T_{f1}}{r} = F_z \frac{a}{r} \quad (3-5)$$

若令 $f = \dfrac{a}{r}$,W 为轮胎与地面间的正压力,常将 F_{p1} 写作:

$$F_{p1} = Wf \quad (3-6)$$

式中,f 称为滚动阻力系数。影响滚动阻力系数的因素有很多,比如路面条件、行驶车速以及轮胎的构造、材料、气压等。由于其属于行驶动力学范畴,故此处不作过多介绍。

6. 回正力矩(Aligning Torque)

在轮胎发生侧偏时,还会产生作用于轮胎绕 OZ 轴的力矩 T_z。圆周行驶时,T_z 是使转向车轮恢复到直线行驶位置的主要恢复力矩之一,称为回正力矩。

回正力矩是由接地面内分布的微元侧向反力产生的。由图 3-27 可知,车轮在静止时受到侧向力后,印迹长轴 aa 与车轮平面 cc 平行,错开 Δh。此时地面侧向反作用力沿 aa 线是均匀分布的,如图 3-27(a)所示。而车轮滚动时,印迹长轴线 aa 不仅与车轮平面错开一定距离,而且还转动了 α 角,因而印迹前端离车轮平面较近,侧向变形小;印迹后端离车轮平面远,侧向变形大。可以认为,地面微元侧向反作用力的分布与变形成正比,故地面微元侧向反作用力的分布情况如图 3-27(b)所示,其合力为侧偏力 F_Y,但其作用点必然在接地印迹几何中心的后方,偏移某一距离 e。e 称为轮胎气曳拖距(Pneumatic Trail),$F_Y e$ 就是回正力矩 T_z。

在 F_Y 增加时,接地印迹内地面侧向反作用力的分布的情况如图 3-27(c)所示。F_Y 增大到一定程度时,接地印迹后部的某些部分便达到附着极限,直到整个接地印迹发生侧滑,因而轮胎的拖距会随着侧向力的增加而逐渐变小。从图 3-28 中可以看出,开始时回正力矩随着侧偏角增大而逐渐增大,侧偏角为 $2°\sim 4°$ 时达到最大值;侧偏角增大,回正力矩下降;当侧偏角过大时,回正力

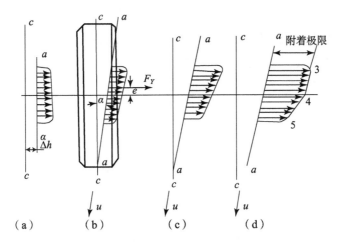

图 3-27 接地印迹内地面侧向反作用力的分布与回正力矩的产生

矩变为负值。有人用接地面后部发生侧向滑动的速度大、摩擦因数较小来解释这个现象。同时从图 3-28 中可以看出,回正力矩随垂直载荷的增大而增加。

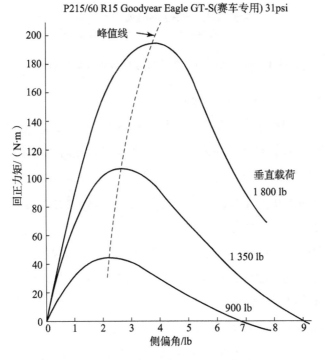

图 3-28 轮胎的回正力矩—侧偏角特性

轮胎的形式与结构参数对回正力矩—侧偏特性有重要影响。在同样侧偏角下，尺寸大的轮胎一般回正力矩较大。子午线轮胎的回正力矩比斜交轮胎大。轮胎的气压低，接地印迹长，轮胎拖距大，回正力矩也大。此外，地面切向力对回正力矩影响如图 3 - 29 所示。车轮外倾角对回正力矩影响也较大，这将在之后的内容里介绍。

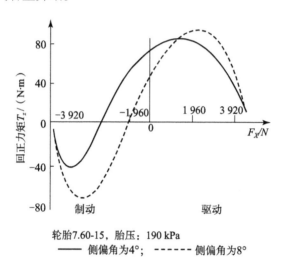

图 3 - 29　地面切向反作用力对回正力矩的影响

7. 车轮外倾角（Camber Angle）

在 SAE 轮胎坐标系中，车轮平面与 $x - z$ 平面有一夹角 γ，被称为车轮外倾角。若按照 SAE 轮胎坐标系的规定，汽车向前行驶时，对于右车轮，车轮顶部远离赛车的方向为正，而靠近赛车的方向为负；对于左车轮，车轮顶部靠近赛车的方向为正，而远离赛车的方向为负。但一般而言，若车轮顶部远离赛车，则称为正，反之为负。

有外倾角的轮胎在滚动的过程中，若不受约束，犹如发生侧偏一样，将偏离正前方向滚动。因此，车轮中心必作用有一侧向力 F_y，约束车轮不走偏。与此同时，轮胎接地面中产生与 F_y 方向相反的侧向反作用力，这就是外倾侧向力（Camber Force）F_{Y_γ}，如图 3 - 30 所示。

图 3 - 31（a）所示为实验得到的外倾侧向力与外倾角的关系曲线。外倾侧向力与外倾角呈线性关系，其关系式为

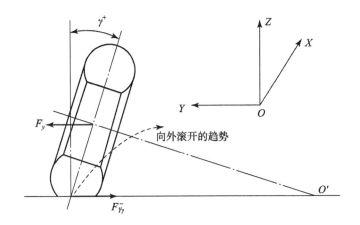

图3-30 车轮外倾角与外倾侧向力

$$F_{Y_\gamma} = k_\gamma \gamma \tag{3-7}$$

式中，按SAE轮胎坐标系规定，k_γ 为负值，称为外倾刚度（Camber Stiffness），单位为 N/rad 或 N/(°)。

图3-31（b）所示为实验求得的不同外倾角下轮胎的侧偏特性。而图3-31（c）描述了正、负、零外倾角度时，侧偏角与侧偏力的关系，从中可以得出：

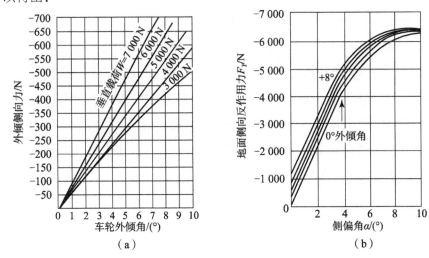

图3-31 有外倾角时轮胎的侧偏特性

（a）外倾角与外倾侧向力的关系；（b）有外倾角时轮胎的侧偏特性

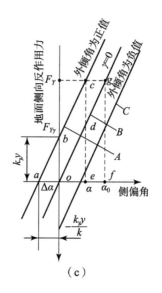

图 3-31 有外倾角时轮胎的侧偏特性（续）

(c) 有外倾角时轮胎的侧偏特性

1) 侧偏角为零的地面侧向力便是外倾侧向力 F_{Y_γ}。
2) 外倾角为正时，侧偏角为 α 的地面侧向反作用力

$$F_Y = F_{Y_\alpha} + F_{Y_\gamma} = k\alpha + k_\gamma \gamma$$

式中，F_{Y_α} 为只有侧偏角而外倾角为零时的侧偏力；F_{Y_γ} 为只有外倾角而侧偏角为零时的外倾侧向力。

前面介绍到轮胎的侧倾角对于轮胎的回正力矩有一定影响。如图 3-32 (a) 所示，按照 SAE 轮胎坐标系，随着正的外倾角的增加，轮胎的回正力矩在负方向线性增加。侧偏角与外倾角对轮胎回正力矩的共同影响如图 3-32 (b) 所示，正侧偏角对应于负的侧偏力与正的回正力矩；正外倾角对应于负的外倾侧偏力与负的回正力矩。

车轮外倾角会影响轮胎与路面的接触情况，尤其是在过弯的时候。赛车采用超宽断面的轮胎，因而转弯行驶时应让承受大部分前侧向力的前外轮尽量垂直于地面，即此时的外倾角为零。由于双横臂悬架的几何运动特性，车轮往往采用负的外倾角，需根据实际的轮胎特性与悬架特性来定静止时的车轮外倾角。在比赛过程中，由于侧偏角引起的回正力矩往往与外倾角引起的

第3章 赛车动力学

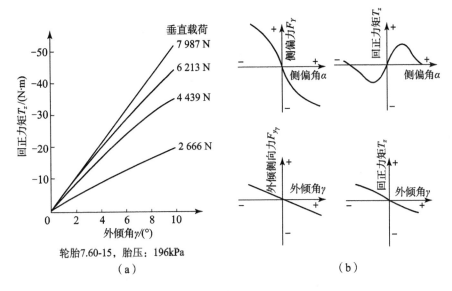

图3-32 车轮外倾角对回正力矩的影响

回正力矩相互抵消,因而为了保持赛车的直线行驶性,仍需要设计合理的机械拖距(Mechanical Trail)。

8. 轮胎模型(Tyre Models)

因轮胎数据难以获得,同时轮胎的测试实验也并非一般团体可以实现的,所以应用轮胎的动力学模型去研究赛车的操纵性能,利用动力学仿真对赛车进行模拟,对缩短赛车研发周期、提高比赛成绩具有重要意义。

研究轮胎的不同动力学性能时可以建立相应的轮胎模型,其中,纵滑模型预测车辆在驱动与制动工况下的纵向力,侧偏和侧倾模型预测轮胎的侧向力和回正力矩,垂向振动模型用于高频垂向振动的评价。而根据来源不同,模型可分为两种,一种是理论模型(物理模型),即通过对车轮结构和形变机理的数学描述,建立剪切力和回正力矩与相应参数的函数关系,较有影响的有Gim模型、Fiala模型等。轮胎理论模型是在轮胎物理结构和变形机理研究的基础上建立的对轮胎力和力矩的数学描述,由于理论模型形式复杂、计算效率低,因此在车辆动力学研究中应用有很大困难。另一种是经验公式或半经验公式模型,它是通过对大量的轮胎力特性的实验数据进行回归分析,将轮胎力特性通过含有拟合参数的公式有效地表达出来,较有影响的有 H. B

Pacejka 模型（魔术公式，或称 Magic Formula）以及郭孔辉院士建立的幂指数公式半经验模型。由于魔术公式应用较广，此处仅以此作为介绍。

Magic Formula（MF）轮胎模型是由荷兰 Deft 理工大学的 Pacejka 教授提出的，MF 轮胎模型包括物理意义明显的若干系数，针对不同的轮胎，可以通过改变系数的方式而不需要改变函数模型，具有较好的拟合精度，其应用非常广泛，已逐渐成为业内标准。在动力学仿真软件 ADAMS 中所嵌入的 MF 轮胎模型主要包括 Pacejka94 和 MF_ tyre5.2 模型。

MF 轮胎模型采用 SAE 标准轮胎运动坐标系，基于魔术公式的轮胎力计算输入和输出变量关系如图 3-33 所示。

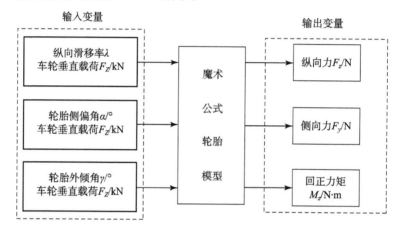

图 3-33 基于魔术公式的轮胎力输入和输出变量关系

魔术公式一般形式如下

$$\begin{cases} Y(x) = y(x) + S_v \\ y = D\sin\{C\arctan[Bx - E(Bx - \arctan Bx)]\} \\ x = X + S_h \end{cases} \quad (3-8)$$

式中，Y 为侧向力、纵向力或回正力矩；X 为侧偏角 α 或纵向滑移率 λ；D 为峰值因子；B 为刚度因子；C 为曲线形状因子；E 为曲线曲率因子；S_h 为曲线水平方向漂移；S_v 为曲线垂直方向漂移。

应用此公式可以建立轮胎的纵向力、侧向力和回正力矩的数学模型，完整地表达轮胎的力学特性。

3.3 转向特性

赛车的转向特性决定着赛车的操纵稳定性,而且在比赛的过程中,由于轮荷转移、悬架跳动、质心变化等因素,赛车的转向特性在不停的变化。了解和掌握决定赛车转向特性的因素,对于赛车设计有着重要的意义。同时,在后期的赛车试车调校过程中,工程师需要频繁地与车手进行沟通,并结合赛车测试的数据,以获得准确的转向特性信息,指导工程师去根据车手的驾驶需求调整赛车的转向特性,提高赛车的操纵性能。转向特性调校已成为提升赛车竞争力的关键。

由于篇幅限制,本小节直接给出结论性公式,具体推导过程请参见余志生主编的《汽车理论》。

1. 线性二自由度汽车模型

为了便于研究,对四轮车辆作如下的简化:

忽略转向系统的影响,直接以前轮转角 δ 作为输入;

忽略悬架的作用,汽车沿 x 轴的前进速度 u 视为不变;车辆只有沿 y 轴的侧向运动与绕 z 轴的横摆运动这两个自由度;

侧向加速度限定在 $0.4g$ 以下,轮胎侧偏特性处于线性范围。

这样,实际车辆可以简化成一个两轮摩托车模型,如图 3-34 所示。它是一个由前后两个有侧向弹性的轮胎支撑于地面、具有侧向以及横摆运动的二自由度汽车模型。

车辆转向过程中,在侧向力 F_{y1} 与 F_{y2} 的作用下,轮胎产生侧偏,α_1、α_2 分别为前后轮胎侧偏角;回转中心从 O 移动到了 O';a、b 分别质心到前、后轴的距离;ω_r 为质心处的横摆角速度。

2. 稳态回转行驶

固定方向盘不动,即前轮转角一定时,若令车速极低、侧向加速度接近于零,轮胎侧偏角可忽略不计,此时车辆可以沿圆形轨道稳定行驶,转向半径为 R_0。增加车辆的速度,转向半径变为 R。R 与 R_0 满足下面的关系:

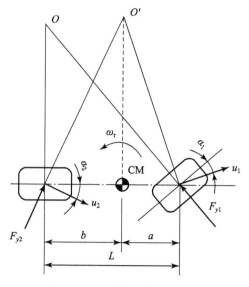

图 3-34 二自由度汽车模型

$$\frac{R}{R_0} = 1 + Ku^2 \qquad (3-9)$$

式中，$K = \frac{m}{L^2}\left(\frac{a}{k_2} - \frac{b}{k_1}\right)$，$k_1$、$k_2$ 分别为前后轴侧偏刚度。K 称为稳定性因数，其单位为 s^2/m^2，是表征汽车稳态响应的一个重要参数。根据 K 的数值，汽车的稳态响应分为三类：中性转向（Natural Neutral Steer）、不足转向（Understeer）和过度转向（Oversteer）。它们在稳态回转行驶试验中会有明显不同的表现，加速时其行驶轨迹如图 3-35 所示。

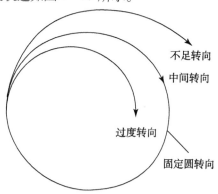

图 3-35 稳态回转行驶中的三种转向特性

第3章 赛车动力学

（1）中性转向

当 $K=0$ 时，$R/R_0=1$。试验现象为：无论车速如何变化，转向半径始终保持不变。此种状态称为中性转向。中性转向是一种理想状态，在现实中比较难以实现。

（2）不足转向

当 $K>0$ 时，$R/R_0>1$，且该比值会随着车速 u 的增加而增加。此种特性称为不足转向。这意味着，不足转向的车辆在稳态回转行驶中，一旦加速，转向半径会变大，车辆仿佛沿切线方向冲出去。

（3）过度转向

当 $K<0$ 时，$R/R_0<1$。此种特性称为过度转向。不足转向的车辆在稳态回转行驶中，一旦加速，转向半径会变小，车辆向弯心驶去。当车速 $u_{ch}=\sqrt{1/-K}$ 时，R 趋于 0，称为临界车速。此时车辆横摆角速度很大，几乎原地打转，失去控制。

3. 前、后轮侧偏角绝对值之差

稳定性因数 K 还可以利用前、后轮侧偏角绝对值之差（$\alpha_1 - \alpha_2$）来表示：

$$K = \frac{m}{a_y L}(\alpha_1 - \alpha_2) \tag{3-10}$$

式中，a_y 为侧向加速度。显然，当 $\alpha_1 > \alpha_2$ 时，为不足转向；$\alpha_1 = \alpha_2$ 时，为中性转向；$\alpha_1 < \alpha_2$ 时，为过度转向。从这个公式可以看出，转向特性是完全可以由前后轮胎侧偏角来定义的。这也说明车辆之所以有不同的转向特性，其实本质上是由于轮胎的侧偏特性引起的。

在思考影响转向特性的因素时，若能从前后轮偏角的角度去考虑，往往比较简单、直接。例如：

前悬加装防倾杆，会导致侧倾刚度增加，在侧倾时左右轮荷转移增大，平均侧偏刚度降低。最终导致前侧偏角 α_1 变大，转向趋不足。

赛车制动时，轮荷转移导致前轮轮荷增大，侧偏刚度增加。最终导致前侧偏角 α_1 减小，转向趋过度。

第 4 章
Chapter 4　悬架与转向

悬架与转向从构造学上讲从属两个不同的系统，但从动力学的角度来看，转向横拉杆可以看作悬架的一部分，而且转向与悬架都对赛车操稳性有很大的贡献，在 FSAE 赛车里它们都有独特的杆系结构，故本章综合讲解悬架与转向。

4.1 悬架简介

悬架（Suspension）是车架与车轮之间一切传力连接装置的总称，通常包含了弹性元件、减震器与导向机构，在赛车上一般还有防倾杆。

4.1.1 独立悬架

悬架可以分为两大类：非独立悬架与独立悬架。非独立悬架如图 4-1（a）所示，它的两侧车轮通过一根轴相连，当一侧车轮因路面不平发生跳动时，就会引起另一侧车轮发生摆动。独立悬架如图 4-1（b）所示，两侧车轮通过各自的导向结构分别与车架相连，因为两侧车轮可以单独跳动，互不影响，大大提高了车辆的平顺性而且降低了簧下质量，所以独立悬架成了广大 FSAE 车队们的选择。

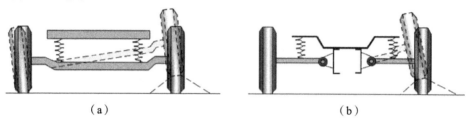

（a） （b）

图 4-1 非独立悬架与独立悬架

（a）非独立悬架；（b）独立悬架

第4章 悬架与转向

独立悬架的具体构造形式也有很多种,如横臂式、纵臂式、麦弗逊式等。由于方程式赛车的特点,考虑到赛车操纵稳定性、安装空间、制造难度、调试难度、重量等因素,方程式赛车的前悬和后悬通常都为不等长双横臂结构。

4.1.2 自由度控制

FSAE 赛车一般的前悬构造形式如图 4-2 所示,由上控制臂、下控制臂、推杆(拉杆)、摇块、减震器、防倾杆等组成。所谓控制臂(Control Arm)就是横臂,因为它具有 V 字外形;有时为加强刚度也会设计为 A 字外形,故称 A 臂(A-arm)。

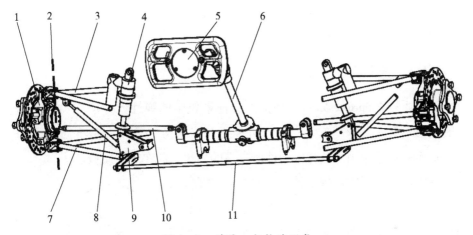

图 4-2 前悬一般构造形式

1—立柱;2—主销轴线;3—上 A 臂;4—减震器;5—方向盘;6—转向柱;
7—下 A 臂;8—拉杆;9—摇块;10—转向横拉杆;11—防倾杆

悬架作为车轮与车架的连接桥梁,除了传力以外,最大的作用是限制车轮的自由度(DOF,Degree of Freedom)。任何形式的悬架设计首要校核的是它能否完全满足限制车轮自由度的要求。以双横臂悬架为例,当悬架不存在时,以车架为参考,车轮具有 6 个自由度,即 3 个方向的平移自由度与 3 个方向的转动自由度。加上一个上控制臂后,上控制臂外点与车轮以球铰连接,2 个内点相当于与车架以柱铰连接。故车轮与上控制臂的连接点有一个转动自由度——转动轴即上控制臂与车架形成的柱铰。同时车轮还有绕着该点的 3 个转动自由度。此时车轮共有 4 个自由度。如果再加上一个下控制臂,下控制臂的外点与上控制臂的外点都与车轮中的立柱以球铰相连,两个外点的连线被称为主销(Kingpin),因为大多数情况下主销不是实体而是一条几何连线,所以也称为主销轴线。在横向平面内,车架与两个控制臂、主销形成了四连杆机构,该机构有 1 个转动自由度,同时车轮可以以主销为轴再拥有 1 个转动自由度。故双横臂的悬架可以将车轮的自由度限制为 2 个,一个是车轮相对于车架上下跳动的自由度,另一个是车轮绕主销旋转的自由度。

车轮相对于车架上下跳动的自由度由推杆(拉杆)、减震器系统所限制。车轮沿主销转动的自由度在前悬中由转向横拉杆所控制,在后悬中由第五杆所限制。所谓第五杆,即把一个控制臂看作两根杆,它是悬架系统中除了双控制臂之外的第五根杆子,其外点与立柱相连,内点与车架相连,第五杆不像转向横拉杆那样可以移动,它完全制约了车轮绕主销的转动。

4.1.3 簧上质量与簧下质量

簧上质量(Sprung Mass)是指由悬挂系统中的弹性元件所支撑的质量,一般包括车架、车身、车手、发动机等赛车大部分的质量。簧下质量(Unsprung Mass)是指由未被弹性元件所支撑的质量,如车轮的质量。

一般希望簧下质量越小越好。如图 4-3 所示,大球代表车身等簧上质量,小球代表了车轮等簧下质量,大球与小球通过弹簧串连。当车轮遇到路面不平时,它的振动会通过弹簧传给车身等簧上质量。小球比大球越轻,小球的振动对大球的影响就越小。所以簧下质量越小,车身就越稳定,而且簧下质量的惯性越小,对路面状况的反应就越灵敏,操纵稳定性也就越佳。同时,车轮的转动惯量越小,在相同的动力输出下其转得越快。这跟高速奔

图 4-3 簧上质量与簧下质量

跑时希望自己不是个胖子,而且脚上穿的鞋越轻越好是一个道理。但是,你宁愿身上胖一斤也不情愿鞋上重一斤,故通常有簧下减一斤犹如簧上减十斤的说法。也许这个说法有些夸张,但赛车减重在保证可靠性的前提下,减簧下质量的效果优于减簧上质量。在簧下质量中,减旋转件(轮辋、制动盘等)

第4章 悬架与转向

的效果优于减非旋转件（轮毂等）。

判断赛车上哪些质量是簧下质量有一个简便的方法。固定车架，车轮相对于车架平行上跳，在上跳的过程中，不动的部件是簧上部件，运动的部件是簧下部件。显然，控制臂的质量是一种"混合"质量，它靠近车架一端是簧上质量，靠近车轮一端是簧下质量。同样是"混合"质量的部件还有摇块、避震器和传动轴等。

4.2 车轮定位参数

车轮定位参数包括车轮外倾角、主销后倾角、主销内侧角与车轮前束角。它们的取值都十分微小，但是对赛车的操纵稳定性有很大的影响。如果对它们缺乏充分的认识，那就容易差之毫厘、谬以千里了。

4.2.1 车轮外倾角

车轮外倾角（Camber）是车轮中心平面与垂直线在汽车横向平面内的夹角，在图4-4所示中，车轮外倾角 α 为正。外倾角的存在是为了弥补重型汽车满载时车桥变形引起的车轮内倾，同时还可以让车轮与拱形路面相配合。但是，赛车与现代高速汽车的车轮外倾角全部为负值，主要是为了弥补高速过弯时离心力引起的车轮外倾。静态车轮外倾角的取值通常为 -3°～0°，FSAE赛车一般采取垫片的形式使车轮外倾角可调，并在实车调试中寻找最佳的内倾值。在直线加速赛中可以减小车轮内倾角，以减小轮胎滚动阻力。

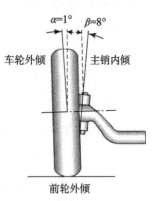

图4-4 车轮外倾角

4.2.2 主销后倾角与拖距

主销后倾角（Castor）是主销与垂直线在汽车纵向平面内的夹角，如

图 4-5 所示，主销后倾角 γ 为正。主销后倾角可以产生回正力矩，过小会使车辆直行不稳定，过大将导致转向沉重，在赛车上一般取值为 0°~4°。

主销后倾角产生回正力矩的原理：在纵向平面内，车轮接地点为 b 点，主销延长线与地面交于 a 点，当赛车转弯时，轮胎与地面在 b 点产生的侧向力指向弯心，而这个侧向力产生了一个使轮胎绕主销回正的力矩，如图 4-6 所示。

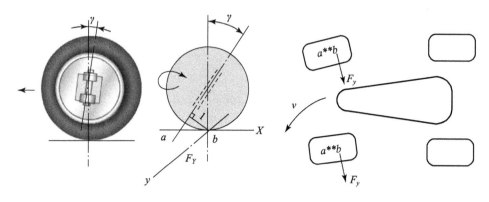

图 4-5 主销后倾角示意图　　　　图 4-6 主销后倾角产生回正力矩

a 与 b 之间的距离称为机械拖距（Mechanical Trail），拖距越大，同等侧向力产生的回正力矩越大，所以拖距可以看成表征主销后倾角回正效应的一个参数。与机械拖距对应的是气动拖距。如图 4-7 所示，气动拖距 T_p（Pneumatic Trail）：因为轮胎的侧偏效应导致轮胎接地面的侧向力合力作用点从轮胎几何接地点处往后移动了一个距离，这个距离就是气动拖距。轮胎侧偏时，真实拖距是机械拖距与气动拖距之和。所以，就算机械拖距为零，轮胎也会因为自身弹性产生气动拖距从而产生回正力矩。

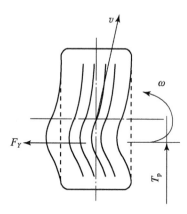

图 4-7 气动拖距

主销后倾角的存在会使赛车转向时的外侧车轮得到更多的负外倾。用极限法理解：若主销后倾角增大至 90°，外侧车轮一转向则立即增加车轮内倾。这一特性会弥补转向时离心力引起的车轮外倾。

4.2.3 主销内侧角与磨胎半径

主销内倾角（KPI，Kingpin Inclination）是主销与垂直线在汽车横向平面内的夹角。如图 4-8 所示，主销内倾角 β 为正，因为车轮绕主销旋转会陷入地下，故主销内倾角利用赛车自身的重力产生回正力矩，若主销内倾角 β 取值过大同样会引起转向沉重，一般取 3°~7°。

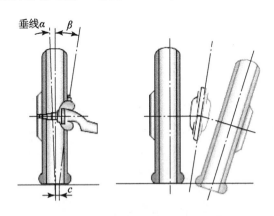

图 4-8 主销内倾角示意图

磨胎半径（Scrub Radius）是主销延长线的落地点与车轮接地印迹中心线的距离，也称为主销偏移距。图 4-8 中的距离 c 为磨胎半径，且为正值。磨胎半径可以看成表征主销内倾角回正效应的一个参数，过大会使转向沉重，一般取 10~30mm。磨胎半径越大，轮胎接地面的牵引力或制动力产生的绕主销旋转的转矩会越大，理想情况下左右轮的转矩会相互抵消，但当左右牵引力或制动力不等或工艺误差造成左右轮外形参数不严格相等时，会产生一个总的转向力矩，直接反馈到方向盘上。

主销内倾角会使赛车在转向时两侧车轮都产生正的车轮外倾角。就转向时对车轮外倾角的影响而言，一般会选择小一些的主销内倾角、大一些的主销后倾角。

4.2.4 车轮前束角

前束角是车轮平面与车身前进方向之间的夹角，如图 4-9 所示，前束角

ψ为正。赛车前轮前束角为负，呈"外八字"。首先，因为车轮内倾时滚动类似滚锥，有向内滚动的趋势，增加负前束可以减小轮胎的边滚边滑；再者，增加负前束可增加入弯的灵敏性。车辆进行阿克曼转向（即纯滚动转向）时，外侧车轮转角小于内侧车轮转角。前轮"外八"时，方向盘小角度转动即天然形成阿克曼转向。与前轮相反，赛车后轮呈"内八字"，以增加转向不足。车轮前束角过大会导致直行不稳，其取值通常为0°~0.5°。

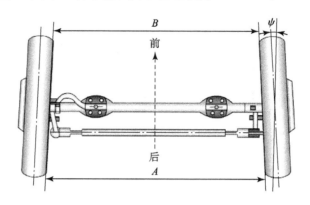

图4-9 车轮前束角（俯视图）

4.3 悬架几何

悬架双横臂的几何形状决定了车轮相对于车身的运动轨迹，从而在赛车加速、制动、侧倾等工况中对轮胎的姿态与车轮车身的受力状况起决定性作用。悬架几何的理想目标是希望在各种工况下，车身与车轮变化都尽可能小，但是往往不能够两全其美。

4.3.1 等效臂

在横向平面内双横臂悬架可看作一个四连杆机构，两臂交点为瞬心（IC，Instant Center），从瞬心向车轮作垂线所成线段为等效臂。等效臂的意义是可以将车轮某一瞬时相对车架的运动看作是车轮固连等效臂围绕瞬心的运动。

瞬心的位置、等效臂的长短会随车轮跳动而变化，如图4-10所示。横向平面内的等效臂长度越长，在悬架平跳工况下车轮外倾角的变化越小。有了等效臂的概念，就可以通过以下几种不同类型的悬架来初步研究悬架几何。

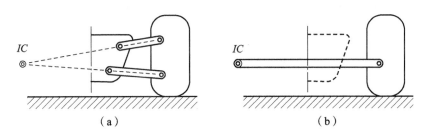

图4-10 横向平面等效臂长

1. 等长平行横臂悬架

等长平行横臂悬架瞬心在无穷远处，它的等效臂可以认为是无穷长的。如图4-11（b）所示，悬架平跳时，车轮外倾角的变化为0。但是在侧倾工况中（见图4-11（c）），车身若侧倾了3°，则车轮外倾角的变化也为3°，而且外侧轮胎得到了外倾，内侧轮胎得到了内倾。另外，只有在如图4-11（a）的情况下其轮距最大，而在其他情况下轮距会剧烈减小。

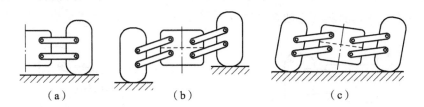

图4-11 等长平行横臂悬架

2. 侧倾中心不变的悬架

图4-12展现了另一种极端的悬架，它的等效臂很短，只有半个轮距，而且其瞬心与侧倾中心重合，并在悬架平跳或侧倾时都不改变位置（相对于车身）。在图4-12（c）所示的侧倾工况下，车轮外倾角与轮距的变化都为0。但是在图4-12（b）所示悬架平跳的工况下，其车轮外倾角变化很大，轮距也变小了一些。

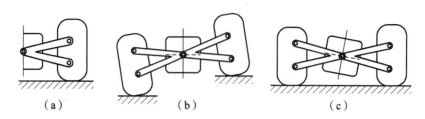

图 4-12 侧倾中心不变的悬架

3. 长横臂与短横臂（见图 4-13）

横臂基本形式不变时,以等长平行横臂为例,横臂长度越长,悬架动态性能越优。在悬架平跳工况下,长横臂的悬架（虚线）轮距变化明显比短横臂的悬架小。

4. 不等长双横臂悬架

目前流行的双横臂布置形式是如图 4-14 所示的不等长双横臂形式。通过等长平行横臂悬架与侧倾中心不变的悬架的比较可以发现,车轮外倾角等参数若在平跳工况下变化很小,则通常会在侧倾工况下变化很大。也就是说加速制动与高速过弯工况只能保证其一,不能二者兼得。不等长双横臂悬架就是二者的折中,其上臂较短且下垂,就是为了减小悬架平跳时轮距的变化,并且让车轮上跳时得到一些负外倾。

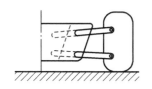

图 4-13 长横臂与短横臂

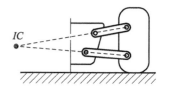

图 4-14 不等长双横臂悬架

4.3.2 侧倾中心

对于左右对称的悬架,侧倾中心（Roll Center,RC）可按四连杆机构原理参照图 4-15 所示的方法确定。

赛车高速过弯时,离心力作用在重心上使车身侧倾,侧倾力矩的力臂是侧倾中心与重心的距离,所以侧倾中心越低,侧倾力矩越大。另一方面,侧倾中心越高，举升效应越大。举升效应（Jacking Effect）是指，悬架瞬心高于地面，转向时外侧轮胎所受的侧向力会使车轮围绕瞬心旋转，"举起"了车身，其轮距变化大，且会导致轮胎磨损加剧。该力矩的力臂是瞬心高度，瞬心越高，侧倾中心越高，举升效应越大，如图 4-16 所示。

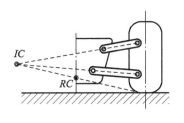

图 4-15 侧倾中心的确定

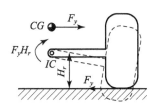

图 4-16 举升效应

侧倾中心通常选在地面与重心高度之间，接近地面，前悬比后悬略低。另外，在各种悬架运动中应尽可能保持侧倾中心位置不变。侧倾轴前低后高不是绝对的，这样选择的理由，一是后悬通常比前悬软一点，后悬侧倾中心应该稍高一点；二是赛车后部重心略高于前部。

4.3.3 纵倾中心

纵倾中心是悬架在纵向平面内的瞬心，它可以由图 4-17 所示的方法确定。纵倾中心的位置决定了一系列的抗反特性。对于后驱的赛车，可以考虑的抗反特性有以下三个：制动时前悬的抗前俯特性（Anti-dive）、加速时后悬的抗后仰特性（Anti-squat）、制动时后悬的抗抬头特性（Anti-lift）。只有前驱或四驱的车才能考虑加速时前悬的抗抬头特性。

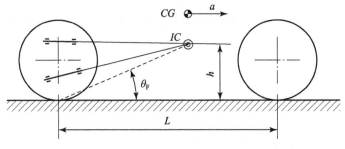

图 4-17 抗前俯效应

抗前俯率由式（4-1）确定，取值为0时表示完全没有抗前俯特性，取值为100%时表示制动时完全没有点头现象。

$$\eta_d = \frac{\beta L}{h}\tan\theta_F \times 100\% \qquad (4-1)$$

式中，β 为前制动分配比；L 为轴距；h 为重心高度；θ_F 已在图4-17中标出。

抗后仰率由式（4-2）确定，只有后悬架在纵向平面内的瞬心高于轮心时才具有抗后仰特性。

$$\eta_s = \frac{L}{h}\tan\theta_R \times 100\% \qquad (4-2)$$

式中，L 为轴距；h 为重心高度；θ_R 已在图4-18中标出。需要注意的是，本小节的计算公式适用于制动卡钳安装在轮毂的情况。

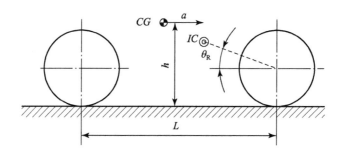

图4-18 抗后仰特性

抗前俯率取多大与赛车具体的点头量有关。值得注意的是，不少FSAE赛车并没有考虑悬架的抗反特性，其原因是：赛车的悬架刚度普遍较硬；采用抗反特性的悬架会增加车架焊接定位的难度；采用抗反特性的悬架在车轮上跳时主销后倾角变化较大；采用抗反特性的悬架在承受轮荷转移时悬架杆件受力更恶劣。基于此，抗反率通常为0或取较小值，一般为10%~30%。

4.4 刚度控制

赛车的一大特点是悬架刚度比乘用车高很多，其目的是牺牲舒适性换取更高的底盘响应速度。悬架刚度包括线刚度与角刚度。

4.4.1 悬架线刚度

关于刚度有几个易混淆的概念，分别是轮胎刚度（Tyre Rate）K_T、悬架线刚度（Suspension Rate）K_W与适乘刚度（Ride Rate）K_R。轮胎刚度指的是，以单个轮胎为研究对象，垂直加载力与轮胎垂直形变位移的比值。悬架线刚度定义为悬架受到的垂直外力与车轮中心相对于车身位移的比值。适乘刚度定义为悬架受到的垂直外力与轮胎接地面相对于车身位移的比值。悬架刚度与适乘刚度的不同在于前者测量车轮中心的位移，后者测量轮胎接地面的位移。这三种刚度的关系是轮胎刚度与悬架刚度串联得到适乘刚度，换算关系如式（4-3）所示。

$$K_R = \frac{K_W K_T}{K_W + K_T} \quad (4-3)$$

悬架线刚度K_W与弹簧刚度K_S的换算关系由运动比决定。运动比（Motion Ratio，MR）定义为车轮相对于车身做一微小垂直运动的过程中车轮中心位移与弹簧长度变化量的比值，具体公式如下。

$$MR = \frac{S_W}{S_S} \quad (4-4)$$

$$K_W = \frac{K_S}{MR^2} \quad (4-5)$$

式中，S_W、S_S分别为车轮位移与弹簧位移；K_S、K_W分别为车轮刚度与弹簧刚度。如图4-19所示。

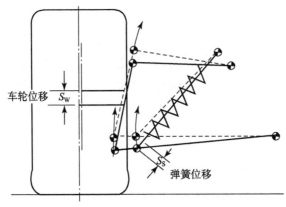

图4-19 车轮位移、弹簧位移与运动比

FSAE 赛车大多采用摇块杠杆结构来设计运动比,运动比可以随车轮运动而变化。一般在悬架受压缩时增加悬架刚度,令悬架线刚度呈非线性状态。

4.4.2 偏频

赛车偏频指的是赛车前、后部分车身的固有频率,可由下式计算:

$$f_{1,2} = \frac{1}{2\pi}\sqrt{\frac{k_{1,2}}{m_{1,2}}} \quad (4-6)$$

式中,f_1、f_2 为前、后偏频;k_1、k_2 为前、后悬架线刚度;m_1、m_2 为前、后悬架的簧上质量。偏频越高,悬架越硬。悬架偏频较低时,轮胎可以获得更好的抓地力,但响应速度变慢。偏频较高时,底盘离地间隙设计值可以减小。FSAE 赛车的偏频经验值为 2.5~4Hz,气动下压力大的赛车可适当高些。

乘用车通常后偏频高于前偏频。当前轮压过一个凸起后,经过一个时间差后轮才会压过该凸起,若前偏频等于后偏频,则前、后车身的振荡始终存在一个相位差,所造成的车身纵向角速度会给乘员带来不适;若后偏频大于前偏频,则后车身的相位会逐渐"赶上"前偏频,从而减小车身纵向角速度,如图 4-20 所示。

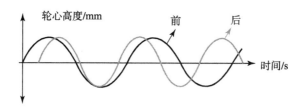

图 4-20 更高的后偏频

但是赛车一般前偏频高于后偏频。前偏频高,可以建立起更快的入弯响应;减小车头离地间隙有利于空气动力学套件发挥稳定作用;前悬侧倾刚度大些可增加转向的不足。后偏频低些,对于后驱赛车来说可以在出弯时得到更大的牵引力。

4.4.3 悬架角刚度

悬架角刚度是指在车身单位侧倾转角下,悬架系统给车身总的弹性恢复力矩,常用单位为 N·m/(°)。若已知悬架线刚度为 K_W,轮距为 B,则在小侧倾角度下，悬架角刚度 K_ϕ 可按下式计算：

$$K_\phi = \frac{1}{4} K_W B^2 \qquad (4-7)$$

表征悬架角刚度的还有另一个常用参数侧倾梯度（Roll Gradient），它表示的是赛车在 $1g$ 侧向加速度时车身的侧倾转角，常用单位为 (°)/g。FSAE 赛车侧倾梯度为 0.5 (°)/g ~ 1.5 (°)/g。通常按式（4-7）计算所得的角刚度并不能达到要求，所以要在前后悬加装防倾杆。

4.4.4 阻尼比

一个没有任何阻尼的弹簧系统在受到扰动后会按自身固有频率一直无衰减地振动下去，显然，任何一个悬架都需要阻尼衰减振动。避震器是提供阻尼力的元件，如果压缩或回弹行程都能产生阻尼力，则该避震器为双向作用式。阻尼力的大小与避震器压缩或回弹速度成正比，由此定义阻尼系数 C 为阻力 F 与振动速度 v 之间的比值：

$$C = \frac{F}{v} \qquad (4-8)$$

对一个无阻尼阶跃响应系统慢慢加入阻尼，响应曲线振动幅度会越来越小，原本超调的响应也会变成无超调。存在一个阻尼系数，使系统无超调且以最快速度恢复稳定，这个阻尼系数就是临界阻尼系数。临界阻尼系数是系统固有的，可按式（4-9）计算。

$$C_{cr} = 2\sqrt{K_W m_s} \qquad (4-9)$$

式中，K_W 为悬架线刚度；m_s 为簧上质量。

实际工程中的阻尼系数与临界阻尼系数的比值称为阻尼比（Damping Ratio）ζ。

$$\zeta = \frac{C}{C_{cr}} \qquad (4-10)$$

在图 4-21 中可以看到阻尼比为 0.2 时，系统需要较长时间才能恢复稳定。乘用车为了防止较大的冲击传到车身，阻尼比一般比较低，为 0.2 ~ 0.4。阻尼比为 1 时，响应无超调且比较快地恢复稳定；阻尼比为 0.7 时，虽然略有超调，但系统可更快地恢复稳定（给予 5% 左右的误差）。如果追求系统最短的恢复时间，阻尼比应选在 0.7~0.8。为了使赛车的阻尼比在 0.4~0.8 内可调，应该根据赛车质量与悬架线刚度计算出所需要的阻尼力来选择避震器。

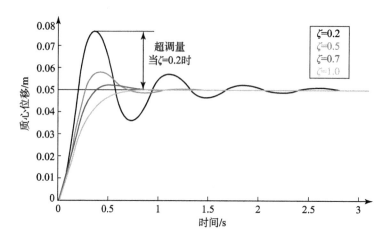

图 4-21　不同阻尼比下弹簧系统的阶跃响应

4.5　悬架结构设计

4.5.1　控制臂

1. 杆端关节轴承与向心关节轴承

控制臂与车架或立柱的连接点通常为球铰，可选择杆端关节轴承与向心关节轴承，如图 4-22 所示。杆端关节轴承使用比较方便，但是螺纹不宜受弯矩，否则螺纹段会有折断风险；向心关节轴承可承受较大弯矩，但通常需要制作衬套与之配合使用。

控制臂在外形上通常由两段杆组成，但不可误认为这两段杆是二力杆。控制臂在赛车制动或加速时会承受很大的纵向力，而在赛车过弯时会承受较大的横向力，如图 4-23（a）所示。如果三个端点都采用杆端关节轴承，则

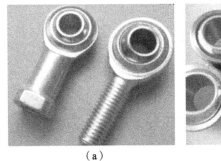

图 4-22　杆端关节轴承与向心关节轴承

(a) 杆端关节轴承；(b) 向心关节轴承

螺纹段均要承受弯矩，且连接立柱处轴承所受的弯矩最大，如图 4-23 (b) 所示。有一小部分 FSAE 赛车在该处选择杆端关节轴承，以方便调节车轮外倾角。还有一部分车队外端选择向心关节轴承，两个内端选择杆端关节轴承，这样可以调节杆的长度以弥补实际误差，如图 4-23 (c) 所示。理想的设计应该是三处皆为向心关节轴承，如图 4-23 (d) 所示。

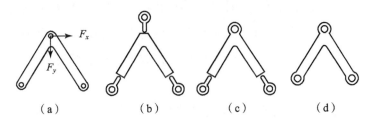

图 4-23　控制臂上关节轴承的选择

2. 控制臂夹角

控制臂的夹角对部件受力状态影响很大。最传统的是控制臂与车架成锐角三角形，如图 4-24 (a) 所示，此时控制臂对纵向力与横向力的综合承受能力较好，当其顶角角度过大时承受横向力变差，顶角角度过小时控制臂容易被纵向力拉弯，顶角为 60° 是比较中庸的选择。图 4-24 (b) 所示为控制臂与车架成直角三角形，直角边主要承受横向力，斜边主要承受纵向力，其主要适用于布置空间充分的场合。图 4-24 (c) 所示为控制臂与车架成钝角三角形，这是因为后车架的逐步简化而出现的布置形式。如果后掠角度过大，则该控制臂容易被横向力压溃。

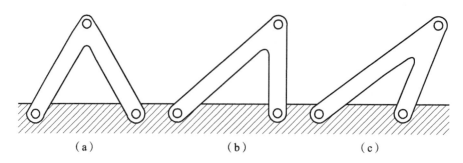

图 4-24 不同夹角的控制臂

(a) 锐角三角形；(b) 直角三角形；(c) 钝角三角形

4.5.2 推杆与拉杆

推、拉杆是承受车重的主要部件，如图 4-25 所示。推杆（Push Rod）与拉杆（Pull Rod）的判断：赛车静止置于地面上时，推杆受压缩，拉杆受拉伸。选择推杆还是拉杆主要取决于安装空间，除此以外还可以考虑以下因素：

1）选择拉杆时，不必考虑杆件压溃问题，理论上可以承受更大的冲击；避震器可以布置在车手腿部下方等位置，以降低重心；由于 FSAE 赛车的特点，拉杆与水平面的夹角通常比推杆更小，这会导致拉杆受力变大，摇块运动比设计受限。

2）选择推杆时，避震器布置在上方以方便调节；运动比设计自由度大；如果采用碳纤维管材，由于两端法兰台作用，即使脱胶也不至于导致底盘触地。

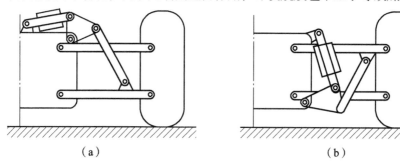

图 4-25 推杆与拉杆

(a) 推杆；(b) 拉杆

4.5.3 防倾杆

防倾杆（ARB，Anti-Roll Bar）设计通常有 U 型与 T 型两种。U 型防倾杆系统简单易造，它由连接杆、扭臂、扭杆、车架连接件组成，有效扭臂长度通常可以调整。T 型防倾杆系统则更加紧凑，其扭臂与扭杆形成"T"形，扭臂的有效长度通常也是可调的，如图 4-26 所示。有少部分的赛车为 T 型防倾杆添加了第三避震器，当两轮同时相对于车身向上跳动时，第三避震器受压缩，如图 4-27 所示。这是为了下调原本两个避震器的弹簧刚度，使轮胎抓地力增强，但应确保在大制动加速度状态或强气动下压力存在时，底盘离地间隙仍在设计范围内。

图 4-26 U 型防倾杆

图 4-27 T 型防倾杆与第三避震器

防倾杆是悬架角刚度的有力补充，可使底盘达到理想的侧倾梯度。前、后防倾杆的综合调试还可以改变赛车的转向特性,增大前悬角刚度会使赛车趋向转向不足,增大后悬角刚度则相反。

4.6 转向简介

用来改变或恢复汽车行驶方向的专设机构为转向机构(Steering)。赛车在行驶过程中有一半时间在转向,转向机构是否设计的轻便可靠,对赛车的成绩有很大的影响。规则对转向机构的基本类型有以下限制。

规则6.5.1 方向盘必须与前轮机械连接。禁止使用线控转向及电控转向。

规则限定方向盘必须与前轮机构连接,且未禁止助力转向。因为FSAE赛车车重较小,故在各参数设计合理的前提下,无助力的纯机械式齿轮齿条转向机完全可以简单可靠地完成转向任务。

4.6.1 转向系组成

齿轮齿条转向机系统组成如图4-28所示。方向盘与转向轴固连,转向轴通过万向节改变方向。转向轴底端的齿轮与齿条啮合,齿轮转动带动齿条左、右滑移。齿条两端各有一段转向横拉杆,拉动与车轮固连的转向节臂(通常为立柱的一部分),从而使车轮转向。

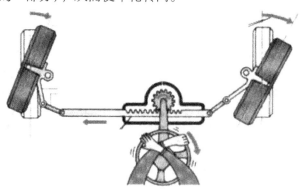

图4-28 齿轮齿条转向机系统组成

4.6.2 转向系传动比

由轮胎接地面中心作用在两个转向轮上的合力 $2F_w$ 与作用在方向盘上的受力 F_h 之比,称为转向系力传动比 i_p。力传动比越大,转向越轻便。

$$i_p = \frac{2F_w}{F_h} \qquad (4-11)$$

方向盘角速度 ω_w 与同侧车轮偏转角速度 ω_k 之比,称为转向系角传动比 $i_{\omega 0}$。角传动比越小,转向越灵敏。

$$i_{\omega 0} = \frac{\omega_w}{\omega_k} \qquad (4-12)$$

转向系的力传动比与角传动比有以下关系:

$$i_p = \frac{i_{\omega 0} D_{sw}}{2a} \qquad (4-13)$$

式中,D_{sw} 为方向盘直径;a 为磨胎半径。

从式(4-13)中可以看到 i_p 与 $i_{\omega 0}$ 成正比例关系,这意味着转向轻会使转向不灵敏,而转向灵敏又会使转向沉重。FSAE 赛车方向盘单向最大转角通常小于 180°,转向应十分灵敏,但有可能偏沉。所以应谨慎设计车轮定位参数,这会在一定程度上缓解"轻"与"灵"的矛盾。

4.6.3 最小转弯半径

当方向盘转到极限位置时,由转向中心到前外转向轮接地中心的距离称为最小转弯半径,如图 4-29 所示。最小转弯半径在规则中无任何规定,所

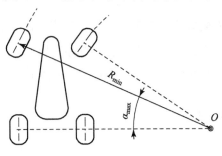

图 4-29 最小转弯半径

以一定要仔细研究赛道图，找出最小半径弯道，了解摆桩距离。通常 FSAE 赛车的最小转弯半径为 3~3.5m。

4.6.4　轮跳转向

轮跳转向（Bump Steer）指的是车轮相对于车身上下跳动时，车轮绕主销转动的现象。在图 4-30 所示的悬架横向视图中，上控制臂、下控制臂和横拉杆三线交于一点。在后悬中，横拉杆即第五杆，通常将第五杆与下控制臂布置在同一水平面上。故在横向视图中，第五杆与下控制臂是重合的线段，即上控制臂、下控制臂与第五杆永远"三线合一"，以至于悬架与车轮可以看作四连杆机构，车轮可以相对于车身做"纯"上下跳动而不绕主销发生任何偏转。但是，由于布置空间的问题，在前悬中，无法将转向横拉杆与下控制臂布置在同一水平面，即使在某一位置上可以"三线合一"，但无法在整个运动过程中满足该要求。当三者无法有一个共同的瞬心时，前车轮相对于车身做上下跳动会引起车轮绕主销转动，这就是轮跳转向现象。

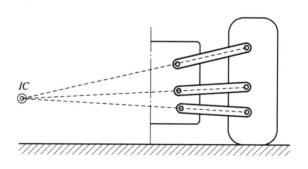

图 4-30　"三线合一"与轮跳转向

通常前悬会将轮跳转向优化至最小，优化起点可以先让转向横拉杆与上下控制臂"三线合一"。只要转向横拉杆不与下控制臂共面，轮跳转向就无法消除。悬架受压缩时，前悬车轮最好得到负前束，令赛车趋向不足转向。

4.6.5　阿克曼转向

汽车转弯时，为了保证四个车轮围绕同一个瞬时转向中心行驶，前轴内外车轮转角需要满足式（4-14），这样才能保证车轮做无滑动的纯滚动运动。

$$\cot\alpha - \cot\beta = \frac{B}{L} \qquad (4-14)$$

从图 4-31 中可以看出,当汽车进行阿克曼转向时,由于实际转弯半径的不同,故前轴外侧车轮转角 α 小于内侧车轮转角 β。

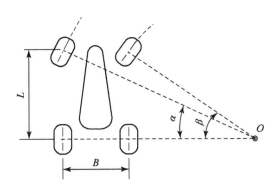

图 4-31 转向时前轴内外车轮转角的理想关系

1818 年,英国人鲁道夫·阿克曼为一种转向梯形申请专利。转向梯形由前轴、转向节臂与转向横拉杆组成。这种结构可以使外侧车轮转角小于内侧车轮转角,被称为阿克曼梯形,当时广泛应用在马车上。由于横拉杆是一根长杆,且这种梯形属于整体式转向梯形,故一侧车轮的跳动会直接影响另一侧,如图 4-32 所示。

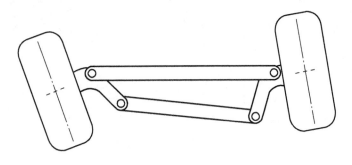

图 4-32 整体式转向梯形

随着独立悬架的发展,整根的前轴没有了,转向横拉杆也被断成左右两根,这就是断开式转向梯形,FSAE 赛车基本均采用这种梯形,如图 4-33 所示。

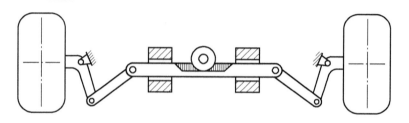

图 4-33 断开式转向梯形

尽管转向梯形在不断地被优化，但是仍难以保证在每一个转角下，内、外转角差都满足式（4-14），只能在一定转角范围下近似地满足。

4.6.6 赛车中的阿克曼

上一小节介绍的是经典阿克曼转向几何。如今的阿克曼转向几何有三种：正阿克曼、平行阿克曼与反阿克曼。正阿克曼指的是外侧车轮转角小于内侧；平行阿克曼指的是外侧车轮转角等于内侧；反阿克曼指的是外侧车轮转角大于内侧。如图 4-34 所示。

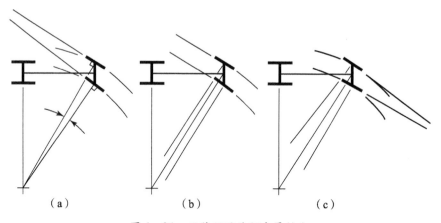

图 4-34 三种不同的阿克曼转向
(a) 正阿克曼；(b) 平行阿克曼；(c) 反阿克曼

赛车过弯时侧向力很大，轮胎侧偏现象很明显，这导致阿克曼梯形在赛车上发生了变化。在图 4-35 中，不考虑轮胎侧偏时，转向瞬心为 I；如果考虑轮胎侧偏，后轮会因为轮胎侧偏角的存在而使转向瞬心 I 提前到 X 位置。这时，若前轮侧偏角与后轮相当，且左右两轮侧偏角相等，那么为了使四轮

第4章 悬架与转向

做纯滚动,两个前轮实际转角趋于相等,也就是平行阿克曼。由于转弯时的轮荷转移,外侧轮胎往往有更大的侧偏角,那么为了使四轮做纯滚动,外侧车轮转角反倒要大于内侧车轮转角了,也就是反阿克曼。部分现代赛车为了弥补转弯时的侧偏角,采用了平行阿克曼甚至反阿克曼。

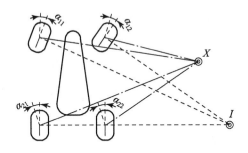

图 4-35 考虑轮胎侧偏的阿克曼转向

为了表示转向系的阿克曼程度,定义阿克曼率(Ackermann Percentage)如下:

$$阿克曼率 = \frac{转向轮实际转角差}{转向轮理论转角差} \times 100\% \qquad (4-15)$$

阿克曼率为正即正阿克曼,为零即平行阿克曼,为负则为负阿克曼。FSAE 赛车阿克曼率取值为 0~70%。确定赛车阿克曼率的两种路线:一是理论派,即基于轮胎数据,以转弯时最大的侧向力为设计目标,综合考虑轮荷转移、侧偏角、车轮外倾角等迭代求解出阿克曼率;另一个是实战派,即认为理论不能完全模拟现实各种因素的影响,如轮胎温度。实战派推崇设计出阿克曼率可变的转向梯形,在实车调试时直接比较。通常这是由转向横拉杆外点设计为可调实现的。

4.7 转向结构设计

4.7.1 齿轮齿条计算

齿轮齿条传动的传动比只与齿轮分度圆直径有关。小齿轮分度圆直径不宜过小，否则需要驾驶员提供较大的转矩，若小齿轮分度圆直径过大，则会导致齿轮齿条转向器体积增大、质量增加，不利于转向器壳体的设计及转向系统轻量化的要求，通常选择小齿轮分度圆直径为 20~38mm。小齿轮的模数不能太小，通常取 2~3mm，否则会使齿条齿廓在啮合时啮合点离齿顶太近，齿根的弯曲应力增大，易产生崩齿。此外小齿轮的变位系数不宜过大，否则会造成齿条齿顶平面与小齿轮齿根圆柱面的间隙过小，对润滑不利，而且容易造成转向器卡死的现象。为了避免小齿轮出现跟切现象，小齿轮齿数应大于 17，但由于小齿轮分度圆直径小，齿数过多会出现加工困难、齿轮啮合传动时重合度低等问题，因此通常选择小齿轮齿数为 8~19 齿。

1. 确定齿轮主要参数和几何尺寸，注意进行强度校核

分度圆直径

$$d_1 = \frac{m_n z_1}{\cos\beta}$$

式中，m_n 为齿轮模数；z_1 为齿轮齿数；β 为齿轮螺旋角。

齿条宽度（需圆整）

$$b_2 = \varphi_b d_1$$

齿轮齿宽

$$b_1 = b_2 + 10$$

校核齿面接触疲劳强度

$$\sigma_H = Z_E Z_H Z_\varepsilon \sqrt{\frac{2KT_1(u+1)}{b_1 d_1^2 u}} \leqslant [\sigma_H]$$

式中，Z_E 为弹性系数；Z_H 为区域系数；Z_ε 为重合度系数；u 为大齿轮齿数与小齿轮齿数之比；K 与齿轮设计参数有关，需查询《机械设计手册》进行估算。

$$T_1 = F_h \times R_{sw}$$

式中，F_h 为方向盘手力，可按最大手力 300N 计算；R_{sw} 为转向盘半径。

图 4-36 所示为转向齿轮，齿轮

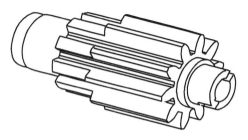

图 4-36 转向齿轮

几何尺寸参见表 4-1。

表 4-1 齿轮几何尺寸参考

名称	符号	公式
分度圆直径	d	$d = m_z = (m_n/\cos\beta)z$
基圆直径	d_b	$d_b = d\cos\alpha t$
齿顶圆直径	d_a	$d_a = d + 2h_a$
中心距	a	$a = (d_1 + d_2)/2 = m_n(z_1 + z_2)/2\cos\beta$
齿根圆直径	d_f	$d_f = d - 2h_f$

2. 确定齿条主要参数和几何尺寸，注意进行强度校核

图 4-37 所示为转向齿条。

齿条齿距
$$P = \pi m_n$$

齿条齿数
$$Z_2 = \frac{L_1}{P}$$

实际齿条长度
$$L_1 = Z_2 P$$

齿条齿宽
$$b_2 = \phi_d d_1$$

图 4-37 转向齿条

3. 根据齿轮齿条传动的受力分析，确定齿轮轴的最小轴径

齿轮轴最小轴径
$$d \geqslant \sqrt[3]{\frac{5T_1}{[\tau_T]}}$$

由于齿轮的基圆直径数值较小，若齿轮与轴之间采用键连接，则必将使轴和齿轮的强度大大降低，因此，将其设计为齿轮轴。

4. 选择轴承及转向器润滑方式

一般选择深沟球轴承和润滑脂人工定期润滑。

本小节的计算针对的是直齿齿轮传动。在直齿齿轮传动过程中，轮齿的啮合实际上是间歇的，这会导致齿轮传动过程中出现瞬间冲击、瞬时传动比变化等现象。为了改善这一现象，斜齿圆柱齿轮会是更好的选择。斜齿之间是一种逐渐啮合的过程，啮合较为平稳，冲击和噪声小。此外斜齿轮传动还具有重合度大、不产生根切的最小齿数小等优点。不过，斜齿圆柱齿轮的加工工艺复杂，加工成本较高，同时在齿轮啮合传动过程中对齿轮作用有轴向分力，该轴向分力将增大传动装置中的摩擦损失，一般通过减小斜齿轮螺旋角的方法来降低轴向分力造成的摩擦损失，通常取螺旋角 $8°\sim15°$。

4.7.2 转向柱设计

转向柱是转向系统连接方向盘和转向器的元件。

通过转向柱，驾驶员把扭矩传递给转向器，带动转向器实现转向。转向柱方案设计主要取决于方向盘与转向机的相对位置以及万向节的最大夹角。

按最大转矩设计转向柱直径（圆柱截面）

$$d \geqslant 9.3 \times \sqrt[4]{\frac{T_1}{\varphi_p}} \times \frac{1}{\sqrt[4]{(1-\alpha^4)}}$$

式中，α 为圆柱截面内外径比值。

普通的十字轴式万向节，主要由主动叉、从动叉、十字轴、滚针轴承及其轴向定位元件和橡胶密封件等组成。这里比较三种万向传动的运动方案：一个单十字轴万向节、双联式万向节和两个单十字轴万向节。

1. 单十字轴万向节传动

单十字轴运动分析见图 4-38，当十字轴万向节的主、从动轴之间的夹角为 α 时，主、从动轴的角速度 ω_1、ω_2 之间存在以下关系：

$$\frac{\omega_1}{\omega_2} = \frac{\cos\alpha}{1-\sin^2\alpha\cos^2\varphi_1}$$

式中，φ_1 为主动叉转角，定义为万向节主动叉所在平面与万向节主、从动轴所在平面的夹角。从上式中可以看出，当主动轴以等角速度转动时，从动轴角速度为周期函数，传动时快时慢，因此，单十字轴万向节传动为不等速传动。

第4章 悬架与转向

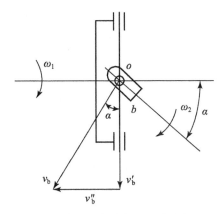

图4-38 单十字轴运动分析

单十字万向节对转向盘与转向轮的不等速性影响较大，但仍有一些车队选择这种设计。其原因是单十字万向节结构最为简单，而且转向角度比较小时不等速性可以忽略。

2. 两个单十字轴万向节传动

当输入轴与输出轴存在夹角时，单个十字轴万向节的输出轴相对于输入轴是不等速传动的。为使处于同一平面的输出轴与输入轴等速旋转，可采用双万向节传动，但必须保证与传动轴相连的两个万向节叉布置在同一平面内，且使两个万向节夹角相等。如图4-39所示。

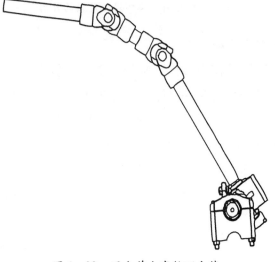

图4-39 两个单十字轴万向节

在双万向节传动中，直接与输入轴和输出轴相连的万向节叉所受的附加弯矩分别由相应轴的支承反力平衡。当输入轴与输出轴的轴线平行时，直接连接传动轴的两个万向节叉所受的附加弯矩彼此平衡，传动轴发生如图 4-40（c）中双点画线所示的弹性弯曲，从而引起传动轴的弯曲振动。当输入轴与输出轴的轴线相交时，传动轴两端万向节叉上所受的附加弯矩方向相同，不能彼此平衡，传动轴发生如图 4-39（d）中双点画线所示的弹性弯曲，因此对两端的十字轴产生大小相等、方向相反的径向力。此径向力作用在滚针轴承底部，并在输入轴与输出轴的支承上引起反力。在传动轴上的弹性弯曲会增加转向系统的自由行程，合理布置转向柱能够有效减小转向柱的弹性弯曲程度。

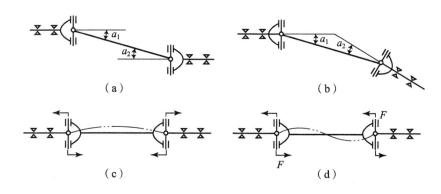

图 4-40　附加弯矩对传动轴的作用

3. 双联式万向节传动

双联式万向节可看作中间传动轴长度缩减至最小的双万向节系统，如图 4-41 所示。双联式万向节的优点是允许两轴间的夹角较大（一般可达到 50°）；缺点是外形尺寸大，结构较复杂，传递转矩有限。

双联式万向节与两个单十字轴万向节相比，少了中间传动轴，但其他的传动轴长度增加，因此在转向运动过程中，转向柱产生的挠度更大，应当在转向柱上加装固定结构以使转向平稳，从而提高转向系统可靠性。如图 4-42 所示。

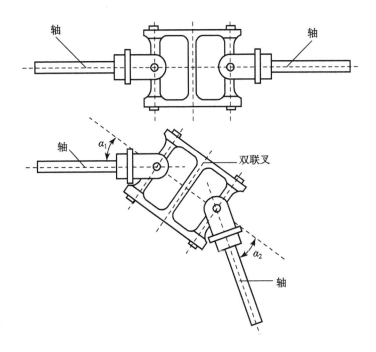

图 4-41 双联式万向节

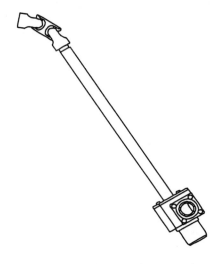

图 4-42 单个双十字轴万向节

4.7.3 转向旷量

转向旷量即转向轮固定不动时，方向盘仍可自由转动的角度。大赛规则规定，转向系统的转向旷量不得超过 7°，并在方向盘上测量。转向旷量会对正常转向产生很大影响，当旷量比较大时，车手会明显感觉转向滞后。

下面介绍一些减小转向系统旷量的方式。首先，转向旷量主要是由万向节产生的，所以改善万向节与转向柱的连接方式是减小转向旷量的关键。螺栓连接在长期使用后会产生形变，致使空程产生，采用花键连接会明显减小万向节与转向柱之间转动的自由行程，同时要用锁紧螺钉将花键与万向节锁紧。但花键用久了也会产生间隙，建议赛前更换新花键。其次，若转向机的齿轮齿条啮合间隙过大，在产生噪声的同时也会影响传动精度；而啮合间隙过小，则会使啮合过紧，转向力增大。保证合理的啮合间隙也是减小自由行程的方法。

第5章
Chapter 5 制 动

制动系统，就是通过驾驶员的主动操作使一系列的机械装置和液压装置工作，让行驶中的汽车减速或者停车的系统。制动系统对赛车的安全性和操纵性起着至关重要的作用。

5.1 制动系统总体设计

制动系统主要由供能装置、控制装置、传动装置和制动器四部分组成。结合 FSAE 对于赛车制动系统的规则要求以及赛道对于赛车的操纵要求，制动系统共分为制动踏板（Pedal）、平衡杆（Balance Bar）、制动主缸（Master Cylinder）、制动管路和制动器五部分，如图 5-1 所示。

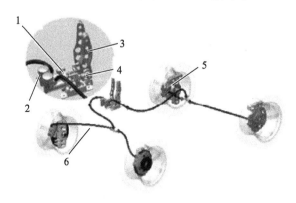

图 5-1　制动系统三维图

1—支架；2—制动主缸；3—制动踏板；4—平衡杆；5—制动器；6—制动管路

规则 7.1.1　制动系统必须有两套独立的液压制动回路，当某一条回路系统泄漏或失效时，另一条回路还可以至少保证有两个车轮可以维持有效的制

第5章 制 动

动力。

规则 7.1.8 制动踏板必须设计能承受 2 000N 的力而不损坏制动系统和踏板机构。本规则由赛会任何官员在正常坐姿下施加在踏板上的最大踩踏力来检测。

如图 5-2 所示，双轴汽车的双回路制动系统有以下五种常见的形式：

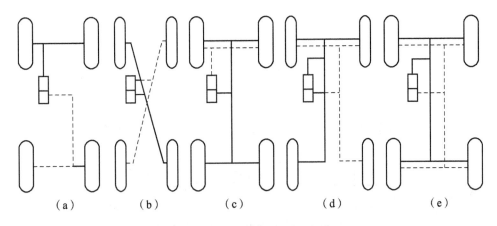

图 5-2 双轴汽车的双回路制动系统
(a) II 型；(b) X 型；(c) KI 型；(d) LL 型；(e) HH 型

1) II 型：前、后轮制动管路各成独立的回路系统，即一轴对一轴的分路形式。

2) X 型：后轮制动管路呈对角连接的两个独立的回路系统，即前轴的一侧车轮制动器与后桥的对侧车轮制动器同属于一个回路。

3) KI 型：左、右前轮制动器的半数轮缸与后轮制动器全部轮缸构成一个独立的回路，而两前轮制动器的另半数轮缸构成另一回路，可看成是一轴半对半个轴的分路形式。

4) LL 型：两个独立的回路分别由两侧前轮制动器的半数轮缸和一个后轮制动器所组成，即半个轴与一轮对另半个轴与另一轮的分路形式。

5) HH 型：两个独立的回路均由每个前、后制动器的半数缸所组成，即前、后半个轴对前、后半个轴的分路形式。

II 型回路的特点是管路布置最为简单，布置方便，前后制动比通过平衡杆调节，可以满足四轮同时抱死。这一分路方案若后轮制动管路失效，则一且前轮制动抱死就会失去转弯制动能力；当前轮管路失效而仅由后轮制动时，制动效能将明显降低并小于正常情况下的一半。

X 型管路的特点是一回路失效时仍能保持 50% 的制动效能，此时前、后各有一侧车轮有制动作用，使制动力不对称，导致前轮将朝制动起作用车轮的一侧绕主销转动，使汽车失去方向稳定性。另外 X 型回路的制动力调节困难，难以保证四轮同时抱死。

综上，对于 FSAE 赛车，使用 II 型双回路（见图 5-3）布置简单，并且能满足比赛规则，同时容易调节前后制动力之比。

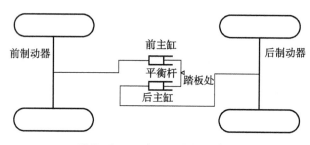

图 5-3　II 型双回路制动系统

5.2　制动系统理论计算

5.2.1　制动系统基本工作原理

如图 5-4 所示，箭头的指向为车手脚部对制动踏板的施力方向（FSAE 赛车制动踏板为车底固定式，示意图中为上车架固定）。人脚的力量推动主缸活塞（Piston）运动，向液压管路中施加压力，这时脚力与主缸活塞实际受力之间存在机械杠杆比，在图 5-4 中为 $A_1 = 1:4$。

刹车油受到主缸活塞压力后产生液体压强，这时刹车油压一部分会因为刹车管路中管线的膨胀而被吸收。因此刹车管线的选择，原则上可通俗地说为：越硬越好。例如后刹车从主缸到后三通之间可选用铜质硬油管。但是考虑到前卡钳在赛车转弯时会随着车轮转动，所以在连接卡钳时仍需使用可弯曲的管线，例如钢丝编网高压油管。

第 5 章 制 动

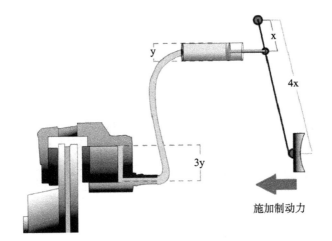

图 5-4 液压制动系统工作原理图

而油压的主要部分会作用在卡钳（Caliper）的轮缸活塞上，推动刹车片（Pad）形成刹车片对刹车盘（Disc/Rotor）的压力，使刹车片与转动的刹车盘表面产生摩擦从而产生制动力，并在车轮不抱死时将车辆的行驶动能与车轮的转动动能转化为刹车系统的内能。

主缸活塞面积与卡钳轮缸活塞面积之比为液压杠杆比，在图 5-4 中为 $A_2 = 1:3$。

所以在图 5-4 所示系统中总杠杆比为

$$A = A_1 \times A_2 = 1:12$$

而在实际的赛车刹车系统中，由于前、后轴的制动力各由一个主缸负责，且踏板与主缸之间有平衡杆控制各个主缸受力的比例，所以各个主缸受到的压力需要单独计算。

5.2.2 计算过程

对赛车进行制动受力分析，如图 5-5 所示。图中忽略了汽车的滚动阻力力偶矩、空气阻力以及旋转质量减速时产生的惯性力偶矩，其中，F_{zf} 为汽车制动时水平地面对前轴车轮的法向反力，F_{zr} 为汽车制动时水平地面对后轴车轮的法向反力，W 为汽车所受重力，F_{bf} 为前轮地面制动力，F_{br} 为后轮地面制动力；μ_t 为地面附着系数，R 为轮胎半径，h 为重心高度。

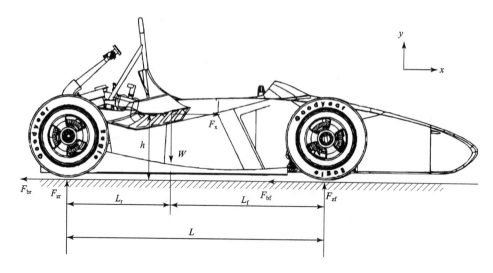

图 5-5 前后轴受力分析图

对后轮接地点取力矩，可以得到

$$F_{zf} \cdot L = W \cdot L_r + m \cdot \frac{du}{dt} \cdot h_g \quad (5-1)$$

对前轮接地点取力矩，可以得到

$$F_{zr} \cdot L = W \cdot L_f - m \cdot \frac{du}{dt} \cdot h_g \quad (5-2)$$

解方程（5-1）和（5-2）得

$$\begin{cases} F_{zf} = \frac{W}{L}\left(L_r + \frac{du}{dt} \cdot \frac{h_g}{g}\right) \\ F_{zr} = \frac{W}{L}\left(L_f - \frac{du}{dt} \cdot \frac{h_g}{g}\right) \end{cases} \quad (5-3)$$

假定汽车制动力分配系数为 β，则用以下公式进行估计：

$$\beta = \frac{W_f}{W_f + W_r} \quad (5-4)$$

减速时前、后车轮与地面的摩擦力和扭矩的计算公式为

$$F_b = \mu_t \cdot F_z \quad (5-5)$$

$$T = F_b \cdot R \quad (5-6)$$

$$T_{rmax} = \frac{\beta}{1-\beta} T_{fmax} \quad (5-7)$$

第5章 制　动

由以下公式计算得出单侧制动块对制动盘的压紧力为

$$N = \frac{T}{2 \times 2 \times \mu R} \tag{5-8}$$

式中，T 为前（后）轴最大制动力矩；μ 为制动块与制动盘之间的摩擦因数。

根据计算得到的压力选取合理的制动卡钳，卡钳的摩擦块面积为 s。

液压管路压力的计算公式如下：

$$p = \sqrt{\frac{N}{s}} \tag{5-9}$$

利用液压管路的压力选择合适的主缸直径 D。

推动主缸活塞移动所需要的推力为

$$F = p \times \frac{\pi D^2}{4} \tag{5-10}$$

再由踏板杠杆比，就可以得到赛车手踩刹车抱死时所需要提供的踏板力了。制动抱死的踏板力一般设计为 200~400N。

5.3　制动部件的选择

受场地、材料等因素限制，绝大部分 FSAE 车队选择购买卡钳、主缸、平衡杆的现成产品，在这些产品的初始参数基础上确定其他加工零件的必要参数。

5.3.1　制动卡钳

卡钳的加工工艺要求较高，若是自行设计加工很难达到设计目标。卡钳的尺寸要与轮辋内部尺寸相匹配，能够提供足够制动的同时，质量应当尽量轻。卡钳中刹车片的好坏直接决定着汽车的制动效果，因此刹车片的选择就尤为重要。目前市场中常用的几种刹车片材质有石棉型汽车刹车片、"半金属"混合型汽车刹车片和无石棉有机物型刹车材料（NAO，Non-Asbestos Organic）等。

1. 石棉型汽车刹车片

由于石棉是绝热的，其导热能力特别差，通常反复使用后热量会在刹车片中堆积起来，刹车片变热后，其制动性能会下降，要产生同样的摩擦和制动力需要踩更多次刹车，这种现象被称为"制动热衰退"。如果刹车片达到一定的热度，将导致制动失灵。因而目前很少使用这种材料的刹车片。

2. "半金属"混合型汽车刹车片

"半金属"刹车片内部金属含量较高而且强度大，高金属含量同时也改变了刹车片的摩擦特性，相对于石棉型汽车刹车片，"半金属"刹车片需要更高的制动压力来完成同样的制动效果。特别是在低温环境中，高金属含量也就意味着刹车片会引起较大的制动盘或制动鼓的表面磨损，同时会产生更大的噪声。

3. 无石棉有机物型刹车材料（NAO）

NAO型刹车片采用多种纤维材料，摩擦材料配合越好，则摩擦块在不同温度及压力下的摩擦性能保持得越好。换句话说，摩擦材料在低温或高温情况下，其性能变化不大。较好的材料同时也会减少磨损，延长使用寿命，降低噪声，同时还有利于延长制动鼓与制动盘的使用寿命。

卡钳的选择首先要考虑刹车片的材料，其次要匹配制动盘的尺寸。一般卡钳对制动盘的直径及厚度都有明确的匹配要求。最后应该关注摩擦块面积，因为摩擦块面积越大，产生的制动力越大。图5-6所示为ISR卡钳外形图、基

(a)

图5-6 ISR卡钳

(a) ISR卡钳外形图

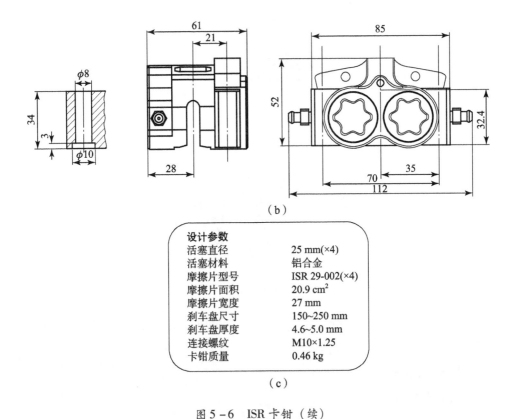

图 5-6 ISR 卡钳（续）

(b) ISR 卡钳基本安装尺寸；(c) ISR 卡钳设计参数

本安装尺寸以及设计参数，该卡钳采用 NAO 刹车片材料。从参数表中可以看出，这款卡钳适用于直径 150~250mm、厚度 4.6~5mm 的刹车盘，安装孔处的螺栓为 M10，摩擦块面积为 20.9 cm^2，摩擦块工作时扫过的高度为 27mm，轮缸活塞直径为 25mm。

5.3.2 制动主缸

制动主缸的选择首要考虑的就是能否和制动轮缸匹配，即能否产生足够的油量（即主缸行程，应保证油量产生足够制动力）、能否承受足够的油压以及在连续快速踩压踏板时是否少出现气泡等。所以主缸的选择也必须视卡钳而定。

图 5-7 所示为一款 wilwood 制动主缸外形图（卧式），上面白色的是储油

罐，里面储存制动液，当有制动液漏出时可及时补充。

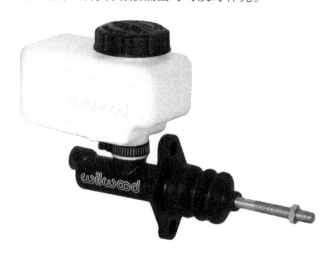

图 5-7　wilwood 制动主缸

目前 FSAE 赛车常用卧式和立式两种不同的主缸布置方案，其中卧式主缸又分为前置式和下置式两种。

1. 卧式主缸

（1）前置式

图 5-8 所示为主缸前置式装配图，这种布置形式要求踏板前有足够的空间，即车头长度加大。

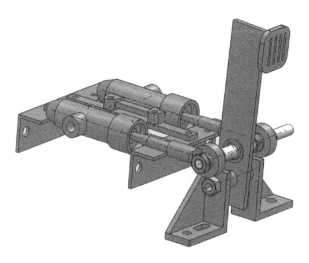

图 5-8　主缸前置式踏板总成

（2）下置式

下置式主缸水平放置于踏板下方，这种布置方式可以节省车头空间，但同时也会产生增大车鼻高度及导致车手视野变差等问题，除此之外，下置的方式不利于主缸的维修。图5-9所示为主缸下置式装配图。

图5-9 主缸下置式踏板总成

3. 立式主缸

立式主缸置于踏板前，与踏板组成一个整体，布置更方便，同时更有利于维修。立式主缸大大减小了纵向尺寸，但是一般比较昂贵。图5-10所示为立式主缸总成装配图。

5.3.3 平衡杆

平衡杆的作用是快速而又方便地调节前后制动力的分配。平衡杆接受来自车手施加到踏板的压力，进而把压力分配给前、

图5-10 爱达荷大学2008年赛车立式主缸装配图

后主缸，其中分配到前、后主缸力的大小由平衡杆的位置决定。如果两个主缸推杆马蹄距离平衡杆中心球铰的位置一样，则平衡杆分配到两主缸的力相等。调节主缸推杆马蹄到中心球铰的距离，可以给两个主缸分配合适的力。例如，如果旋转左端马蹄，使左端主缸马蹄到中心球铰的距离减小，那么当施加踏板力的时候，左端主缸会获得更大百分比的分配力，从而加大了制动轮缸对相应车轮的制动力。

如图 5-11 所示，对于平衡杆 ab，由力矩平衡得

$$F_a \times \overline{ac} = F_b \times \overline{bc} \qquad (5-11)$$

$$\frac{F_a}{F_b} = \frac{\overline{bc}}{\overline{ac}} \qquad (5-12)$$

由此可以推得两制动主缸的力的大小由 a、b 两点到 c 点的距离决定。

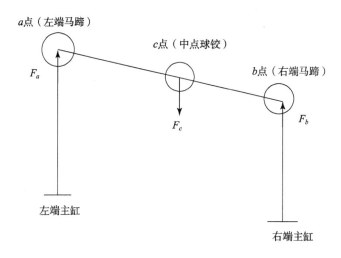

图 5-11 平衡杆工作原理图

制动分配比的调节应先从一比一的比例开始，由于制动时重心前移，前轮所需制动力更大，所以一比一的比例会先出现后轮抱死。通过旋转杠杆上的螺纹，改变制动比，由轮速传感器观察，最后达到四轮同时抱死的状态。记录下这个比例，这个比例就是最接近最佳制动分配比的值。

5.3.4 制动盘

盘式制动器的工作原理：利用卡钳的摩擦片夹住与车轮一同转动的刹

车盘而产生制动力。制动盘分为实心盘和风道盘（Vented Disc）。实心刹车盘就是一块金属盘，并无特殊构造。风道盘，顾名思义，即具有透风功效，如图 5-12 所示，从外表看，它在圆周上有许多通向圆心的洞孔，称为风道。风道盘在汽车行驶过程中增加了空气对流，达到散热的目的，比实心式散热效果要好很多。赛车常用的是打孔划线刹车盘，又称"高速盘"或"改装盘"，其刹车性能及散热优于以上两种，但对刹车片有较大磨损，对刹车盘材质和加工的要求也比较高，如图 5-13 所示。

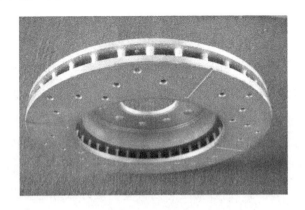

图 5-12　风道盘

图 5-13　FSAE 赛车制动盘

传统的制动盘是由铸铁制造而成的，铸铁制动盘具有容易加工和耐磨性较好等优点，但是它也具有质量大和热稳定性较差等缺点。随着汽车零部件制造技术的发展，制动盘正向着质量更轻、摩擦系数更大以及耐久性更好的方向发展。碳纤维制动盘被广泛用于竞赛用汽车上，碳纤维制动盘能够承受 2 500℃的高温，而且具有非常优秀的制动稳定性。但是碳纤维制动盘的性能在温度达到 800℃以上时才能够达到最好。另外，碳纤维制动盘的磨损速度很快，制造成本也非常高。

设计制动盘时，应根据轮辋参数以及预计算数据选取制动盘直径，在空间条件允许的情况下，应尽量选择直径最大的制动盘，这样有利于提供更大的制动力矩。制动盘的厚度取决于卡钳的工艺参数。为减轻重量，可以在刹车盘上打减重孔，但减重孔的大小和数量必须符合强度要求。

5.3.5 制动油管

刹车油压会因为刹车管路中管线的膨胀而下降，因此刹车管线应该有较高的硬度。在Ⅱ型双回路中，一个主缸对应两个卡钳，故在油路中需要使用三通。一般从主缸到三通之间可选用铜质硬油管。从三通到卡钳的油路有多处弯曲，而且车轮会跳动及转动，此处油管可采用可弯曲的钢丝软管。

为使油路尽量通畅，制动油管的布置应追求"短"且"直"，即尽量走最短路线，尽量不绕弯，而且要注意油管高度最好保持在卡钳以下，并尽量减小上下窜动，以避免最高处累积气泡。制动油路初次布设完毕后，应当加入制动液以排出油管内部的空气。制动油路中若有未排尽的气泡，会使制动力大为下降。一般采用多次踩踏制动踏板，并在卡钳放气螺栓处排油的方法除尽油路中的气泡。图 5-14 所示为制动油管。

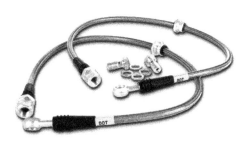

图 5-14 制动油管

第6章
Chapter 6　发动机

发动机是一台赛车的心脏，一台赛车的成功与否在很大程度上取决于这台赛车发动机的性能指标与调校结果。

FSAE赛车发动机最关键的性能是稳定而优秀的扭矩输出，而发动机功率输出性能的重要性则被弱化。

FSAE比赛中发动机的选择主要分为两个方向：大排量高性能四缸机是多数车队的选择，较为典型的是Honda CBR600 F4i；而选择小重量单缸机的高水平车队也有不少。Yamaha WR450F就是一款非常适合FSAE的单缸机。

对于FSAE而言，使用的往往是摩托车发动机（因为排量最大610cc的限制），自行改进发动机的进、排气系统往往是车队必须面临的工作。新车队在没有FSAE研制经验的情况下，需要面临和解决的诸如设计、制造、配件选购的问题非常多，所以新车队应该选择一款符合自身情况的发动机，以利于自己第一辆FSAE赛车的顺利完成。

6.1 几款常用发动机

在2014年FSC比赛中，共有5支车队使用了亚翔（Asiawing）LD450型发动机，2支使用了本田（Honda）CRF450x型发动机，1支使用了雅马哈（Yamaha）WR450F型发动机，这些均为单缸发动机，排量一般在449cc；在使用四缸机的车队中，本田CBR600占了28支，钱江黄龙BJ600GS占了14支，铃木（Suzuki）GSX – R600有4支，嘉陵JH600有3支，川崎（Kawasaki）ZX – 6R和雅马哈R6各1支，排量一般在599cc。无论是四缸机还是单缸机，这几款发动机都有一定程度上的同质化，缸径行程相似、压缩比相似、配气系统相似、供给系统相似、机体设计相似、传动比相似……这些发动机

第6章 发动机

都是值得选择的优秀产品,选购时可以分析比较它们各自的特点。下面介绍三款在 FSAE 比赛中应用比较广泛的发动机。

6.1.1 CBR600

CBR600 发动机(图 6-1)为水冷直列四缸 DOHC,排量为 599cc,变速箱为 6 速序列式变速箱,离合器形式为多片式湿式离合器。其主要性能参数为 105.6hp[①] (13 250r/min);60.7N·m (10 750r/min)。

进气门早开晚闭角:22°、43°;

排气门早开晚闭角:40°、5°;

变速箱齿比:2.666∶1(一挡),1.937∶1(二挡),1.611∶1(三挡),
　　　　　　1.409∶1(四挡),1.261∶1(五挡),1.166∶1(六挡)。

图 6-1 CBR600 发动机

特点:气门早开晚闭角较小,中转速区域扭矩输出较好,高转速功率输出相对较低。压缩比较低,对油品需求相对较低,适合增压改装。变速箱齿各挡速比之差较小,很适合耐久赛的工况。原厂双级喷油嘴设计,机器本身耐用性较好,市场保有量比较大,机器和零部件比较容易购买。

---

① hp 为英制马力,1hp = 746W。

6.1.2 CRF450

CRF450 发动机（图 6-2）为水冷单缸单顶置凸轮轴结构（SOHC，Single Overhead Camshaft），排量为 449cc，变速箱为 5 速序列式变速箱，离合器形式为多片式湿式离合器。其主要性能参数为 56hp（9 000r/min）；50.7N·m（6 500r/min）。

变速箱齿比：1.800:1（一挡），1.470:1（二挡），1.235:1（三挡），1.050:1（四挡），0.909:1（五挡）。

特点：CRF450 在 2010 款之后用电喷替代化油器。发动机重量较轻，中低转速扭矩输出优异，耐用性较好，压缩比相对较低，适合增压改装。

6.1.3 LD450

亚翔 LD450 发动机（图 6-3）为水冷单缸单顶置凸轮轴，排量为 449cc，使用化油器，其变速箱为 5 挡序列式变速箱（循环挡），离合器为多片式湿式离合器，其主要性能参数为 43.5hp（7 500r/min）；42.5N·m（6 500r/min）。

图 6-2 CRF450 发动机

图 6-3 LD450 发动机

特点：亚翔 LD450 是仿制的 CRF450 06 款，需要将化油器改造成电喷，动力略逊于进口发动机，极限转速和功率稍弱。国产单缸发动机价格低廉，很容易购得全新的发动机，压缩比为 11:1，加装限流器之后部分工况动力损失较大，但是适合于增压改装，其发动机重量较轻。

第6章 发动机

纵观各国 FSAE 比赛，无论使用何种发动机，车队都可以获得很好的成绩。选择一台最好的发动机不是最重要的，最重要的是选一个方便购买和更换、成本合理、状况良好的发动机，并且调好它，同时整车要匹配得当，使之能够充分发挥出发动机的动力。

6.2 进气系统

发动机进气系统，即把空气或混合气导入发动机气缸的零部件集合。进气系统的主要作用是根据发动机的不同工况，提供足够的新鲜空气与喷入进气歧管的燃油混合供发动机燃烧。设计优秀的 FSAE 进气系统可以在更宽的发动机转速范围、更多的工况下保持较高的进气效率。

6.2.1 吸气方式

进气系统按照吸气方式可以分为自然吸气与增压进气两种。

1. 自然吸气

FSAE 的自然吸气进气系统（非增压）一般包括以下几部分：节气门（Throttle Valve）、限流阀（Flow‑limit Valve）、进气总管（Diffuser）、稳压腔（Plenum）和进气歧管（Intake Manifold），如图 6‑4 所示。自然吸气进气系

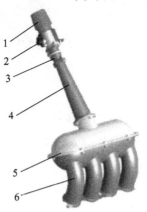

图 6‑4 自然吸气进气系统

1—空气滤清器；2—节气门；3—限流阀；4—进气总管；5—稳压腔；6—进气歧管

统结构简单,但限流阀的存在会显著降低吸气量,所以也可以采用进气增压的方式增加进气量。

2. 涡轮增压

涡轮增压,是利用发动机所产生的废气驱动空气压缩机,对进气进行增压,从而提高发动机扭矩输出的技术。其增压原理见图6-5。FSAE赛事允许使用自行设计的涡轮增压或者机械增压设备。由于自行设计仍有一定技术难度,故增压进气系统并未在FSAE得到广泛的应用,目前只有以吉林大学为代表的吉速车队专注于增压进气系统的设计。吉速车队的涡轮增压系统在传统涡轮增压器的基础上,引入了主动式增压控制技术,通过真空驱动的泄压执行器和PID控制方式,实现了多段式增压值闭环控制策略:在中、低转速下逐渐提高压力,以提升低转速下的转矩,拓宽最大转矩平台;在高转速下则降低增压压力,以实现恒功率输出并降低泵气损失。

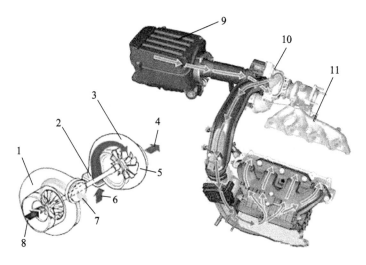

图6-5 涡轮增压原理

1—压缩机壳体;2—转轴;3—涡轮壳体;4—涡轮废气出口;5—涡轮;6—涡轮废气入口;7—压缩机排气口;8—压缩机进气口;9—空气滤清器;10—涡轮增压器;11—排气歧管

6.2.2 进气系统的布置

规则要求发动机进气系统与供油系统的所有零部件必须安装在如图6-6

所示外框定义的外框内（外框定义：从防滚架顶部到四个轮胎的外缘）。为了满足规则要求，进气系统布置形式主要有前置进气、侧置进气和后置进气。

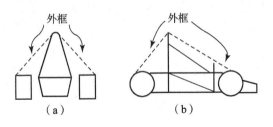

图6-6 外框定义

(a) 后视图；(b) 侧视图

1. 前置进气

前置进气形式如图6-7所示，即进气口位于赛车主环正下方的布置形式，这种布置方式应用最为广泛，其优点为设计较为简单，进气效率较为优秀，设计形式比较容易加工。前置进气会使主环之后产生紊流，影响尾翼的下压力效果。

图6-7 湖南大学2014年赛车的前置进气形式

2. 侧置进气

侧置进气形式如图6-8所示，即进气口位于赛车侧边的布置形式，这种布置方式的优点在于能够很好地符合规则对进气系统空间位置的要求，进气效率同样较为优秀。有许多单缸机赛车是侧置进气的，四缸发动机赛车如果选择侧置进气容易造成各缸进气不均匀，因此需要进行合理设计和仿真。

图 6-8　清华大学 2014 年赛车的侧置进气形式

3. 后置进气

后置进气形式如图 6-9 所示，即进气口位于赛车后部的布置形式，这种布置方式最容易符合规则对进气系统空间的限制，比较容易加工，还可以减小空气阻力和紊流的产生。但由于该进气口位置一般处于负压区，对进气量以及进气效率影响较大。因此除非空间限制，否则通常不会使用。

图 6-9　华南理工大学 2013 年赛车的后置进气形式

6.2.3　空气滤清器

在车辆的众多零部件中，空气滤清器（见图 6-10）是一个极不起眼的部件，因为它不直接关系到车辆的技术性能，但在赛车的实际使用中，空气滤清器却对发动机的使用寿命有着极大的影响。发动机在工作过程中要吸进大量的空气，如果空气不经过滤清，空气中悬浮的尘埃被吸入气缸中就会加速活塞组及气缸的磨损；如果较大的颗粒进入活塞与气缸之间，则会造成严重的拉缸现象，这在干燥多沙的工作环境中尤为严重。

空气滤清器装在化油器或进气管的前方,起到滤除空气中灰尘的作用,可以保证气缸中进入足量、清洁的空气。

6.2.4 节气门

赛事规则禁止使用电子节气门(ETC)或电子线控油门,而机械式节气门主要有以下三种,其结构示意图如图6-11所示。

图6-10 空气滤清器

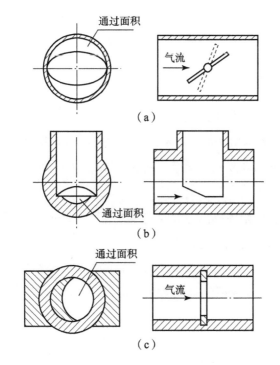

图6-11 三类节气门体结构示意图
(a)蝴蝶式;(b)滑阀式;(c)滑片式

1. 蝴蝶式

优点:结构简单,成本低,工作可靠。

缺点:蝴蝶片随着节气门的开度增大,并不能完全隐藏,大负荷工况下会造成微量的进气损失。

2. 滑阀式

优点：怠速控制好，进气损失小。

缺点：结构复杂，油门响应不够线性，不利于操控。

3. 滑片式

优点：进气损失小。

缺点：结构复杂，占用空间大。

由于规则限制，节气门必须为机械控制，因此其结构简单、成本低、利于拉索式控制的蝴蝶式节气门使用较为广泛。

由于限流阀的影响，太大口径的节气门会造成油门反应过于灵敏等不良影响，因此建议选择口径为30mm左右的机械节气门。

6.2.5 限流阀

对于限流阀规则有如下规定：

规则1.6.1 为限制发动机功率，一个内部截面为圆形的限流阀必须安装在进气系统的节气门与发动机之间，并且所有发动机的进气气流都应流经此限流阀。

使用汽油燃料时限流阀内部截面的最大直径为20mm，且限流阀必须安放在便于技术检查时进行测量的位置。

限流阀大多采用文氏管（Venturi Tube）的构型，典型的文氏管如图6-12所示，包含入口段、收缩段、喉道和扩散段。

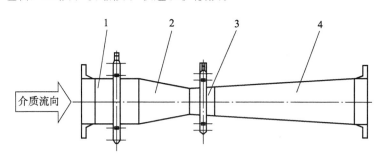

图6-12 经典文丘里管

1—入口段；2—收缩段；3—喉道；4—扩散段

第6章 发动机

文丘里管的主要优点是装置简单；其次，由于它的扩散段使流体逐渐减速，减小了湍流度，所以压头损失小，不超过入口和喉道间压差的10%～20%。其主要设计参数为进、出口锥角，其中出口锥角一般控制在10°以内，相比之下，入口锥角对进气效率的影响要小些。

6.2.6 稳压腔

稳压腔（Plenum）的设计主要涉及稳压腔的形状以及稳压腔的容积。其中稳压腔的形状对进气的均匀性有一定影响，需要考虑进气总管与稳压腔的结合位置来设计。

对于单缸机，由于不存在进气不均匀的问题，因此其稳压腔的设计着重于协调进气效率与发动机响应速度；为了获得更好的流体特性，在加工条件允许的情况下，单缸机稳压腔经常被加工成经过优化的流线型或者比较易于加工的球型。

对于四缸机前置、后置进气，稳压腔一般设计成规则的中空圆柱，这种设计易于加工，但是位于两侧的气缸进气量会少于中间两缸；对于四缸机侧置进气，稳压腔通常会设计成由进气端一侧到另一侧半径逐渐增大的渐扩圆柱形，这种设计通常加工难度高于规则形状的稳压腔，但是可以弥补各缸进气量的不同。

容积是稳压腔的另一个设计元素，其与油门踏板的灵敏度有关。容积过小，油门踏板的灵敏度会过高；容积过大，赛车油门的反应又会过于迟钝。因此，其容积一般定为3L左右。

6.2.7 进气歧管

进气歧管（Intake Manifold）的设计主要涉及歧管的形状及长度，歧管的形状设计需要考虑到进气效率以及空间限制，需要进行后续的CFD仿真来优化；歧管的长度主要是利用谐振增压原理（Resonant Supercharging）来提高特定转速下的进气效率的。

谐振增压原理：由于进气过程具有间歇性与周期性，致使进气歧管内产生一定幅度的压力波，此压力波以当地声速在进气系统内传播和往复反射。如果利用一定长度与直径的进气歧管和一定容积的谐振室组成谐振进气系统，并使其固有频率与气门的进气周期协调，那么在特定转速下，就会在进气门关闭之前，在进气歧管内产生大幅度的压力波，使进气歧管内进气压力增高，从而增加进气量。该方法没有运动件，工作可靠，成本低，但只能增加特定转速下的进气量和发动机转矩。

6.2.8 进气系统的仿真

1. 二维仿真

二维仿真的主要软件为 GT – Power，GT – Power 是发动机工作过程模拟计算软件，是 GT – Suite 系列软件中的一部分，涵盖了发动机本体、驱动系统、冷却系统、燃油供给系统、曲轴机构和配气机构六个方面。

GT – Power 采用模块化建模，可以建立完整的、包括进排气系统在内的发动机模型，使用该软件可以对进气总管长度、口径，稳压腔容积，歧管长度、口径等与形状无关的参数进行优化。

四缸机进气系统模型如图 6 – 13 所示。

2. 三维仿真

三维仿真的主要软件为 Fluent，进行 Fluent 仿真前需要对进气内流体进行三维建模，并对内流体模型进行网格划分，如图 6 – 14 所示。三维仿真主要是对进气系统形状进行优化，仿真时主要关注的是压差 10 ~ 50kPa 的流量变化。总之，尽量多的进气量和尽量均匀的进气分布是仿真的最终目标。

第6章 发动机

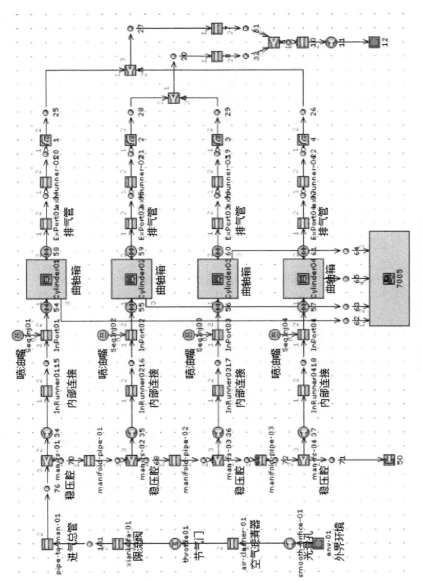

图6-13 四缸机进气系统模型

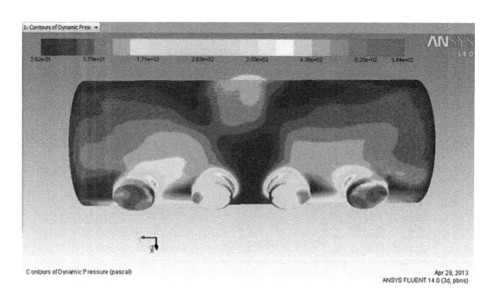

图 6-14 进气系统三维仿真

6.3 排气系统

排气系统（Exhaust System）的功能是以尽可能小的排气阻力和噪声，将气缸内的废气排到大气之中。除此之外，对排气系统还有着其他的要求，比如质量小、耐用、美观、空间布置合理等。在 FSAE 赛车中，排气系统主要由排气歧管（Exhaust Manifold）、排气管（Exhaust Pipe）和消声器（Muffler）组成，如图 6-15 所示。

在 FSAE 大赛中，排气系统设计的主要流程是仿真软件模拟→三维软件建模→焊接安装。排气系统形状复杂，焊接难度大，而且安装位置小，容易和其他部件发生干涉，因此排气系统的设计受工艺性和空间布置的影响很大。设计时要多联系实际情况，在保证性能的情况下尽量减小制造安装的难度。

第6章 发动机

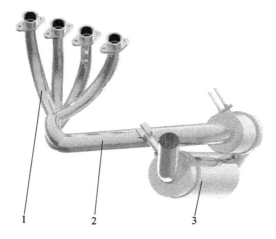

图6-15 排气系统
1—排气歧管；2—排气管；3—消声器

6.3.1 排气歧管

发动机工作时，各气缸轮流做功，如果各个排气口直接汇总到一起，则会产生各缸气体倒流和排气相互干扰的现象。以发火顺序为1-3-4-2的四冲程四气缸发动机为例来说明气体倒流和排气相互干扰的现象。如表6-1所示，一缸进行排气时，二缸刚刚结束排气，因为排气迟闭角的存在，此时二缸排气门还没有完全关闭，则可能产生气体倒流的现象。当一个气缸排气时，其在排气管内产生高压波，会影响相邻气缸的排气节奏，增大爆震概率。因此各个气缸需要一段独立的排气歧管，来避免气体倒流和排气相互干扰的现象。

表6-1 1-3-4-2四冲程四缸机工作循环表

曲轴转角/(°)	一缸	二缸	三缸	四缸
0~180	做功	排气	压缩	进气
180~360	排气	进气	做功	压缩
360~540	进气	压缩	排气	做功
540~720	压缩	做功	进气	排气

在比赛中主要应用的发动机是四缸机和单缸机，对于四缸机来说，可以选择 4-1、4-2 或 4-2-1 的排气方式；而单缸机则是将一根排气管直接连到消声器，故无排气歧管的概念。

1. 4-1 排气形式

如图 6-16 所示，4-1 排气形式制造相对简单。发动机高转速范围内负压充足，适合经常处于极限工况下的赛车，但中转表现较弱。

图 6-16　4-1 排气形式

2. 4-2 排气形式

如图 6-17 所示，4-2 排气形式集合器少，设计简单，需要两个消声器，噪声测试会有比较好的表现。缺点是有可能负压不足。

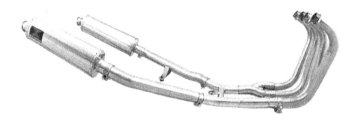

图 6-17　4-2 排气形式

3. 4-2-1 排气形式

如图 6-18 所示，4-2-1 排气形式有利于充量系数的提高，使得发动机在整个转速范围内获得良好的扭矩特性。缺点是制造复杂。

图 6-18　4-2-1 排气形式

第6章 发动机

由于先进仿真软件的发展,在设计时可以减少很多不必要的计算,可直接进行模拟来确定排气管的长度和管径。在二维仿真软件 GT – Power 中,可以对发动机整体建模,将排气管长度、管径等参数设置成变量,得到发动机功率或者扭矩的曲线,再考虑赛车空间布置的限制,继而得到最优解,最后进行三维建模。

6.3.2 排气布置

排气系统排出的是高温高压的废气,具有一定的危险性,不少赛车发生火灾均是由高温排气所引起的,所以规则关于排气系统的布置有诸多限制,需要一一研读。

1. 排气口位置

关于排气布置的部分规则如下:

规则3.1.1 排气口、尾气出口必须要合理布置,使赛车以任何速度行驶时,车手都不会遭受尾气污染。

规则3.1.2 排气口不得处于后轴中心线450mm(17.7英寸)之后的位置,离地距离不得高于600mm(23.6英寸)。

规则3.1.2规定了排气口的位置,如图6–19所示,该赛车排气口离地高度为196mm,且位于后轴中心线之前,所以是符合规则的。

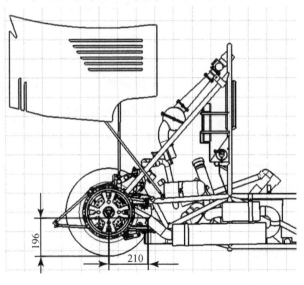

图6–19 排气口位置

2. 排气口朝向

在选择出气口朝向时，大多数车队选择向后排气，但是也有部分单水箱的车队选择向前排气，组成了两个侧箱一边为水箱、一边进行排气的布置。如图 6-20 所示，华南理工大学的这辆赛车采用的就是向前排气。如果选择向前排气，则可以避免赛车的排气系统和轮胎、推拉杆、悬架等发生干涉，同时也距离发动机更远一点，在噪声测量时更加有利。另一方面，向前排气会增大排气阻力，按照相关规则还需要加装防护罩。

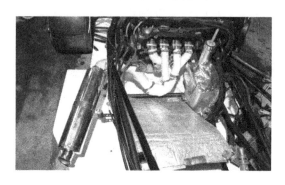

图 6-20 向前排气

规则 3.1.3 如果排气系统的零部件从车身两侧延伸到主环以前，那么这些零部件必须有护罩遮盖，以防车手或其他人员烫伤。

6.3.3 排气材料

目前排气管材料多使用不锈钢，不锈钢具有耐热、耐腐蚀、力学性能优良、易焊接和价格低廉等优点。虽然不锈钢有很多优点，但是其密度较高，不利于赛车的轻量化设计。相比于不锈钢，钛合金、镁合金等新材料具有密度小和比强度高等优点，不过也存在着焊接难度大以及成本高昂等问题，因此现在还没有得到广泛的应用。相信未来在排气系统中，一定会有更多新材料的应用。

6.3.4 噪声测定

目前的汽油机一般效率不足 40%，可想而知，高温高压的尾气中还残存着能量。排气时产生了压力波,压力的脉动在排气系统内则会产生剧烈噪声,若不加处理直接排放到大气中,则会污染环境,令周围的人难以忍受,因此车辆有必要加装消声器。在 FSAE 大赛中,消声器是降低噪声的关键。

1. 消声器

排气消声器的功用是降低排气噪声。消声器通过逐渐降低排气压力和衰减排气压力的脉动,使排气能量耗散殆尽,达到降低噪声的目的。消声器主要分为阻性消声器和抗性消声器两种。

阻性消声器主要通过多孔吸声材料来降低噪声,如图 6-21 所示。当尾气经过阻性消声器时,一部分能量就在多孔材料中转化成热能,达到降低噪声的目的。阻性消声器对于中、高频噪声效果较好。

抗性消声器利用排气管横截面积的突变来降低噪声。当尾气通过排气管时,管路中会产生反力,因为发动机每次工作循环都排出等量的气体,气体流过小截面时,速度就会较大;大截面则相反,即气流通

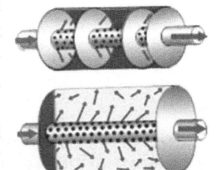

图 6-21 阻性消声器示意图

过大截面反力小。故通过小截面和大截面的转换即可使传到下游的力变小,达到减振的目的。抗性消声器适用于消除中、低频噪声。

一般在选择消声器时,考虑的主要参数就是消声器的容积,一般来说,消声器的容积越大,消声效果就越好。传统消声器容积计算公式一般是按照美国 NELSON 公司的标准:

$$V = \frac{QnV_{st}}{1\,000 \times \sqrt{\tau i}} \quad (6-1)$$

式中,V 为消声器容积(L);n 为发动机额定转速(r/min);i 为缸数;τ 为冲程数;V_{st} 为发动机排量(L);Q 为修正系数,一般取 2~6(对消声效果要求越高,Q 值越大)。

根据此公式可以初步估算消声器容积,从而进行消声器的设计或者购买。

当然，这也仅仅是估算。当赛车落地以后，检测发现噪声达不到要求时，还可以通过加消声棉或者加装双尾排气管等措施来降低噪声。

2. 噪声测试方法

规则 3.2.1 规定了噪声的测量方法，图 6-22 描述了噪声计和排气口的位置关系。

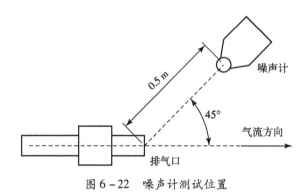

图 6-22 噪声计测试位置

规则 3.2.1 赛车的噪声等级将使用静态方法测定。测试时，自由场测量麦克风的探头将位于尾气出口后方 0.5m（19.68 英寸）处，与排气口水平，并与气流流动方向成 45°夹角。变速箱处于空挡且发动机处于指定转速。如果使用了多个排气口，则测量各排气口的噪声等级，取最高读数为最终测量值。

规则 3.2.4 发动机的测试转速通过下列方法计算。汽车或摩托发动机在活塞平均速度为 914.4m/min 的转速下进行噪声测试，工业发动机在活塞平均速度为 731.5m/min 的转速下进行噪声测试，上述方法计算所得转速取整后（以 500r/min 为变化单位，取最接近值）即为实际测试转速。组委会将公布常用发动机的测试转速。

工业发动机的定义为：根据制造商规格，在没有安装限流阀的情况下，每升功率为 50 马力[①]的发动机。如安装被归为工业发动机的发动机，应在赛前向大赛组委会汇报并获得允许。

规则 3.2.4 规定了测试转速，发动机要在额定转速下测量噪声，而这个转速则要根据发动机本身的参数来确定。

规则中的活塞平均速度 v_m（m/s）是表征发动机强化程度的主要参数。

$$v_\mathrm{m} = \frac{2S \cdot n}{60} = \frac{S \cdot n}{30} \tag{6-2}$$

式中，S 为活塞行程（mm）；n 为发动机转速（r/min）。由此可知

$$n = \frac{30v_\mathrm{m}}{S} \tag{6-3}$$

以发动机 CBR600 举例，CBR600 的活塞行程为 42.5mm，即

$$n = \frac{914.4 \times 1\,000}{2 \times 42.5} = 10\,761.2 \ (\mathrm{r/min}) \tag{6-4}$$

根据规则取整则为 11 000（r/min）。

规则3.4 组委会有权在比赛中的任何时候检测赛车的噪声等级。如果赛车未通过噪声测试，则赛车必须退出比赛，直至修改并再次通过噪声测试。

赛车完成之后，还要提前对噪声进行自检，确保符合标准，以顺利通过比赛噪声检测。

6.4 冷却系统

考虑发动机的效率时，希望尽可能地将发动机产生的能量（热能）转化为汽车的驱动力（做净功），但是无法避免地会产生由发动机、动力传动装置和轮胎驱动等部位的摩擦所导致的损失（机械损失）及由排出高温废气所导致的损失（排气损失）。过多的热量会导致发动机热变形和由于气缸壁油膜中断而导致的润滑不良等现象，为了确保发动机各零件正常运转，需将发动机进行适当的冷却，使发动机热负荷保持在一定范围。

汽车冷却系统主要分为液冷和风冷，液冷汽车的冷却系统通过发动机中的管道和通路进行液体的循环。当液体流经高温发动机时会吸收热量，从而降低发动机的温度。液体流过发动机后，转而流向热交换器（或散热器），液体中的热量通过热交换器散发到空气中。风冷汽车的冷却系统不是在发动机中进行液体循环，而是通过发动机缸体表面附着的铝片对气缸进行散热，并通过一个功率强大的风扇向这些铝片吹风，使其向空气中散热，从而达到冷却发动机的目的。由于风冷存在热负荷高、冷却面不均匀等问题，现代汽车

上已经很少使用了。FSAE 比赛所采用的发动机大多为水冷发动机，因此只对水冷冷却系统进行介绍（下面提到的冷却系统相关概念均指液冷）。

6.4.1 冷却系统基本组成

冷却系统由散热器、水泵、风扇、冷却水套、温度调节装置、溢流瓶等组成，如图 6-23 所示。水泵为整个冷却液循环提供动力。从发动机出来的冷却液温度较高，进入散热器降温后，再循环进入发动机。

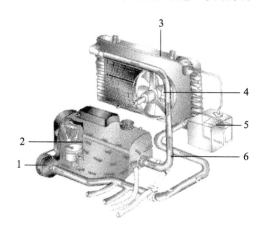

图 6-23　冷却系统构成

1—水泵；2—冷却水；3—散热器；4—风扇；5—溢流瓶；6—水管

水泵、冷却水套、温度调节装置是整合到原厂发动机动力总成内的，所以 FSAE 赛车冷却系统的设计主要包括以下几个方面：散热器的设计、风扇的确定、冷却管路的设计以及冷却液的选择。

下面简单介绍关于冷却系统的基本设计，必要的已知数据有散热器的尺寸、散热器出入口处的气温和冷却液温度、空气流通速度、冷却液的流量、发动机的功率。

6.4.2 散热器的设计

散热器是一个热交换器，俗称"水箱"。冷却液在散热器芯内流动，空气在散热器芯外通过。热的冷却液由于向空气散热而变冷。散热器的水管和散热片多用铝材制成，铝的散热性不及铜，但重量很轻。

第6章 发动机

按照散热芯的结构形式可将散热器分为板式散热器、管片式散热器以及管带式散热器,如图6-24～图6-26所示。板式散热器有许多垂直于冷却管

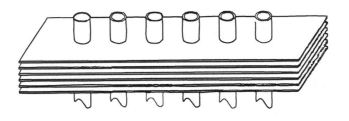

图6-24 板式散热器

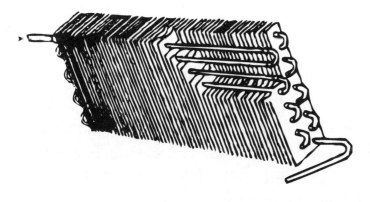

图6-25 管片式散热器

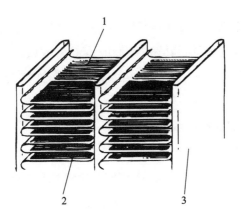

图6-26 管带式散热器
1—百叶窗结构;2—散热带;3—扁状冷却管

的平板状散热片,管片式散热器由许多细的冷却管和散热片构成,管带式散热器由波纹状散热带和冷却管相间排列经焊接而成。

管带式散热器散热面积比较大,其散热带上开有类似百叶窗的孔,以破坏流动空气在散热带表面上的附着层,提高散热能力。汽车发动机上的散热器一般为管带式散热器。

1. 发动机工作温度

冷却的最终目的是维持发动机的各部分拥有适合的温度。发动机工作的最佳温度为90℃左右,工作温度过低,燃料蒸发性差,混合气雾化不好,油滴相对增多,使各气缸之间进气不匀,造成混合气偏稀、不易燃烧或使火焰传播速度减慢,燃料不能完全参与燃烧,气缸内的平均有效压力降低,因而造成费油;而工作温度过高,空气热膨胀过大,降低了发动机的充气系数,破坏了空燃比,使混合气偏浓,燃料燃烧不完全,在导致燃料消耗增大的同时,也会致使发动机磨损增加,并影响其使用寿命。一般认为发动机的出口温度(散热器的入口温度)为95℃~100℃(系统压力高于大气压,冷却水100℃时并不会沸腾)。注意发动机的工作温度和出口温度并不是指同一温度,冷却水进入发动机的温度在80℃~90℃,但在循环过程中由于吸收水套的热量,使得发动机出口冷却水温度超过100℃。

2. 估算散热器必要放热量

在FSAE赛车中加装限流阀后其输出功率会有所下降,假设发动机的最大输出功率Q为57kW(发动机转速10 000r/min),散热器的必要放热量约为发动机输出功率的三分之一,所以该台发动机散热器的必要放热量Q'_r约为19kW。

3. 计算散热器实际放热量

(1)散热器放热公式

根据《传热学》所述的热通过率和放热量的关系可得散热器放热公式:

$$Q_r = KA\Delta T_m \qquad (6-5)$$

式中,A为散热器空气侧的总放热面积(m^2);K为热通过率(W/($m^2 \cdot$ ℃)),需要查询散热器材料选取合适的K值;ΔT_m为空气和冷却液的平均温度差(以下称为气液温度差)。

(2) 气液温度差

芯部厚度在 50mm 以下时，

$$\Delta T_\mathrm{m} \approx \frac{[(T_{w1} + T_{w2}) - (T_{a1} + T_{a2})]}{2} \quad (6-6)$$

式中，T_{w1} 为散热器入口冷却液温度（℃）；T_{w2} 为散热器出口冷却液温度（℃）；T_{a1} 为散热器入口空气温度（℃）；T_{a2} 为散热器出口空气温度（℃）。

(3) 总放热面积

根据散热带和冷却管的构造可知散热器的纵、横、厚度的尺寸，以此为参数计算出 A。散热器的厚度、冷却管长度已被生产厂家标准化，所以从中选择即可。散热带间距、厚度也大多数被标准化了。

总放热面积 A = 散热带双面的表面积 + 冷却管的外表面面积 (6-7)

(4) 校核放热量

根据上面的计算求出散热器的实际放热量 Q_r，并校核其是否满足发动机散热器的必要放热量 Q'_r。如果不满足则要选择其他型号的散热器。

$$Q_r \geq Q'_r \quad (6-8)$$

(5) 影响散热效果的其他因素

散热面积直接决定了散热器的冷却能力，但实际的散热效果还受到其他因素的影响。如在安装散热器时应尽量保持散热器与来风方向垂直。若存在夹角，一方面受风面积减小，散热能力没有得到充分利用，如图 6-27 所示；另一方面由于散热带的波浪形结构，高速气流会冲击散热带，使风速下降，单位时间带走的热量减少，影响冷却效率。此外，在整车设计时应考虑赛车的空气动力学套件与冷却系统的配合，使高速气流尽可能多的通过散热带。不仅如此，平时还要细心保护散热带，防止其被冲击、挤压变形，影响散热效果。

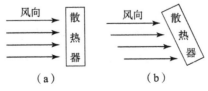

图 6-27 尽量保持散热器垂直于风向

(a) 垂直；(b) 存在夹角

6.4.3 风扇的选择

风扇分为发动机驱动和电动两种,小型发动机多采用电动风扇,其优点有:

1) 可以自由选择散热器的搭载场所;

2) 在怠速运转等必要时刻能产生一定的风量;

3) 在不需要风量时可降低风速,或者直接关掉风扇,以减少动力的消耗。

选配时,通常选用轴流式电动风扇。注意选择的风扇型号要与电源规格相匹配。为了能够对风进行有效利用,通常在风扇上设置导流罩。

6.4.4 冷却管路

冷却回路的阻力包括:发动机内部的流路阻力;恒温器的通过阻力;散热器各管道的内部通过阻力;伴随流路内管径的缩小与扩大而产生的压力损失。

前两项是发动机内部的流动阻力,无法控制;而后两项可以在设计中加以注意,以减小阻力。因此,在 FSAE 赛车水路管道设计时,因尽量避免管道的突然转向以及管径的突变,保证冷却管路的内表面精度,以减小流阻损失。目前 FSAE 车队多采用铝管与硅胶接头的管路方式,也有采用全橡胶管的,前一种方式重量较轻,铝管起到辅助散热的作用,但缺点是布局困难;后一种不受位置影响,可以根据需要弯折,但重量较重。到底选择哪一种,需要根据散热器的位置以及车身重量优化等方面综合考虑。

6.4.5 溢流瓶

冷却系统内装有常温的冷却液,发动机运转时温度上升,当超过常温时,冷却液会膨胀,其中一部分将被排出系统之外(一般膨胀的液量为冷却系统总液量的 4%～7%)。

规则中对溢流瓶的容量有明确的规定:

规则 8.2.2 必须使用独立的溢流瓶来储存从冷却系统或发动机润滑系统

第6章 发动机

溢出的液体,每个溢流瓶的容积必须至少为系统所含液体的10%或至少为0.9L,取较大者。

所以在设计溢流瓶时,应当计算冷却系统的冷却液量,以免溢流瓶过小而不符合比赛规则。

6.4.6 冷却液

规则中对冷却液做了非常明确的要求,水冷发动机必须使用水作为冷却液,禁止使用乙二醇防冻剂、任何形式的水泵润滑剂以及其他任何添加剂。FSAE赛车一般使用纯净水作冷却液,而矿泉水、自来水等会产生水垢,影响冷却系统的散热效率,如图6-28所示。轿车上使用的冷却液沸点通常都超过105℃,比起水的沸点100℃,能耐受更高的温度而不沸腾,在一定程度上满足了高负荷发动

图6-28 冷却液的选择
(a),(b) 错误;(c) 正确

机的散热冷却需要。而FSAE赛车只能用水,这实际上对冷却系统提出了更高的要求:在大负荷工况下也要保证良好的冷却性能,那么实际散热面积比前面计算散热面积的结果可能偏保守一些,即在理论计算值基础上还要乘以一个安全系数,这个安全系数根据经验一般为1.1~1.15。

6.5 燃油供给系统

燃油供给装置,俗称油路,由汽油箱、电动燃油泵、输油管、回油管、喷油器、油压调节器、燃油分配管和汽油滤清器组成,如图6-29燃油供给装置所示,其作用是储存、滤清和输送燃油。油箱油泵一般布置在排气管之前、防火墙之后,位于赛车的最低点,尽量远离排气和发动机等热源。

1. 油箱及油箱盖

汽油箱用以储存汽油,是燃油的"大本营",汽油箱的数目及容量随车型而异,在FSAE赛事中,绝大多数的车队采用的都是单油箱设计,如图6-30

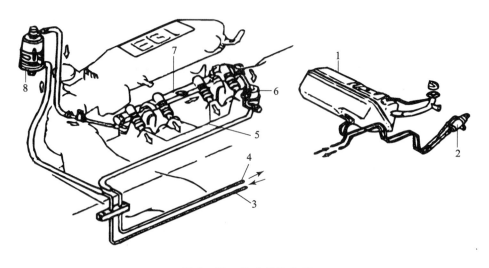

图 6-29 燃油供给装置

1—汽油箱；2—电动燃油泵；3—输油管；4—回油管；5—喷油器；
6—油压调节器；7—燃油分配管；8—汽油滤清器

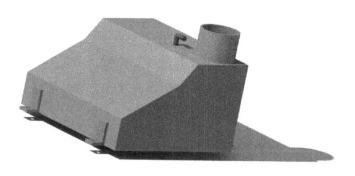

图 6-30 油箱

所示。油箱的材料一般为金属，如防锈铁皮、铝合金，或者高分子材料，如塑料。一汽大众生产的捷达及高尔夫轿车的汽油箱就是采用高分子、高密度聚乙烯塑料制成的。因为塑料制品需要开模，所以在 FSAE 赛事中一般会采用铝合金油箱，使用焊接工艺制成，也有的采用碳纤维/高强度树脂材料制成油箱。铝合金油箱的成本较为低廉，但碳纤维油箱在轻量化、隔热性能和强度上都高于铝合金油箱。

在油箱注油口需安装油箱盖，汽油箱盖内有垫圈，用以封闭加油管口。

第6章 发动机

当箱内汽油减少,压力降低到一定值时,空气阀1被大气压力压开,空气便进入油箱内,使汽油泵能正常供油,如图6-31(a)所示。当汽油箱内的汽油蒸气过多,其压力达到一定值时,蒸气阀2被顶开,汽油蒸气泄到大气中,以保持油箱内的正常压力,如图6-31(b)所示。

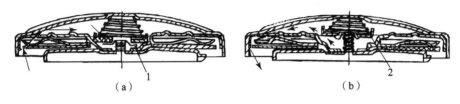

图6-31 油箱盖
1—空气阀;2—蒸气阀

2. 汽油滤清器

如果说油箱是燃油的"大本营",汽油滤清器则是把守大本营大门的"卫士"。油路中的汽油在进入汽油泵之前,必须经过汽油滤清器,除去其中的水分和杂质,否则将导致汽油泵等部件发生故障。

图6-32所示为汽油滤清器的内部结构图。发动机工作时,燃油在汽油

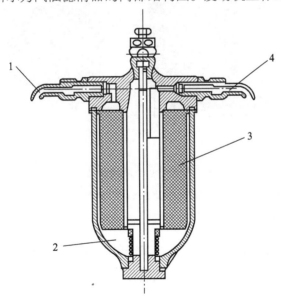

图6-32 汽油滤清器
1—进油口;2—沉淀杯底部;3—滤芯;4—出油口

泵的作用下经过进油管进入滤清器的沉淀杯中。由于此时容积变大、流速变小，比油重的水及杂质颗粒便沉淀于杯的底部，轻的杂质随燃油流向滤芯，而清洁的燃油从滤芯的微孔渗入滤芯的内部，然后经油管流出。

3. 油泵

汽油泵的作用是将汽油从汽油箱内吸出，经过管路和汽油滤清器，然后泵入化油器浮子室。图6-33所示为涡轮式电动燃油泵的结构示意图。

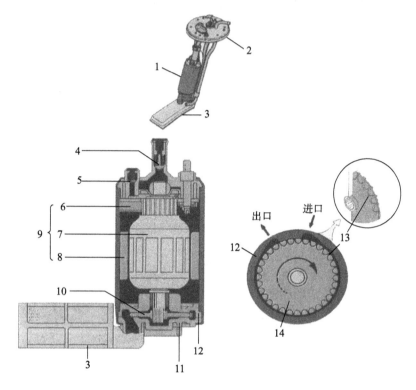

图6-33 涡轮式电动燃油泵结构示意图

1—燃油泵；2—燃油泵支架；3—燃油滤网；4—单向阀；5—安全阀；6—电刷；
7—电枢；8—磁铁；9—电动机；10—叶轮；11—泵盖；12—壳体；13—叶片；14—叶轮

油泵是一种既轻便又紧凑的泵，在这里着重介绍一下油泵的选型。油泵选型应根据工艺流程和系统要求，从液体性质、液体输送量、装置压力、管路布置以及操作运转条件五个方面加以考虑。

1) 液体性质，包括液体介质物理性质、化学性质和其他性质。物理性质

第6章　发动机

有温度、密度、黏度、介质中固体颗粒直径和气体的含量等,选择合适的泵计算系统压力、所需动力时需要这些物理参数。化学性质,主要指液体介质的化学腐蚀性和毒性,是选用油泵材料和选用哪一种轴封型式的重要依据。

2) 流量是选配油泵的重要性能数据之一,它直接关系到整个装置的输送能力。选摆线齿轮泵时,应以最大流量为依据,兼顾正常流量,在没有最大流量数据时,通常可取正常流量的 1.1 倍作为最大流量。一般工业用泵在工艺流程中可以忽略管道系统中的泄漏量,但必须考虑工艺变化时对流量的影响。

3) 装置系统所需的压力是选齿轮油泵的又一重要性能数据,一般以 1.1 倍的工作压力作为依据来选择摆线齿轮泵的型号。油泵压力可按下式计算:

油泵增压 = (排油池压力 - 吸油池压力 + 管道系统中的压力降) ×1.1

4) 管路布置条件。油泵装置系统的管路布置条件指的是送液高度、送液距离、送液走向,以便进行系统压力计算和动力校核。如果需要的话还应将管道系统数据作出装置特性曲线。

5) 油泵的操作条件。油泵的操作条件很多,如液体的操作温度、吸入侧压力、排出侧容器压力、海拔高度、环境温度、操作是间隙的还是连续的、齿轮泵的位置是固定的还是可移的等。

4. 油管

油管用于输送燃油。在规则中柔性的油管必须符合以下要求:其为带有褶皱或可再利用螺纹接头的金属编织管;或使用含有抗磨损成分的加强橡胶软管,附有软管夹,并禁止在金属编织软管上使用软管夹。在安全方面,规则上作出了如下要求:

规则1.8.1　禁止使用塑料的油管来连接油箱和发动机(输油与回油)。

规则1.8.2　如果使用橡胶管或软管作为油路,用于夹紧油路的软管夹必须有环形圈或锁紧带来固定软管,也可以使用专为油管设计的软管夹。这些软管夹必须有三个重要的特性:360°全包围;用螺母和螺栓紧固;为防止软管夹切入软管,软管夹边缘必须为卷边。蜗杆型的软管夹不允许使用在任何油管上。

规则1.8.3　所有的油管必须被安全遮罩,以防任何旋转件失效或撞击损坏。

在设计布置油管管道时,应注意以下事项:

①合理选择管道直径。管道直径大,在相同流量下液流速度小,阻力损失小,但重量大;管道直径小,会导致阻力损失急剧增大,使所选泵的压力、配带功率、成本和运行费用增加。

②泵的排出侧必须装设阀门和逆止阀。阀门用来调节泵的工况点,逆止阀在液体倒流时可防止油泵反转。

③管道布置应尽可能布置成直管,并尽量减小管道中的附件和缩短管道长度,必须转弯的时候,弯头的弯曲半径应该是管道直径的3~5倍,角度应尽可能大于90°。

④排出管及其管接头应考虑所能承受的最大压力。

6.5.1 油路回油

1. 供油与回油路线

图6-5所示为一个简易的燃油供给系统结构图。在图6-34中,供油路线为:汽油箱1→汽油泵2→输油管4→汽油滤清器3→燃油分配管6→喷油器5;

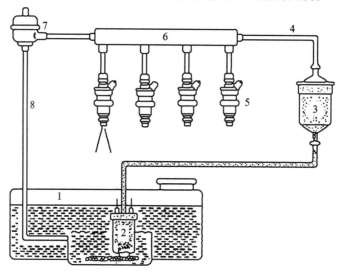

图6-34 燃油供给装置结构简图

1—汽油箱;2—汽油泵;3—汽油滤清器;4—输油管;5—喷油器;
6—燃油分配管;7—油压调节器;8—回油箱

回油路线为：汽油箱1→汽油泵2→输油管4→汽油滤清器3→燃油分配管6→油压调节器7→回油管8→汽油箱1。本节重点讲解回油路线。

2. 回油装置

回油装置的主要作用是调节燃油压力，克服燃油在低压油路中流动的阻力，保证对喷油泵和喷油器的燃油供应。发动机对输油泵供给的燃油压力有一定的要求。

比如在喷油泵上，其上体的一端设置进油管接头，另一端设置回油管接头，在回油管接头中装有回油阀（又叫溢流阀、溢油阀、限压阀）。当喷油泵上体水平油道（仍然是低压油路）的燃油压力低于一定值时，该回油阀关闭，喷油泵回油管内没有燃油流动；当上体水平油道的燃油压力高于该值时，回油阀才被打开并开始回油，部分燃油经过回油管流回输油泵，从而使喷油泵上体水平油道内维持规定的油压，因此回油阀起到稳压恒流的作用。

同样燃油滤清器上也有类似的装置，如图6-35所示，回油管经燃油滤清器导入燃油箱，在燃油滤清器上设置有溢流阀，当管路燃油压力超过溢流阀的开启压力时，溢流阀便开启，则多余的燃油经过回油管流回燃油箱。

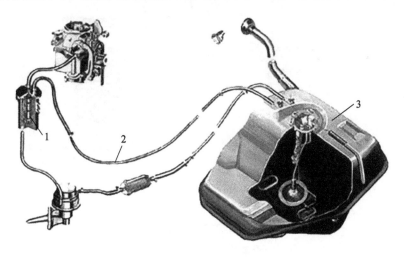

图6-35 燃油滤清器回油
1—燃油滤清器；2—回油管路；3—油箱

3. 无回油油路

传统的有回油系统，燃油压力调节器参考进气歧管内的负压，从而保证喷油嘴两端的压力恒定，但燃油分配管内的压力是不恒定的，多余的燃油从回油管回到油箱。其缺点是回油带走发动机热量，导致油箱内油温升高，油箱内蒸气压力升高，增加了蒸发排放控制系统的工作负荷，热启动性能差和燃油运行损失大。而且传统油路比较复杂，无论是从连接还是养护角度来看都不是很便利。

为了改善上述缺点，一些高端的乘用车上采用了无回油技术。无回油系统实际的回油管路合成在燃油泵油内，结构如图 6-36 所示。该系统燃油分配管内压力恒定，喷嘴两端的压力是变化的，多余的燃油在油箱内就完成了回流。无回油系统在固定的喷射时间内喷油量是变化的，但发动机 ECU 考虑了进气压力传感器的信息后，对喷油量进行修正和补偿，保证了喷油量的精确。

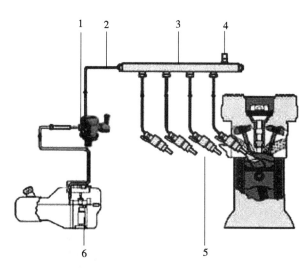

图 6-36　无回油油路系统

1—高压燃油泵；2—高压油管；3—油轨；4—油压传感器；
5—喷油器；6—油箱低压燃油泵

使用无回油油路系统的优点如下：

1）降低燃油的温度，提高燃油使用效率。

2）压力调节装置安装在油箱内部，省略了回油阀，减少了蒸发排放，在一定程度上节约了燃油。

3）无回油油路无须产生燃油循环，管路内部压力较低，可以延长燃油滤清器的使用寿命。

4）减少了油箱外的连接件和燃油的渗漏损失，便于安装。

当然无回油油路也存在局限性：在极限情况下油泵模块的燃油存储容量受到限制，油箱开口直径受限。

6.6 油底壳

油底壳（Oil Sump）是发动机曲轴箱的下半部，又称为下曲轴箱，它作为储油槽的外壳可以防止杂质进入，并且收集和储存由发动机各摩擦表面流回的润滑油，散去部分热量，从而防止润滑油氧化。油底壳一般多由薄钢板或薄铝板制成，其内部装有稳油挡板，以避免由于急起急停或高速过弯造成的油面震荡，有利于润滑油杂质的沉淀。油底壳底部最低处还装有放油螺塞，以便于更换机油。

根据曲轴曲拐每旋转一周是否会浸入机油液面中，将油底壳分为湿式油底壳和干式油底壳。

6.6.1 湿式油底壳

以本田 CBR600RR 油底壳为例，原厂的油底壳中部窄且深，机油泵的吸油口就处在这个位置，可以保证机油压力的稳定，这也是其内部挡板较少的主要原因。此款油底壳为铝制，主要是出于减重和散热的考虑。原厂发动机一般安装于摩托车上，普遍存在油底壳高度过高的问题，所以需要对其进行改造。在改造油底壳的过程中，一般需要注意以下几点。

1. 降低高度

本田 CBR600RR 原厂油底壳高度为 130mm，改造后的油底壳可以降低 40mm 甚至更多。降低了油底壳的高度，也就降低了发动机的安装位置，从而达到降低整车重心的目的。如图 6-37 和图 6-38 所示。

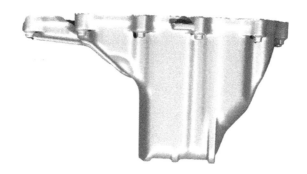

图 6-37　本田 CBR600RR 原厂油底壳高度（130mm）

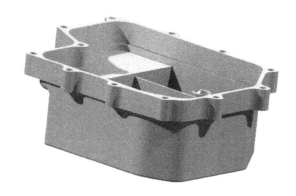

图 6-38　改造后的油底壳高度（80mm）

2. 保证容积不变

由于油底壳的主要作用是收集和储存机油，是润滑系统中很重要的部分，所以保持油压稳定是改造油底壳的最基本原则。无论能够降低多少重心、增加多少散热，只要牺牲了油压的稳定性，都是舍本逐末的行为，最后都会造成发动机温度过热、拉缸和抱缸等严重后果。

建议保证改造后的机油液面和原厂的机油液面高度相同，即在曲轴曲拐处于最低点时，没入机油液面的深度相同。发动机使用的机油量参考发动机维修手册，这个参数是发动机制造商考虑发动机润滑、散热和循环用油量等要求确定的，因此不太建议对使用的机油量进行变动。

3. 增加内部挡板

在此基础上，降低高度也就意味着增大横截面积，但是增大横截面积会带来一个后果，就是机油液面激荡波动严重，所以在增加横截面积的同时，需要在内部增加挡板以稳定机油。至于油底壳具体形状则需要根据更多因素进行考虑，比如其他部件的布置情况和加工工艺等。

4. 增加散热效率

机油的功能，除润滑外，还包括对润滑部件进行冷却。机油热量散发不出去，可能会导致发动机过热。选择铝材可以得到优异的散热性能，还可以设计鳍片结构以增大散热面积，如图6-39所示。

图6-39 某乘用车的加强散热型油底壳

5. 保证结构强度

理论上讲，油底壳除特殊情况外不受外力，但是考虑到实际情况，在搬运、安装过程中其时常会受外力作用，油底壳在受力变形后很有可能使吸油口堵塞，导致缺少润滑，出现发动机过热、轴瓦熔融等情况，所以需要保证油底壳具有一定的结构强度。其内部的挡板结构会起到一定的作用，此外还可以采取其他措施以提高强度。

6.6.2 干式油底壳

虽然改造的湿式油底壳有效地降低了重心，但是并没有从本质上解决激烈驾驶引起的种种不利影响。通过对赛车跑动测试时机油变化的监测，发现加速、制动、高速过弯等大加速度工况会对机油油压产生较大的影响，油压会发生突降，因此很多赛车开始使用干式油底壳，它没有在油底壳中储存机油，更为准确的说是没有油底壳，而是利用一个集油盘将机油收集起来，通过机油泵对曲轴和连杆系统进行压力润滑，机油储存在储油罐中。所以相较于湿式油底壳，干式油底壳的高度就大大降低了，发动机的高度也随之降低，重心降低带来的好处就是有利于操控，其最主要的效果是稳定了油压。干式油底壳结构如图6-40所示。

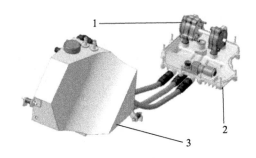

图6-40　斯图加特大学2008年赛车干式油底壳

1—机油泵；2—集油盘；3—储油罐

干式油底壳的设计需要注意以下几点。

1. 功率消耗

干式油底壳发动机仅有压力润滑，而没有湿式的飞溅润滑，而且机油泵不仅需要将机油泵入储油罐，还要将机油泵回发动机润滑管道中，导致机油泵尺寸和功率变大。干式油底壳的机油泵是由发动机的功率驱动的，所以更大的机油泵意味着更大的发动机功率消耗。

2. 机油泵的驱动方式

机油泵虽说是由发动机的功率驱动，但是具体是机械驱动还是电力驱动会对发动机及储油罐的布置与设计造成极大的影响。机械驱动需要谨慎考虑如何将发动机的动力通过传动装置输送到发动机外部与机油泵相连。机械连接之后，机油泵的转速和发动机直接相关，在高转速情况，机油压力也会随之提高，保证润滑效果，但是对发动机到机油泵间的传动及其密封保护的设计需要大费周章；电力驱动相对更好布置，除了油道外只需要布置好电线，简单且高效，此时需要ECU对机油泵进行控制，可以将机油压力数据作为反馈，对机油泵转速实施闭环控制。

3. 结构设计

储油罐的设计也是需要考虑很多因素的，例如机油泵的尺寸、机油的容积、为了减少振荡而增设的挡板等。相较而言，集油盘的设计要相对容易一些，即在完善出油和回油通道的基础上尽量降低集油盘高度，如图 6-41 所示。

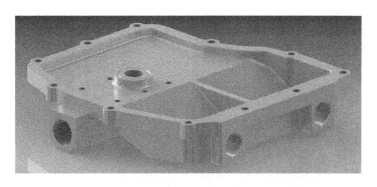

图 6-41　本田 CBR600 集油盘 3D 模型

6.7　发动机 ECU

ECU（Electronic Control Unit）电子控制单元，也就是俗称的"行车电脑"，是发动机乃至整车的大脑。ECU 类似于普通电脑，也具有 CPU、存储器及输入和输出等单元，简单来说，ECU 的作用是从车上的各个传感器将车辆各项参数输入其中，通过计算，然后通过操作一些可控元件对车辆进行控制。由于 FSAE 中的发动机多为摩托车发动机，在 FSAE 中所处的工作状态与原车大为不同，所以需要改装 ECU。改装 ECU 通常有两种方式：一种是改变原厂 ECU 中的设置参数，俗称"刷电脑"，但是受到传感器种类和数量的限制，其能实现的功能少之又少；另一种便是全替代式 ECU，所有的数据都可以由自己填写，便于调校。对于刚进入 FSAE 圈的新车队，由于替换式 ECU 的全部数据都需要自己填写，所以想让发动机成功点火且能稳定运转就需要一番波折，建议先用原厂 ECU，但是在经济条件允许的情况下，应尽早使用全替代式 ECU。

FSAE 中使用的 ECU 有很多种，如 MoTeC、马瑞利等，因为大多数车队选用的都是 MoTeC，所以本节针对 MoTeC 旗下的 ECU 进行简单介绍，其他品牌的 ECU 虽有不同，但能实现的功能大体一致。

MoTeC 公司的主要产品如图 6-42 所示，其除了一系列 ECU 产品外，还有与之配套的显示屏与车灯。

图 6-42 MoTeC 公司的主要产品

6.7.1 选择一款 ECU

由于研发困难，只有极少数的车队选择自制 ECU，大多数车队选择购买成品 ECU。如何选择一个发动机管理系统，这是很多车队刚接触全替代式 ECU 要考虑的问题。一般而言，可以考虑以下几个方面。

1. 喷油点火数

这是发动机 ECU 最基本的条件。一个只能控制 6 缸发动机的 ECU 是无法控制 8 缸发动机的。但是在 FSAE 比赛中，最多缸数是 4 缸，所以基本上所有 ECU 的喷油点火数都能满足。

2. 输入/输出接口

输入接口是第二个需要考虑的重要因素。曲轴位置和凸轮位置输入接口是必备的；模拟电压、模拟温度、氧传感器、轮速输入接口要结合实车传感器的种类与数量来确定需求。输出方面，除了基本的喷油点火输出之外，还有辅助输出接口，可以让用户定制自己需要的输出控制功能，如增压控制和冷却风扇控制等。

第6章 发动机

3. 数据记录

ECU 已经不仅仅是发动机的控制大脑了,它还是发动机的数据记录仪。ECU 的数据记录功能主要体现在更高的数据存储频率与更大的数据存储空间上。

4. 可扩展功能

可扩展的功能包括牵引力控制（Traction Control）、起步控制（Launch Control）、换挡切火（Gear Change Ignition Cut）、车速限制（Ground Speed Limiting）等。它不仅可使 ECU 控制功能锦上添花,有时还能成为赛车制胜的关键。

5. 上位机软件

许多 ECU 有专门的上位机管理软件,在这种软件中可以修改 ECU 的设置文件,还可以测试输出元件如喷油嘴、火花塞等。一个优秀的上位机软件可以直观、快速地查看历史数据,极大地提高赛车发动机的调试效率。图 6-43 所示为 MoTeC ECU Manager 界面。

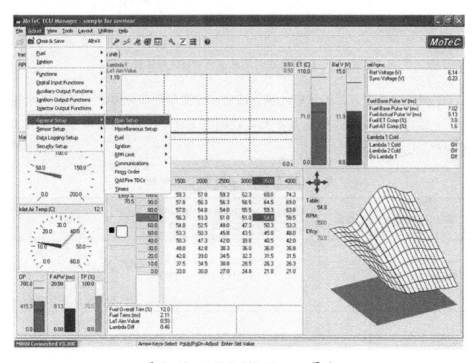

图 6-43　MoTeC ECU Manager 界面

MoTeC 还有更为强大的 i2 软件，可以对赛车数据进行专业的分析，不仅可以绘制出赛道，更加便于观察分析，还可以导出数据，然后再利用其他数据处理软件进行后处理。i2 软件界面如图 6-44 所示。

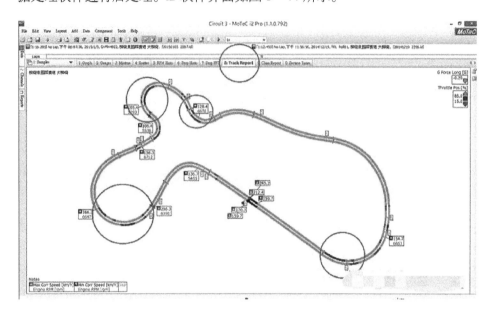

图 6-44　MoTeC i2 利用记录的数据进行赛道分析

经过以上几个方面的分析比较，结合自己赛车的实际需求与车队资金状况，一款合适的发动机 ECU 基本就可以确定下来了。表 6-2 所示为 MoTeC 系列产品的简单介绍。

表 6-2　MoTeC 系列 ECU 简介表

型号	喷油	点火	辅助输出接口	存储器空间/Kb	最大输入频率/Hz	功能
M400	4	4	8	512	200	宽域空燃比；线路控制；可变凸轮控制；可扩展的进阶功能
M600	6	6	8	512	200	宽域空燃比；线路控制；可变凸轮控制；可扩展的进阶功能

续表

型号	喷油	点火	辅助输出接口	存储器空间/Kb	最大输入频率/Hz	功能
M800	8	6	8	1 024	200	专业资料分析； 宽域空燃比； 线控和伺服控制； 可变凸轮控制； 可扩展的进阶功能
M84	8	6	8	512	100	宽域空燃比； 线路控制； 可扩展的进阶功能

6.7.2 输入/输出信号

ECU接收不同传感器输入的信号，以此随时了解发动机的运转情况。曲轴/凸轮轴位置、节气门位置、歧管压力、进气温度、发动机温度等数据都是必需的，测量以上几项数据的传感器也必须保证时时有效工作。为了更好地了解发动机及车辆情况，还可以对以下参数进行监测：空燃比、轮速、排气温度、油温和机油压力等。

各种传感器的输入信号各有不同，主要分为以下两种：模拟输入信号（Analogue Inputs）和数字输入信号（Digital Inputs）。其中模拟输入信号又分为模拟电压信号（Analogue Voltage）和模拟温度信号（Analogue Temperature），数字输入信号又分为开关信号（Switch）和频率信号（Frequency）。输入信号为模拟电压信号的传感器，如节气门位置传感器，一般为三线式，一根为电源线（5V），一根为信号线，还有一根为地线。信号线通过电压值的变化来反映所监测参数的变化；模拟温度信号多为阻抗式传感器输入的，如水温传感器、进气温度传感器，此类传感器一般为两线式，不需要外部电源供电，一根为地线，另一根连接5V电源；数字输入信号可以测量以频率为基础的信号，如轮速传感器和空气流量传感器，对于频率和速度的测量是计算每秒扫过的脉冲数。

6.8 台架实验

台架实验的目的是通过发动机台架的匹配，使发动机具有良好的稳态性能，在保证发动机工作可靠性（无爆震，无过热）的前提下，达到发动机的设计功率、扭矩和油耗性能。

发动机标定主要分为两种方式，一种是发动机台架标定，另一种是底盘测功机标定。底盘测功机标定法较为简单，但是发动机输出的功率经过多级传动，再通过轮胎与测功机的轮筒摩擦传递后，所测得的数据误差较大。台架标定可以保持发动机稳态运转，标定期间基本不受其他因素影响，标定效果较为准确，对于稳态工况，标定效果较好。由于大部分学校的条件所限，在此处介绍的标定以电涡流式台架试验机为例，仅对稳态工况进行标定。其余工况可利用实车测试和 ECU 中的进阶功能进行调试。

6.8.1 台架的搭建

FSAE 中使用的发动机相较于乘用车发动机体积较小，但由于内部含有变速器，高度相对较高，所以台架的夹具可能需要自行设计。发动机的其他配套部件如进排气装置、水箱、油箱等均需要合理布置。需要注意的几点：油路和电路务必远离排气系统，电路线路理清标记以便于排除故障，水箱散热可以利用风扇模拟行车时的迎风效果。台架的设计应满足以下要求：良好的通风和散热要求；吸振和隔振要求；吸声和隔声要求；管路系统的合理布置；良好的工作条件和实验人员的安全性。

将发动机安装在台架上，对中是发动机安装过程中最困难的部分。所谓对中就是使发动机输出轴的轴线和测功机输入轴的轴线在误差允许的范围内尽量满足完全共线的要求。首先将发动机调整到合适的高度，将发动机与地脚完全固定（发动机与支座、支座与支座平板、平板与地脚间全部固定），地脚相对地面可以随意移动，如图 6 – 45 所示。

然后确定测功机轴线为 X 轴，垂直其轴线的水平轴为 Y 轴，竖直轴为 Z

第6章 发动机

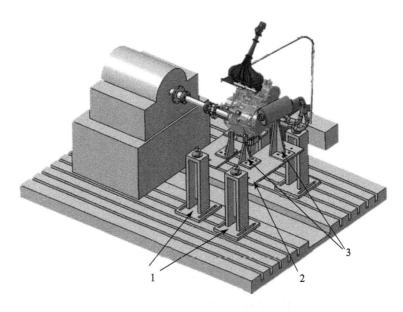

图 6-45 发动机台架示意图
1—地脚;2—支座平板;3—发动机支座

轴,如图 6-46 所示。每次对中先保持发动机自身姿态不变,移动地脚,针对一根坐标轴移动。发动机及地脚质量较大,对中过程只是用人力的话,则难以精准控制,所以需要大量反复地尝试。

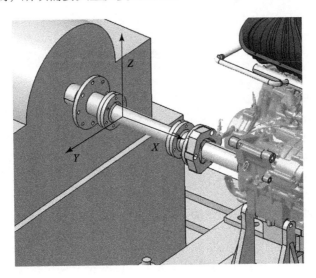

图 6-46 联轴器局部放大图

对中的方法有以下几种：试塞尺法（见图6-47（a）），百分表法（见图6-47（b）和图6-47（c））和激光系统法（见图6-47（d））。

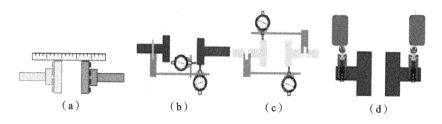

图6-47 对中的几种方法示意图

(a) 试塞尺法；(b)，(c) 百分表法；(d) 激光系统法

其中较为推荐的是试塞尺法，也是便于操作的一种方法。使用试塞尺法的前提是联轴器法兰盘与输出轴法兰盘尺寸相同。测定平行偏差，如图6-48（a）所示，可以利用直尺，再向间隙中塞尺；测量角度偏差，如图6-48（b）所示，可以测量联轴器法兰与输出轴法兰在距离最近点和最远点的距离，再利用法兰盘直径通过几何计算得到角度偏差。

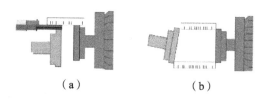

图6-48 利用试塞尺法测量平行偏差和角度偏差

6.8.2 台架标定

台架标定，就是在不同转速、不同负荷下对发动机在台架测功机上进行性能标定，以确保发动机在各个工况下的性能达到最优。最优目标可以有多种，如燃油经济性、减少爆震等。FSAE赛车发动机的标定目标是追求在不同转速下发动机扭矩最大，同时兼顾其他性能指标。

1. 起动测试

再三确认各分系统没有问题的情况下，可以将发动机试点火，待其稳定运转后再尝试在无负荷情况下提高转速，以测试高转速下发动机的振动是否

第6章 发动机

会使台架周围结构松动。如若确认没有问题,则可以开始启动后加载负荷,逐步提高转速,增大负荷,测试台架系统的稳定性。如果没有问题,便可以开始台架标定工作了。

2. 速度特性与负荷特性

台架标定主要有两种方式:速度特性曲线和负荷特性曲线,即固定节气门开度改变转速方法和固定转速改变节气门开度的方法。内燃机的速度特性是指内燃机在供油量调节机构(对于汽油机为节气门)保持不变的情况下,性能指标随转速而变化的关系。油量调节机构位置不同,可得出不同的速度特性。其中,当节气门处于全开状态时得出的速度特性,称为内燃机的外特性。由于外特性反映内燃机所能达到的最高动力性能,能够确定最大功率或额定功率、最大转矩及它们相应的转速,因而是十分重要的。内燃机的负荷特性是指当内燃机的转速不变时,性能指标随负荷而变化的关系。某发动机外特性曲线与功率曲线如图6-49所示。

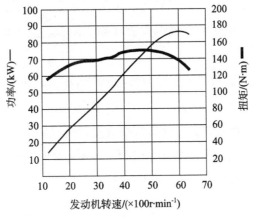

图6-49 某发动机外特性曲线与功率曲线

3. MAP 图

MAP 图就是一个因变量跟随一个或多个自变量变化而变化的图表。喷油MAP 图就是喷油脉宽在不同发动机转速和节气门开度时的数值,点火 MAP 图是点火提前角在不同发动机转速和节气门开度时的数值,如图6-50所示。

由于喷油和点火 MAP 图中的点是有限的,其余部分均为插值得到,所以可以将节气门开度10~100每10开度分为1行,共分为10行;将发动机转速

Fuel Main [% of IJPU]

Effcy % \ RPM	0	500	1000	2000	3000	4000	5000	6000	7000	8000	9000	10000
90.0	38.0	38.4	38.1	38.8	41.0	44.3	44.0	51.5	54.5	55.5	59.2	65.3
80.0	36.0	37.6	37.4	38.2	39.4	38.0	40.0	42.0	53.5	55.4	59.0	64.4
70.0	34.0	36.4	36.4	37.8	38.4	35.0	34.0	39.0	52.5	53.6	58.2	63.8
60.0	32.0	34.3	33.9	36.0	37.8	32.0	35.0	37.0	51.5	51.5	57.8	62.9
50.0	30.0	32.2	32.9	34.3	36.4	30.0	33.0	35.0	49.8	55.9	56.9	59.6
40.0	28.0	30.0	32.3	28.0	28.0	28.0	30.0	32.0	48.6	49.2	52.1	54.1
30.0	26.0	26.0	26.0	26.0	26.0	26.0	27.0	29.0	44.7	48.6	49.2	50.5
20.0	24.0	24.8	26.7	25.0	25.0	25.0	26.0	28.0	36.1	37.4	39.2	38.4
10.0	23.0	24.7	25.8	27.8	30.6	29.0	29.2	29.6	28.0	26.0	27.0	30.8
0.0	22.0	25.6	26.5	28.4	30.6	28.2	28.4	28.6	28.8	29.4	29.6	

图 6-50 某发动机喷油 MAP 图

1 000~13 000 每 1 000r 分为 1 列（转速视发动机决定），共分为 13 列。这就得到了 130 个工况，这些工况有些并不需要仔细标定，如小开度高转速、大开度低转速，由于这些工况极其罕见，所以如果时间不允许的话，这些点的标定可以粗略进行。

4. 正式标定

确定好实验点工况（发动机转速、节气门开度）之后，便可以开始台架标定了。所谓标定，就是反复微调参数（喷油脉宽、点火提前角）获得最佳发动机性能的过程。

参数调整要适度。喷油脉宽的调整需要结合油压，油压太高，就会使得脉宽调整变得很敏感；点火提前角的调整需要结合爆震传感器，点火提前角过大会引起发动机爆震，严重时会导致敲缸造成发动机机械部件损坏。需要注意的一点是，由于水泵与发动机是机械连接的，转速较低时水泵转速较低，散热效果差，故低转大负荷标定时间不宜过长。

6.9 实车测试

结束台架实验后，对喷油和点火就完成了基本调校，此外还可以利用 ECU 的可扩展功能实现诸如换挡切火、起步控制、牵引力控制等进阶功能。每项功能的实现都需要不同的传感器和相应的线路作为基础。基础版的 ECU 没有可扩展功能，想要使用这一功能，必须选购更高档的 ECU。

第6章 发动机

6.9.1 换挡切火

换挡切火（Gear Change Ignition Cut），也叫换挡断火，简写为 GCIC，是 ECU 的一个进阶功能。换挡切火功能使得车手在换挡的时候不需要收油和踩离合，也称为平顺换挡（Flat Shift）。

该功能工作原理为：在换挡时，短暂将发动机切火或断油或点火正时推迟，以减小发动机施加在变速箱上的负载，便于换挡。该功能适用于序列式变速箱（本田 CBR600 即为此类型）、H 式变速箱、狗牙变速箱，不适用于同步器式变速箱。

切火信号源给 ECU 提供切火信号。当切火信号被触发时，ECU 启动切火，切火时间在延迟表（Delay Table）里设定。切火结束后，会有一个转速随时间逐步恢复（Recovery）的过程。

1. 参数设置

一个可行的换挡切火的设置如表 6-3 所示。

表 6-3 换挡切火设置

参数	取值
切火模式	切火至切火信号出现后一段时间
信号源	离合数字输入信号
最低转速/$(r \cdot min^{-1})$	2 000
最小节气门开度/%	15
切火间隔/ms	500

（1）切火模式（Cut Mode）

切火模式取值为 1 到 4：1——禁用换挡切火；2——切火至下一挡稳定后一段时间；3——切火至切火信号出现后一段时间；4——与切火信号同步切火。

（2）信号源（Cut Source）

信号源分为很多种，包括：1）换挡切火数字输入信号；2）离合数字输入信号；3）达到限制转速时；4）未使用；5）节气门开度减少时。前两者均为数字输入信号，在输入模式中可以设置高电平触发或低电平触发。

（3）最低转速（Min RPM）

最低转速：即低于此转速时换挡将不会切火，这一项要根据发动机的转速来确定，一般应高于发动机怠速转速。如果低于怠速转速，在怠速情况下换挡会导致熄火。最低转速也不应该设置过高，如果过高会导致低转速无法换挡。

（4）最小节气门开度（Min Throttle Position）

最小节气门开度：即低于此节气门开度，换挡将不会切火。设置这项的主要目的是防止低挡低速时换挡导致换挡不平顺或熄火。

（5）切火间隔（Arm Delay）

切火间隔也就是换挡间隔，这里的单位是 ms。切火间隔是指两次切火之间最短时间间隔，一般应大于一次换挡的时长。如果切火间隔过长，则有可能导致频繁换挡时漏掉某次切火操作；如果切火间隔过短，则可能出现连续切火而致使转速大幅下降、输出扭矩减小，并出现顿挫感。

2. 实车测试

换挡切火需要长时间的反复试验来寻找最合适的切火时机与切火时长。若切火时长过长，发动机转速下降过多，则会出现顿挫感；若切火时长过短，则换不上挡。切火时机的把握主要考虑气动元件响应的延迟，过早过迟都有可能导致换挡失败。

换挡切火通常经由直线加速项目测试。每一次直线跑动的发动机数据都要进行认真的分析比对，最后寻找出发动机与变速箱动作配合最流畅、换挡时间最短的设置参数。经实际验证，换挡切火配合气动换挡元件可以将升挡时间缩短至 0.2s 以内。

6.9.2 起步控制

起步控制（Launch Control）简称 LC，是 ECU 的一个进阶功能。其原理是，ECU 中根据提前设置的目标转速表及车速对发动机通过延迟点火、断火或者断油的方法限制转速，降低滑移率，从而达到起步控制的效果，至于如何达到最大加速度，就需要反复试验，找出最佳的目标转速表。经过实际验证，合适的目标转速表可以有效地减小滑移率，增大起步加速度。起步控制需要对车速进行监测，即加装至少一个轮速传感器，如果能记录四轮轮速，效果会更好。

在 2015 赛季的 FSC 中，新版的计时模块会在车辆有微小位移时就开始计时，不使用 LC 的赛车在弹射起步时，会有一段时间的原地打滑，这时已经开始计时了，也许这段时间仅有 0.1~0.2s，但在 75m 的直线加速中就至关重要了。所以设置一个好的目标转速表对于直接提升成绩有不小的贡献。

1. 参数设置

滑移计算模式（Slip Calculation Mode）中有很多选择模式，包括：（0）禁用起步控制；（1）使用从动轮轮速与驱动轮轮速；（2）未使用；（3）使用驱动轮轮速变化率；（4）使用发动机转速变化率；（5）使用挡位。如果仅使用驱动轮轮速进行控制，就应选择驱动轮轮速变化率。如果四轮均安装轮速传感器，一般选择利用从动轮和驱动轮轮速进行计算的模式，即前后轮轮速进行对比。

滑移单位（Slip Unit）是指如何利用前后轮轮速定义滑移，这个只有在利用前后轮轮速对比的模式中才会使用，有两种方式：（0）滑移百分比；（1）轮速的差值。

驱动轮平衡（Driven Wheel Balance）是设定两个驱动轮轮速间的权重，取值可以是 0~1 的任意数值：（0）使用最慢驱动轮；（1）使用最快驱动轮。有限滑差速器时，推荐值为 0.3，即使用 0.3 最快驱动轮速 +0.7 最慢驱动轮速作为驱动轮速。无限滑差速器时，推荐值为 0.7。

节气门激活开度（Launch Activate Throttle Position），即超过此节气门开度时起步控制可以激活。

起步转速控制范围（Launch RPM Ctrl Range）是指超过目标转速时逐步限制的转速区间。在此转速区间内，切火或断油比率将逐步增大，可以形象地理解为一个转速缓冲区。当设置为 0 时即为直接限制，将严格按照目标转速表进行控制。

起步转速限制方式（Launch RPM Limit Type）是指在达到目标转速时，对发动机转速进行限制的方式，包括：（1）断油，当转速超过目标转速 100r

时切火；(2) 切火，当转速超过目标转速 100r 时断油；(3) 同时切火断油；(4) 只断油；(5) 只切火。

起步控制激活的条件是，节气门开度大于起步控制激活节气门开度值，且速度低于起步控制目标速度最大值的 1/4。一个可行的起步控制方案可以参照表 6-4 进行设置。

表 6-4 起步控制设置

参数	取值
滑移计算模式	使用从动轮轮速与驱动轮轮速
滑移单位	0（滑移百分比）
驱动轮平衡	0.3
节气门激活开度/%	60
起步转速控制范围/(r·min^{-1})	500
起步转速限制方式	2（切火，当转速超过目标转速 100r 时断油）

2. 实车测试

根据经验，初步设置发动机转速限制时，一个试验初始的起步控制目标转速可按表 6-5 设置。

表 6-5 起步控制目标转速

参数	取值					
从动轮速度/(km·h^{-1})	0	3	6	9	12	15
限制转速/(r·min^{-1})	9 500	9 000	9 000	10 000	10 000	11 000
参数	取值					
从动轮速度/(km·h^{-1})	18	21	24	27	30	
限制转速/(r·min^{-1})	11 000	11 000	11 000	12 000	12 000	

在车上加装轮速传感器，采集从动轮轮速（Ground Speed）。通过多次原地起步试验采集多组试验的速度曲线。比较速度曲线，在各个时间段，取速度最大的曲线所对应的转速进行设置，从而获得整个起步控制速度控制范围

内速度最快的目标转速表。

例如：图6-51所示为一组三次试验的速度曲线，三次试验所使用的转速限制表不同。$0 \sim a$这段时间内，第三次试验的速度最大，可以取$0 \sim a$这段速度的转速限制参数作为最终的转速限制；同理，在$a \sim b$这段时间内，第一次试验的速度最大，取第一次的参数。以此类推，可以合成最终的转速限制表。通过多次试验，可以不断减少各组数据的差值，从而不断逼近最佳值，即获得相同时间最大速度所对应的转速值，也就是最大加速度对应的目标转速表。理论上讲，如果试验次数足够多，则可以对目标转速的限制确定到个位数。

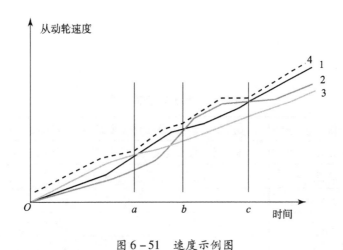

图6-51 速度示例图

1—第一次试验曲线；2—第二次试验曲线；3—第三次试验曲线；4—最佳逼近值

6.9.3 牵引力控制

牵引力控制（Traction Control）简称TC，是ECU的一个进阶功能。牵引力控制主要是控制滑移率。滑移是车轮驱动轮轮速（Drive Speed）与从动轮轮速的差值。这也就意味着使用牵引力控制，必须至少使用两个轮速传感器测量车辆前后轮轮速（由于大部分FSAE车队的赛车为后轮驱动，所以在此默认后轮为驱动轮，前轮为从动轮，前轮轮速相当于车速）。通过切油、切火或者两者同时作用，控制发动机转速，以达到减小滑移率的效果。牵引力控制并不会和起步控制同时作用,而是在起步控制结束后对车辆进行控制。

1. 参数设置

控制方法（Control Method）是指当转速或滑移达到限制值时,对发动机转速限制的方式,包括:(0) 禁用牵引力/起步控制;(1) 未使用;(2) 仅切火（或仅断油）;(3) 延迟点火（或延迟喷油）,然后再切火（或断油）;(4) 仅延迟点火（仅延迟喷油）。此项仅在使用牵引力控制时有效,起步控制设为非零值即可,具体是通过点火还是喷油对转速进行限制是根据牵引力控制限制方式决定的。

限制方式（TC Cut Type）:(0) 限制点火;(1) 限制喷油。

牵引力控制使用 PID 算法将滑移率控制在误差范围内,而 PID 的三个参数也是可以由用户设定的。

一个可行的牵引力控制参数设置方案如表 6-6 所示。

表 6-6 牵引力控制设置

参数	取值
控制方式	3（延迟点火（或延迟喷油）然后再切火（或断油））
限制途径	0（限制点火）
PID 比例常数	3
PID 积分常数	0
PID 微分常数	0

2. 实车测试

牵引力控制的实车测试是十分复杂且耗时的。因为牵引力控制一旦开启,将会作用于全程（起步除外）。牵引力测试的项目应该是高避赛与耐久赛。赛车需要在完整赛道上跑上多圈,赛车测试工程师则需要对全程数据进行分析,找出性能仍有改进空间的重要工况点。好的牵引力控制如同好的起步控制一般,可以减小滑移率,令赛车更稳更快;而差的牵引力控制会使车手发挥受限,反而拖了赛车的后腿。

第 7 章
Chapter 7 传 动

传动系统是将发动机的动力传递给驱动车轮传输装置。FSAE 赛车结构紧凑，没有长长的传动轴，其传动系统动力传输路线为：发动机→离合器→变速器→主减速器→差速器→半轴→驱动车轮。传动系统不仅可以传递动力，其中的离合器可以中断动力传输，主减速器可以减速增矩，变速器可以改变减速比，差速器可以令转向时左右两轮速度不同。由于 FSAE 赛车大部分使用摩托车发动机，发动机本身集成了离合器与变速器，所以本章按照动力传输的路线主要讲解换挡、主减速器、差速器、半轴与轮系结构。

7.1 气动换挡

为了使发动机能在合适的转速范围内工作，赛车的驱动力和速度又可以在足够大的范围内变化以适应不同的工况，传动系统的传动比必须可以变化。完成这一任务的是变速箱，通常它已经被集成到发动机箱体内，无须设计，而需要考虑的是如何操作换挡手柄以实现换挡。

一场耐久比赛下来，车手累计换挡次数可达两百次以上。一个快速、平稳、可靠的换挡系统是赛车取得佳绩的必要保障。一般而言，换挡可以有以下三种方式：

1. 手动换挡

手动换挡就是在车手旁边设一根换挡拉杆，通过机械传动机构将车手的动作传递到离合器拉杆和换挡杆上，在拉动拉杆的同时还应配合加油或减油的动作。此方式车手操作难度较大，但是系统质量轻、复杂度低。

2. 气动换挡

气动换挡就是把序列式变速箱变速杆控制装置（按钮、拨片）安装在方

第7章 传 动

向盘上,并通过一系列的气动装置协助车手完成换挡,更可升级为 AMT 自动挡,实现自动换挡。但是气动换挡装置的重量更大(总计 2~3kg),技术难度高,换挡次数受气瓶容量限制。

3. 电磁换挡

电磁换挡使用电动机取代气动换挡的气缸作为换挡的动力来源,其电力来源为发动机的内部电源。此方式可靠性高,响应时间短,无换挡次数限制,但是重量大大增大,设计难度大,且受到电源负载能力限制,不一定能适用于所有赛车。

综上所述,此三种方式各有利弊。由于气动换挡适用车型广,重量、技术难度、响应速度适中,故成了许多车队的选择,但是应注意的是对于 FSAE 赛车而言,其换挡方式不仅限于气动方案。本节只讨论了气动换挡的诸多细节,其实很多电磁方式换挡的赛车也有诸多优点。

7.1.1 气动元件计算与选型

气动系统的作用是以压缩气体为工作介质,通过各种气动元件有机地组合成整体,进行动力或信号的传递与控制。

气动换挡系统原理如图 7-1 所示。高压气体储存在气瓶中,气瓶通过减压阀、PE 管与电磁阀相连,电磁阀接收到单片机的换挡指令后改变气路的通断状态,使得气缸做出拉或推的动作,从而操纵换挡杆或离合器。

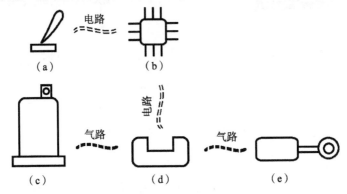

图 7-1 气动换挡原理

(a) 换挡拨片;(b) 微处理器;(c) 高压气瓶;(d) 电磁阀;(e) 气缸

气动换挡就是一个简单的气动系统，麻雀虽小，五脏俱全。其中，高压气瓶是能量源，电磁阀是控制元件，气缸是执行元件，再加上控制电路，一个精巧的气动系统便形成了。气动系统的基础是气动元件，所以本小节主要讲解几个重要的气动元件。

1. 气缸

气缸是将压缩气体的压力能转换为机械能的气动执行元件，如图7-2所示。气动换挡系统使用往复直线运动气缸。根据运动特点还可以将往复直线运动气缸分为单作用气缸与双作用气缸。

图7-2 气缸

（1）气缸原理

气缸由缸筒、活塞和活塞杆组成。图7-3所示为双动气缸。在图7-3（a）中，高压气从A口进入并充满左腔，推动活塞与活塞杆向右运动，同时右腔气体从B口排出。同理，若B口进气、A口排气，则活塞与活塞杆反向运动，如图7-3（b）所示。若A、B两口同时排气，则活塞与活塞杆会处于中间位置。

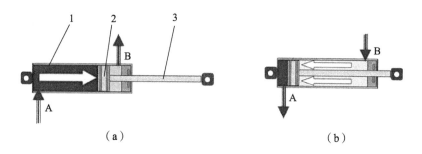

图7-3 双动气缸动作原理
(a) 推出活塞杆；(b) 拉入活塞杆
1—缸筒；2—活塞；3—活塞杆

单动气缸的动作原理如图7-4所示。与双动气缸不同的是，单动气缸有回位弹簧，当左腔不充入高压气时，由于回位弹簧的作用会使活塞杆被拉入缸筒内。

图 7-4 单动气缸动作原理
(a) 推出活塞杆；(b) 拉入活塞杆

(2) 气缸计算

已知气缸输出力大小 F 与气缸缸径 D 和工作气压 P 成正比，即：

$$F = \frac{\pi D^2 P}{4}$$

气缸推力为

$$F_{推} = \frac{\pi D^2 P}{4}$$

式中，D 为气缸内径，简称缸径。

气缸拉力为

$$F_{拉} = \frac{\pi (D^2 - d^2) P}{4}$$

式中，d 为活塞杆直径。气缸推、拉力不同的原因是气缸活塞杆面积占据了气体作用面积而使得气缸的拉力变小。

(3) 气缸匹配

换挡力或离合力的大小需要实际测量。一种简单可靠的方法是使用弹簧拉力计，对发动机换挡杆所需要的推、拉力（一般不同）进行实测，同时，也要对离合杆的推力进行实测，再由力的大小计算所需的缸径。理论上，升挡易、降挡难，气缸推力大、拉力小，当气缸产生推力时降挡是比较稳妥的选择。

缸径越大，气缸体积越大，单次换挡所需气体质量也越大；同时由气管流入气缸的流动损失增大，也意味着气缸更大的运动惯量，因此气缸运动的速度更慢。但是过小的缸径会使工作气压过高，冲击气缸与电磁阀，造成安全隐患。基于赛车的安装空间宝贵及气瓶一次充气换挡次数有限，气缸选型原则还应在满足要求的情况下选择小缸径的气缸。

气缸行程的选择需要考虑操纵杆的机械尺寸，并结合车内空间布局来决定。如果追求换挡时间短，那么短行程、大推力的设计会是不错的选择。

2. 气瓶

气瓶是高压气的存储设备，如图7-5所示。一般气动换挡系统动力源只有气瓶，没有空气压缩机。这样做的优点是系统简单、重量轻；缺点是一辆有气动换挡的赛车不仅需要加油，还需要充气。如果气瓶气压过低，则会导致赛车无法换挡。

图7-5 气瓶

（1）气源选择

在气源的选择上，规则有明确要求必须为非易燃气体。纵观国内外车队，气源的选择有二氧化碳、氮气、空气或是前面几种组合而成的混合气。其中，空气来源广泛，工作可靠，是大多数车队的选择。

（2）气源材料

目前较为流行的气瓶分为钢气瓶与碳纤维气瓶，碳纤维气瓶比钢气瓶轻（碳纤维密度：钢密度=1:4），但碳纤维气瓶的价格更贵，为钢气瓶的3～5倍。

（3）气瓶布置

气瓶存储高压气体，具有一定的危险性，故而规则中对高压气瓶的布置有诸多的限制，需要仔细地研读。部分规则如下。

规则10.1 压缩气瓶及输气管。

赛车上任何使用压缩气体作为驱动媒介的系统必须满足以下要求：

f. 气瓶安装——气瓶/气罐必须安全地安装在车架结构、发动机或变速器上。

g. 气瓶轴线——气瓶/气罐的轴线不得指向车手。

h. 绝热——气瓶/气罐必须与任何热源绝热，如排气系统。

（4）气瓶计算

在气瓶选型时首先应考虑的是所需气体的质量，之后根据所需气体的质

第7章 传 动

量与气瓶气压、工作气压以及气瓶体积之间的关系选购满足设计要求的气瓶。在计算气体质量时可分别计算升挡、降挡两部分的质量。

首先由气缸缸径 D 和单动行程 l，得到推行程气缸体积为

$$V_{c推} = \frac{D^2 \pi l}{4}$$

计算拉行程气缸体积应考虑活塞杆所占体积，活塞杆杆径为 d，得到拉行程气缸体积为

$$V_{c拉} = \frac{(D^2 - d^2)\pi l}{4}$$

计算从电磁阀出口到气缸的气管的体积，设气动管内径为 $d_{管}$、管长为 $l_{管}$，得到一侧气管的体积为

$$V_p = \frac{d_{管} \pi l_{管}}{4}$$

若已知换挡气缸为双动气缸，每次换挡只运动一半的行程；降挡气缸为单动气缸，在降挡时工作，升挡时不工作（使用换挡切火时）。则相关气体体积及质量可按下面的公式计算：

换挡气缸在升挡前气体体积为

$$V_{up} = V_{c推} \div 2 + V_p$$

升挡后气体体积为

$$V'_{up} = V_{c推} + V_p$$

降挡前气体体积为

$$V_{down} = V_{c拉} \div 2 + V_p$$

降挡后气体体积为

$$V'_{down} = V_{c拉} + V_p$$

离合气缸在降挡前气体体积为

$$V_{down} = V_p$$

降挡后气体体积为

$$V'_{down} = V_{c拉} + V_p$$

设气缸运动前气压为大气压强 P_0，运动后（未放气）气压为工作压强 P。根据理想气体状态方程能够计算得到一次升挡所需气体的质量为

$$m_{\text{upshift}} = \frac{PV'_{\text{up}}}{rT} - \frac{P_0 V_{\text{up}}}{rT}$$

降挡过程所需气体质量为换挡气缸与离合气缸之和,其中换挡气缸降挡一次所需质量为

$$m_{\text{down}} = \frac{PV'_{\text{down}}}{rT} - \frac{P_0 V_{\text{down}}}{rT}$$

离合气缸降挡一次所需质量为

$$m_{\text{cluth}} = \frac{PV'_{\text{cluth}}}{rT} - \frac{P_0 V_{\text{cluth}}}{rT}$$

降挡一次所需总质量为

$$m_{\text{downshift}} = m_{\text{cluth}} + m_{\text{down}}$$

其中,将气体假设近似为理想气体,R 为理想气体常数;M 为所用气体工质的摩尔质量,$r = R/M$;T 为工况下的开氏温度。

在耐久赛中升、降挡次数是基本相同的,记为 t(耐久赛中的换挡次数需要在结合赛道分析与实车测试后得出)。换挡所需气体总质量为

$$m_t = t \times (m_{\text{upshift}} + m_{\text{downshift}})$$

假设所选气瓶容积 V_b,可承受安全压力为 P_b,则气瓶充气一次可以使用的气体质量为

$$m_u = \frac{P_b V_b}{rT} - \frac{PV_b}{rT}$$

需令 $m_u > m_t$ 方能满足进行一次耐力比赛的设计要求,t 的选取需要考虑一定的设计余量。

3. 减压阀

为了追求气瓶中的高存气量,气瓶内部压力趋于高压气瓶的最大忍耐气压通常超过 200 个大气压,有时甚至可以达到 300 个大气压。而气路中的气压受限于气动元件自身的耐压值,并且为了使得每次换挡消耗的气体质量较小,通常选取能满足换挡要求的较小值,一般不超过 10 个大气压。因此便产生了一个气压转换的问题,而这个"变压器"便是减压阀,如图 7-6 所示。

第7章 传 动

通常来讲，减压阀的选型原则和选型顺序如下：

1）确定进、出口压力，根据进口和出口压力来确定减压阀所需的压力等级；

2）根据气体的具体介质来选择阀体和密封材质，如果为一般气体，则可以选用铸钢、不锈钢或者铸铁；如果是氧气，则必须选用经过脱油脱脂的不锈钢或者黄铜；

3）根据流量要求，确定合适的减压阀的口径。

图 7-6 减压阀

4. 电磁阀

在气动换挡系统中，电磁阀是用于控制气流是否通过，以及气流流向的元件。下面以一个简单的三位三通电磁阀说明其原理。

(1) 电磁阀原理

电磁阀阀体上开有多个孔道，阀体内有可以直线运动的阀芯，阀芯两边有电磁铁。当电磁阀左线圈通电时，阀芯向左运动，孔道 A 与孔道 O 相连。若电磁阀右线圈通电，阀芯向右运动，孔道 A 与孔道 P 相连。若两边线圈都不通电，在回位弹簧的作用下阀芯位于中间，此时三个孔道各不相通。如图 7-7 所示。

(2) 电磁阀命名与符号

电磁阀一般称为几通几位电磁阀。几通指的是电磁阀的气流通道数。一般电磁阀都是三通以上的设计，至少有一个输入口（接气源）、一个输出口（接气缸）、一个排气口（直接连通大气，也可以安装消声器）。几位指的是电磁阀磁芯的位置数。一般电磁阀都是二位或三位的设计。

一个三位五通电磁阀的符号如图 7-8 所示。五通分别是：P 口——输入口，接高压气源；A、B 口——输出口，分别接双动气缸两端；R1、R2 口——排气口，各安装一个消声器，或直接排入大气中。三位依次是图 7-8 中三个矩形的状态位置。左边通电时，阀芯进入左位置，高压气流从 P 口导向 B 口进入气缸左端，A 口气流流向 R1 口将气缸右端和外界大气相连，这样就完成了一次

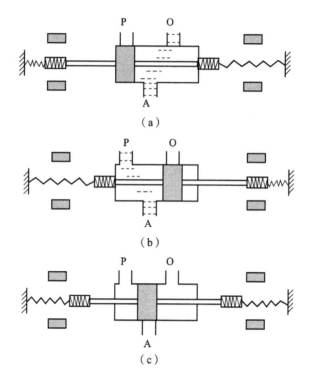

图7-7 电磁阀原理

(a) 左线圈通电；(b) 右线圈通电；(c) 左右线圈断电

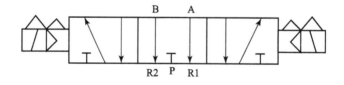

图7-8 三位五通电磁阀符号

气缸从左向右的运动。同理，若右边通电，则完成一次气缸从右向左的运动。两侧都不通电时，A、B分别和R1、R2相连，气缸全排气，被推回中央位置。

（3）电磁阀选型

电磁阀（图7-9）的选型无须计算，但是需要考虑其工作气压、响应速度、工作最大频率以及工作方式与环境来选择合适的型号。电磁阀分为先导式以及直通式电磁阀，直通式往往比先导式反应时间要短。电磁阀通电后需

第 7 章 传　动

要时间来励磁及切换气路，这里的时间一般为 5~75ms，最好能选择 5ms 这个量级的电磁阀，以缩短响应时间。

图 7-9　电磁阀

7.1.2　换挡时序

在论述换挡时序之前首先要了解一下序列式变速箱。如图 7-10 所示，序列式变速箱的基本原理与普通变速箱相同，但是其操纵机构加入了旋转棘轮筒，所以简单地推拉换挡杆即可完成换挡动作，因为推拉一次只能升一挡或降一挡，所以称为序列式变速箱。这样的设计不但加快了换挡速度，更大大降低了换错挡的可能，故而在赛车上得到了广泛的应用。序列式变速箱又称为直齿变速箱，因为它采用直齿式齿轮来减少动力传输损失。不少车队使用的序列式变速箱其挡位设置顺序为 1-N-2-3-4-5，空挡位于一挡与二

图 7-10　序列式变速箱

挡之间。

1. 升挡

（1）离合升挡

在变速器换挡时，变速器输出轴因为间接与车轮相连，故其转速瞬时不变，而变速器输入轴的转速将遵循其换挡后的速比（输入轴与输出轴的转速比）而改变。在升挡时，速比降低，故输入轴的转速也将降低。此时可以通过离合器的先松后合来让发动机更平稳地带动变速器输入轴减速。其换挡过程策略时序图如图7-11所示，图中低电平有效。

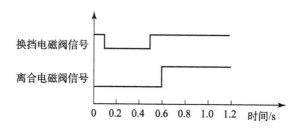

图7-11 离合升挡控制策略时序图

（2）切火升挡

此外也可以通过对发动机切火（或断油）来使得发动机的转速下降，进而与变速器输入轴相匹配。这样升挡时能够在保护变速箱的同时取消车手在换挡时轻抖油门的动作。这不仅降低了车手失误操作的可能性，而且大大减少了换挡时赛车的动力损失，提高了赛车的动力性能。

气路气缸响应时间比较长，所以需要在切火开始前闭合电磁阀，启动气缸。等待一段时间后，向发动机ECU发送切火信号，期望在切火停止的同时气缸输出力达到升挡所需的力，从而在发动机转速最低时刻完成推动换挡杆的动作。影响升挡成功率的因素主要是气缸动作与切火的配合时机以及切火持续时间，具体的时序需要根据实车测试换挡成功率来微调。切火升挡时序图如图7-12所示，其中切

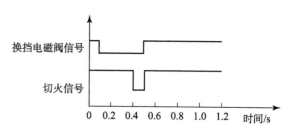

图7-12 切火升挡控制策略时序图

火信号并不控制切火时长,切火时长由发动机 ECU 设定。

2. 降挡

降挡过程变速器的变化与升挡原理相同,变速器速比变大,发动机转速增加,故此时应补油。对于降挡来说,由于规则禁止使用电控节气门,无法通过电子控制实现车手补油的动作,因此在控制策略上加入对于离合器的气动控制。在降挡时气路拉动离合器,切断发动机动力从而完成降挡。降挡时先开启离合气缸,换挡气缸滞后开启,对两个气缸均持续供气一段时间后同时停止。气动离合的持续时间也将影响降挡的成功率。降挡控制策略时序图如图 7-13 所示。

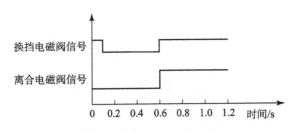

图 7-13 降挡控制策略时序图

3. 空挡

在赛场及平时训练中要经常挂空挡推车,因此需要赛车可以快捷可靠地挂上空挡。在序列式发动机中,其换挡顺序为:1-N-2-3-4-5-6。在 1-2-3-4-5-6 挡的换挡中,其换挡力是相等的,而 1-N、N-1、2-N、N-2 四种情况时的换挡力约为 1~6 挡换挡力的一半,所以必须加以区分。在空挡处的换挡相当于升半挡或降半挡,可以通过控制气缸的作用时间来让气缸推动换挡装置恰好进入 N 挡。这一过程需要进行实车调试来确定一个合适的作用时间。

4. 自动挡

有了气动换挡的基础,即可做出自动换挡的效果,其原理上属于机械式自动变速器(AMT,Automatic Mechanical Transmission)。若要加入这一功能,则必须有挡位传感器和车速传感器。此外还应该设置自动挡按钮,以选择进入或退出自动挡模式。自动挡模式最常应用的场合是直线加速项目,若以人的经验判断最佳换挡点,差之毫厘便可能与奖杯失之交臂,而让单片机判断最佳换挡点也许会更好。

理论上的最佳换挡点是由加速度倒数曲线得出的。若已知发动机扭矩等数据,则可以绘出驱动力—行驶阻力平衡图。经过简单变换,可以得出加速度倒数曲线图。如图 7 - 14 所示,以加速度倒数为纵坐标,车速为横坐标,曲线与横轴所围成的面积恰好是加速时间。为了使加速时间最短,则最佳换挡点是各挡曲线交点。若曲线无交点,则按面积最小原则确定最佳换挡点。

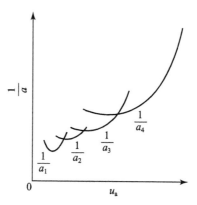

图 7 - 14　汽车加速度倒数曲线

7.2　主减速器

主减速器是汽车传动系中减小转速、增大扭矩的主要部件。FSAE 赛车普遍采用量产摩托车发动机,发动机与变速箱集成一体,形式相对固定。综合考虑整车布置及赛车轻量化的需求,变速器输出轴与驱动半轴之间一般采用链传动形式的主减速器进行动力传输。

主减速器传动比的选择直接影响赛车的动力性能。赛车传动比的选择是一个平衡赛车加速能力和车辆极速的过程。在进行赛车传动比的设计时,首先要确定赛车各总成的技术参数,包括发动机的输出特性和轮胎特性等,并据此综合考量赛车的动力性、燃油经济性以及整车匹配。

第7章 传　动

7.2.1 主减速器传动比的确定

下面以 CBR600F4i RR 发动机为例,介绍主减速器传动比的计算过程。赛车发动机的主要技术参数及整车相关参数见表 7-1。

表 7-1 赛车发动机的主要技术参数及整车相关参数

发动机相关参数	整车相关参数
最大功率:$P_{max} = 58kW$, 10 500r/min	设计车重(含车手70kg):$m = 300kg$
最大扭矩:$T_{max} = 55N \cdot m$, 9 000r/min	轴荷比:前:后 = 48:52
限定极限转速:$n_{max} = 130\ 000r/min$	轴荷转移系数 $k_1 = 1.4$
前传动比:$i_f = 2.111$	车轮滚阻系数:$f = 0.018$
变速箱各挡传动比分别为 一挡:$i_1 = 2.75$ 二挡:$i_2 = 2$ 三挡:$i_3 = 1.666$ 四挡:$i_4 = 1.444$ 五挡:$i_5 = 1.304$	驱动轮最大摩擦系数:$\mu = 1.3$
	空气阻力系数:$K_d = 0.8$
	迎风面积:$C_d = 1.3m^2$
	10 寸胎,直径:$r = 230mm$
	传动效率:$\eta = 0.8$(估计值)

1. 从轮胎附着表现确定最小传动比

首先,赛车需要有优异的加速性能,即必须将轮胎抓地力发挥到极致,因此根据赛车驱动轮附着极限可以求出理论最小传动比。轮胎简要力学平衡示意图如图 7-15 所示。对驱动轮进行力平衡分析如下:

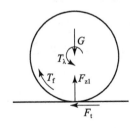

图 7-15　轮胎简要力学平衡示意图

由图 7-15 可得,驱动轮附着极限为

$$F_t \times r + T_f = T_{\lambda max} \quad (7-1)$$

式中,F_t 为驱动力;T_f 为滚动阻力矩;$T_{\lambda max}$ 为驱动力矩。

赛车急加速时，轴荷向后转移，起步时轴荷转移量最大，此时的驱动轮附着力最大为

$$F_{tmax} = \mu m g k_1 \frac{52}{48+52} \quad (7-2)$$

轮胎滚动阻力为

$$T_f = mgf \frac{52}{48+52} \quad (7-3)$$

由式（7-1）~式（7-3）可得：

$$T_{\lambda max} = \mu m g k_1 r \frac{52}{48+52} + mgf \frac{52}{48+52} \quad (7-4)$$

发动机输出转矩 T_0 与输入车轮的扭矩 T_λ 的关系为

$$T_\lambda = T_0 \cdot i \cdot \eta \quad (7-5)$$

传动系总传动比 i 与各级传动比 i_n 之间的关系为

$$i = i_f \cdot i_n \cdot i_0 \quad (7-6)$$

式中，i_0 为主减速器传动比；i_n 为变速器各挡传动比，取 1~6。

综合以上可以得到主减速器传动比的下限值为

$$i_{0min} = 2.61$$

2. 从功率平衡曲线确定最小传动比

发动机的动态特性是决定赛车加速性能的重要因素，主传动比的选择只有与发动机特性良好的匹配，才能使赛车发挥出良好的动力性能及燃油经济性能。从功率平衡图来研究传动比的选择，可以较直观地得出不同传动比对加速性能和燃油经济性的影响。图 7-16 所示为某汽车不同 i_0 值下的功率平衡曲线，其中 $i_{01} < i_{02} < i_{03}$，横坐标 u_a 为车速，纵坐标 P_e 为发动机功率，阻力记为 F。以该功率平衡曲线展开传动比选择的研究。

在图 7-16 中，功率曲线与阻力曲线之间的区域为富余功率，即储备功率，从图中可以看到，传动比为 i_{02} 时的阻力功率曲线与发动机功率曲线正好相交于发动机最大功率点，此时的最高车速 u_{max2} 与最大功率车速 u_{P2} 相等，即 $F \cdot u_{max2} = P_{max}$，此传动比状态下储备功率居中；当传动比为 i_{01} 时，阻力功率曲线与发动机功率曲线交于发动机最大功率之前，即 $F \cdot u_{max1} < P_{max}$，此传动比下的发动机最大功率对应速度 u_{P1} 虽然大于 u_{P2}，但实际在 u_{max1} 之后，阻力

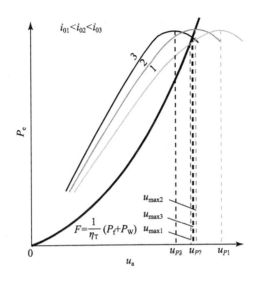

图 7-16 某汽车不同 i_0 值下的功率平衡图

功率已经超过了发动机输出功率,发动机转速不可能再上升,因此速度不会再增加,即 i_{01} 下的理论最大速度 u_{P1} 不可实现。同时,传动比为 i_{01} 时,储备功率最小,因此车辆动力性会较差,但其动力利用率较高,经济性较好;当传动比为 i_{03} 时,阻力功率曲线与发动机功率曲线交于发动机最大功率之后,$F \cdot u_{max3} < P_{max}$ 且 $u_{P3} < u_{max3}$,即当发动机达到最大功率后,该传动比状态下还有较大的储备功率。因此,发动机转速可以继续增加,车速随之增大。虽然传动比为 i_{03} 时,$F \cdot u_{max3} < P_{max}$,且最大实际车速 $u_{max3} < u_{max2}$,车辆极速比传动比为 i_{02} 时小,但该传动比下发动机的储备功率较高,动力性较好,但经济性较差。

通过对功率平衡曲线的分析可知,当选择的传动比使得理论最大速度 u_P 等于实际最大车速 u_{max} 时,车辆可以获得 u_{max} 的最大值,即有最大的最高车速;当选择更小的传动比时,实际最大车速 u_{max} 减小,同时储备功率降低,动力性变差;当选择更大的传动比时,实际最大车速 u_{max} 减小,但储备功率增加,动力性增强。因为 FSAE 赛车加速性能比极速更重要,所以传动比选择时应保证 $i_0 \geqslant i_{02}$,即保证 $u_P \leqslant u_{max}$。

3. 从最高车速确定最小传动比

分析功率平衡曲线的方法是确定主传动比时最有效的方法,不过国内大部分高校车队受限于设备、场地、技术等条件,目前应该还没有获得阻力功率曲线的实力,因此,这个方法在目前的阶段实用性有限。

实际上由于比赛场地及赛道特性已经确定,因此在设计赛车时,根据以往参赛的经验以及数据结果分析,基本可以确定一个赛车的最高设计时速 u_{a0},通常取 120~140km/h。假定

$$u_{a0} = u_{max} = u_P$$

则有:

$$u_P = u_{max} = \frac{0.377 \times n_P \times r \times 10^{-3}}{i} = \frac{0.377 \times n_P \times r \times 10^{-3}}{i_f \cdot i_n \cdot i_0'} \quad (7-7)$$

式中,n_P 为发动机的最大功率转速。根据式(7-7)可得 i_0',即功率平衡分析中的 i_{02}。

4. 传动比选值的校核

上述传动比的确定值以假设 $u_P = u_{max}$ 并且 u_P 能够实现为前提,可以通过阻力功率来进行验证。车辆运动时受到的阻力包括滚动阻力、空气阻力、坡道阻力以及加速阻力四个方面。赛车由于在平整的赛道上进行比赛,因此坡道阻力忽略不计,假设赛车速度能够达到 u_P 并保持匀速行驶,则加速阻力不计。由行驶方程式可得发动机输出功率 P_e 与行驶阻力功率 P_z 之间的关系式:

$$P_e = P_z = (P_f + P_w + P_i + P_j)/\eta = (P_f + P_w)/\eta \quad (7-8)$$

式中,P_f 为滚动阻力功率;P_w 为空气阻力功率;P_i 为坡道阻力功率;P_j 为加速阻力功率。

通过式(7-8)计算得到以速度 u_P 匀速行驶时的发动机理论输出功率 P_e,将其与发动机最大输出功率 P_{max} 比较,若 $P_e \leq P_{max}$,则理论最大速度 u_P 能够实现,所确定的传动比参考值为有效值;否则,若 $P_e > P_{max}$,则理论最大速度 u_P 无法实现,应该选取更小的 $u_{max} = u_P$ 重新进行传动比的计算并校核,直到校核出现 $P_e \leq P_{max}$ 则参考值 i_0 有效。

确定有效的基准参考值 $i_0 = \max(i_{0min},i_{02})$ 之后,根据参考值 i_0 确定主减速器的传动比 i,一般运动车型或竞赛车型的 i/i_0 值为 1.1~1.39。

实际传动系统设计中,由于赛道走线及赛车工况十分复杂,因此理论的传动比计算只能作为传动比选择参考,还需要进行实车试验以及对每年在赛

第7章 传 动

季得到的数据进行优化选择。

7.2.2 链传动的设计

1. 链轮齿数的选择

为了追求赛车轻量化和紧凑的布置形式，一般采用更好的材料制作链轮并进行较好的热处理方法，因此小齿轮齿数的选择与机械设计手册给出的参考值会有所不同。一般赛车的小齿轮最小齿数可以选择为13，更极限的可以选择11齿的设计。不过，小链轮齿数太少，容易造成链条与小链轮轮齿之间出现类似于齿轮根切的状况，不仅会降低传动效率（包括传递扭矩的能力以及传递动力的效率），也会缩短其使用寿命。

假设选定小链轮齿数为$z_1 = 13$，确定赛车的传动比为3.1，则大链轮的齿数$z_2 = i \cdot z_1 = 3.1 \times 13 = 40.3$，取整得$z_2 = 40$。

实际选择时$z_2 = 40$的传动比并不合理。为了减小发生偏磨的概率，一般将大、小链轮的齿数以及链条节数选择为互质关系。当然，上面的设计中$z_1 = 13$、$z_2 = 40$之间的确为互质关系，但为什么不合理？这就涉及了过渡链节的问题。若取大链轮齿数$z_2 = 40$，则为保证两两互质，设计后的链条节数应为奇数，链条需要过渡链节的连接，而过渡链节的承载能力仅为正常链节的80%~85%。因此，在设计中链条节数一般确定为偶数，为了保证两两互质关系，则链轮齿数必须为奇数。在链传动的设计中一般根据传动比计算出大链轮齿数之后再将其圆整为奇数。

2. 链传动参数计算

1）小链轮齿数z_1。

2）大链轮齿数z_2。

3）实际传动比。

$$i = \frac{z_1}{z_2} \tag{7-9}$$

4）链节距p，滚子直径d_1。

确定链条型号，获取对应型号链条的标准参数。

5）初定中心距a_0。

初定中心距时，$a_0 = (30 \sim 50)p$ 为优；脉动载荷或无张紧装置时，取 $a_0 < 25p$，$a_{0\max} = 80p$。最小中心距计算公式见表7-2。

表7-2 最小中心距计算公式

i	<4	≥4
$a_{0\min}$	$0.2z_1(i+1)p$	$0.33z_1(i-1)p$

确定中心距时往往要考虑这套链传动系统与其他总成的匹配，避免出现干涉、安装困难或者半轴总成夹角过大等问题。

6) 确定链条节数。

$$L_p = \frac{2a_0}{p} + \frac{z_1+z_2}{2} + \frac{f_3}{a_0} = \frac{2a_0}{p} + \frac{z_1+z_2}{2} + \left(\frac{z_2-z_1}{2\pi}\right)^2 \frac{p}{a_0} \quad (7-10)$$

式中，f_3 为用齿数计算链条节数的系数。

7) 链条长度。

$$L = \frac{L_p p}{1\,000} \quad (7-11)$$

8) 计算（理论）中心距 a'。

当 $z_1 \neq z_2$ 时：

$$a' = p(2L_p - z_1 - z_2)f_4 \quad (7-12)$$

式中，f_4 为中心距比例效应系数。

当 $z_1 = z_2 = z$ 时：

$$a' = \frac{p}{2}(L_p - z) \quad (7-13)$$

9) 实际中心距 a。

$$a = a' - \Delta a \quad (7-14)$$

一般取 $\Delta a = (0.002 \sim 0.004)a'$。

10) 链速。

$$v = \frac{z_1 n_1 p}{60 \times 1\,000} \quad (7-15)$$

式中，n_1 为小链轮速度，单位 r/min；v 单位为 m/s。

11) 有效圆周力。

$$F_t = \frac{1\,000P}{v} \qquad (7-16)$$

式中，P 为传动功率，单位为 kW；F_t 为有效圆周力，单位为 N。

12) 作用在轴上的力 F。

水平或倾斜的传动：

$$F \approx (1.15 - 1.2)k_A F_t \qquad (7-17)$$

接近垂直的传动：

$$F \approx 1.05 k_A F_t \qquad (7-18)$$

式中，k_A 为工况系数，可在机械设计手册中查询取值。

求出链传动作用在轴上的力可以对链传动的支撑机构各组成零部件进行受力计算与分析。

13) 润滑方式：脂润滑。

3. 链轮参数计算

链轮主要参数如图 7-17 所示。

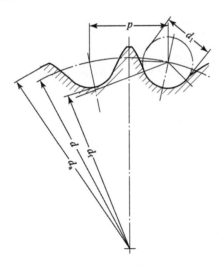

图 7-17 链轮主要参数

1) 分度圆直径。

$$d = \frac{p}{\sin 180°/z} \qquad (7-19)$$

分别求出大链轮、小链轮分度圆直径 d_m、d_s。

2）齿顶圆 d_a。

$$d_{amax} = d + 1.25p - d_1 \qquad (7-20)$$

$$d_{amin} = d + \left(1 - \frac{1.6}{z}\right)p - d_1 \qquad (7-21)$$

齿顶圆直径可在 d_{amax} 和 d_{amin} 之间选择任意值，在齿顶圆圆整选值的过程中务必注意保持在这两个限值范围内。如果设计选值 $d'_a < d_{amin}$，则链轮载荷能力降低；如果设计选值 $d'_a > d_{amax}$，则传动过程中会发生顶切，降低链轮载荷能力并缩短链轮寿命。需要注意的是，若 $d'_a = d_{amax}$，则链轮加工时应考虑用展成法加工，否则也有发生顶切的可能。

对于三圆弧—直线齿形，最优齿顶圆直径 d_a 为

$$d_a = p(0.54 + \cot 180°/z) \qquad (7-22)$$

3）齿根圆直径。

$$d_f = d - d_1 \qquad (7-23)$$

分别求得大、小链轮齿根圆直径。如果要对齿根圆进行圆整，则应注意圆整时取比实际值小的整数。

4）齿高。

$$h_a = 0.27p \text{（对于三圆弧—直线齿形）}$$

5）最大齿根距 L_x。

奇数齿：

$$L_x = d\cos\frac{90°}{z} - d_1$$

偶数齿：

$$L_x = d_f = d - d_1$$

6）轴凸缘直径 d_g。

$$d_g < p\cot\frac{180°}{z} - 1.04h_2 - 0.76$$

式中，h_2 为内链板高度。

7）轮毂厚度 h。

$$h = K + \frac{d_k}{6} + 0.01d$$

式中，d_k 为孔的直径；K 是一个与 d 有关的系数，$d < 50\text{mm}$ 时，K 取 3.2。

8）齿宽 b_f。

$$\text{单排 } b_f = \begin{cases} 0.93b_1 & p \leq 12.7 \\ 0.95b_1 & p > 12.7 \end{cases}$$

式中，b_1 为链条内节内宽。

9）齿侧半径。

$$r_x \geq p$$

10）倒角宽。

$$b_a = \begin{cases} 0.06p & \text{链号 081、083、084、085} \\ 0.13p & \text{其他} \end{cases}$$

11）倒角深。

$$h = 0.5p$$

12）齿侧凸缘圆角半径。

$$r_a \approx 0.04p$$

4. 链轮设计

链轮的具体参数在上一节中已经确定，故其基本结构尺寸均已确定，接下来主要涉及材料选择和强度校核的问题。

（1）材料选择

FSAE 赛车的链轮材料一般为合金钢，也有一些车队为追求极致的轻量化使用成本较高的高强度铝合金或钛合金制作链轮。在选用大小链轮的材料时，一般小链轮选用的材料在综合性能上比大链轮好。合金钢的种类有很多，链轮常用的材料、热处理工艺及处理后的强度如表 7-3 所示。

表 7-3 链轮常用的材料热处理工艺及处理后的强度

材料	热处理	调制后的材料强度 σ_s/MPa	适用工况
15、20	渗碳、淬火	≥245	无冲击载荷的链轮
45	淬火、调质	≥355	有冲击载荷、齿数较多的链轮
15Cr、20Cr	渗碳、调质	≥490	冲击载荷较小、传递大功率的链轮
40Cr、35CrMo	淬火、调质	≥785	冲击载荷较大、传递大功率的链轮

40Cr、35CrMo 等材料调质后屈服强度高,齿面通过高频淬火能获得较高的硬度,因此一般选用 40Cr、35CrMo 材料制作小链轮。大链轮则一般采用 45 号钢制作,调质处理后,齿面通过高频淬火以提高齿面硬度,增加耐磨性。

(2) 强度校核及优化分析

图 7-18 所示为链传动系统受力示意图,从图中可以看出,链传动系统中涉及的力分别为链条紧边拉力 F_1、松边拉力 F_2、垂度拉力 F_f、离心力 F_c 以及压轴力 F_Q。

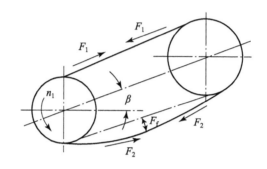

图 7-18 链传动系统受力示意图

1) 有效拉力 F。

$$F = \frac{1\,000P}{v}$$

式中,P 为功率,kW;v 为速度,m/s。

2) 离心力 F_c。

$$F_c = qv^2$$

式中,q 为每米链长质量,kg/m。

3) 垂度拉力 F_f。

$$F'_f = gqaK_f \times 10^{-2}$$

$$F''_f = gqa(K_f + \sin\alpha) \times 10^{-2}$$

式中,K_f 为垂度系数;a 为中心距,mm;g 为重力加速度;$\alpha = 180°/z$。

$$F_f = \max(F'_f, F''_f)$$

4) 紧边拉力 F_1 和松边拉力 F_2。

$$F_1 = F_c + F_f + F$$

第7章 传 动

$$F_2 = F_c + F_f$$

5) 压轴力 F_Q。

$$F_Q = F + 2F_f \approx 1.2F$$

计算得出以上各个作用力的数值，便可以对链条、链轮的强度进行校核。同时，利用压轴力可以在设计差速器悬置系统时对悬置支架进行校核。在设计大链轮轮辐时，不仅要考虑传递扭矩的校核，还要考率压轴力的作用。具体的强度校核及轮辐设计可通过力学仿真分析软件进行，本节在此不作介绍。

5. 链传动相关规则

规则对链传动系统有如下规定：

规则 8.4.1 暴露在外的高速旋转件，都必须安装防护罩以防失效。主减速器系统的防护罩必须开始于链轮、皮带轮、滑轮的最低处并结束于另一个传动轮的最低处，具体示意图如图 7-19 所示。

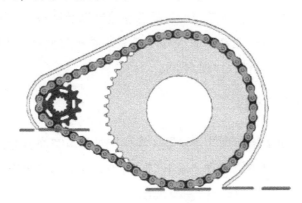

图 7-19 链传动系统防护罩安装标准示意图

规则 8.4.2 传动链的防护罩不允许使用有通孔的材料。

规则 8.4.3 必须使用厚度至少为 2.66mm 的钢板制成，其宽度至少为链条宽度的 3 倍。防护罩中心在任何条件下必须与传动链的中心对齐。

规则 8.4.4 防护罩安装用紧固件必须使用至少公制 8.8 级以上的 M6 螺栓安装。

7.3 差速器

差速器是传动系统的重要组成部分之一,其作用是使汽车在转弯行驶或不平路面行驶时,左右驱动轮之间可以实现不同的转速,保证左右驱动轮均能自由地做纯滚动,从而增加转向稳定性,并减少轮胎磨损。差速器的分类方法有很多,按不同的分类方法可将差速器分为多种不同的差速器。

1) 按差速器的安装位置,可以分为装在两驱动轮之间的轮间差速器,以及多轴驱动汽车安装在不同驱动轴之间的轴间差速器。

2) 按差速器工作原理可以分为齿轮式差速器、强制锁止式差速器、托森差速器以及摩擦片式限滑差速器等。

3) 按差速器的工作能力可分为自由差速器和限滑差速器。

下面简单介绍一下自由差速器、托森差速器以及摩擦片式限滑差速器三种常见差速器。托森差速器和摩擦片限滑差速器按类型均属于限滑差速器,只是它们限滑作用的机构及原理不同。

7.3.1 自由差速器

自由差速器是最早使用的差速器,其作用是使汽车在转弯过程中内外侧车轮之间能够相对自由的转动,减小车轮磨损并增加转向灵敏度。自由差速器结构示意图及三维模型如图7-20所示。

动力从输入轴输入到差速器从动齿轮上,差速器从动齿轮与差速器壳体是一个整体,差速器壳体将动力传递到安装于其上的行星齿轮上。当汽车在良好路面直行时,左右驱动轮与地面附着力相同,因此左右半轴齿轮对行星齿轮的阻力矩相同,行星齿轮不转动,左右半轴以相同的转速、相同的转矩输出;当汽车转弯时,左右半轴齿轮对行星轮的转矩不相同,行星齿轮转动,左右半轴齿轮以不同的转速转动,实现差速。

赛车在比赛时通常会以较高的速度过弯,在离心力的作用下车体会产生向外的侧倾,这会使赛车的内侧车轮附着力下降,极限状态时,内侧车轮会

第7章 传　动

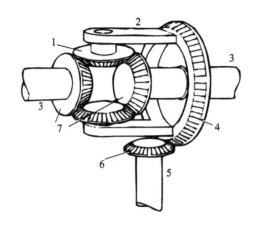

图 7-20　自由差速器结构示意图及三维模型图
1—行星齿轮；2—齿轮架；3—输出轴；4—从动齿轮；
5—输入轴；6—主动齿轮；7—左右半轴齿轮

离开地面，车轮附着力完全失去。如果赛车安装的是自由差速器，那么当赛车过弯时，内侧车轮出现上述的状态，差速器会把大部分动力甚至全部动力都输出到内侧的驱动轮上，从而造成内侧车轮打滑而外侧车轮没有动力的情况，赛车在过弯时无有效的动力输出，影响赛车过弯速度。另外，由于差速器传递到驱动车轮上的扭矩突然变化，也会造成赛车在过弯时不稳甚至失控。因此，赛车安装的差速器基本为带有限滑功能的差速器。

7.3.2　托森差速器

托森差速器是限滑差速器的一种，它是利用蜗轮蜗杆传动不可逆性原理以及蜗轮蜗杆齿面高摩擦条件，使差速器内部转矩变化而实现差速器差速或锁死。托森差速器结构如图 7-21 所示。

拖森差速器的工作原理如下：当汽车在平直道路直线行驶时，两侧半轴施加在蜗轮蜗杆上转矩相同，涡轮两端的直齿轮因为受到相等的转矩而没有相对转动，左、右两半轴蜗杆以相同转速转动。当汽车转弯或某侧车轮打滑，假设图中左侧对应的车轮打滑时，则左侧半轴转速增加，转速大于右侧半轴，左侧蜗杆带动涡轮以图示箭头方向转动，固定在涡轮两端的直齿轮以箭头指示方向转动，则右侧涡轮向反方向运动，实现转速差。由于蜗轮蜗杆逆传动

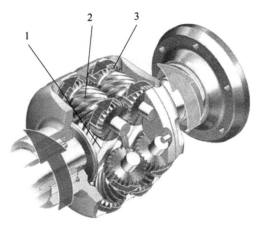

图 7-21　托森差速器结构
1—涡杆；2—涡轮；3—直齿轮

效率很低，因此，当两轴转速差达到一定值时，蜗轮蜗杆锁死，限制转速差继续加大，实现限滑功能。

由上述可知，托森差速器靠蜗轮蜗杆之间的逆传动效率低的特性来实现差速器锁死限滑。限滑效能取决于两输出轴的转速差以及差速器的内摩擦力矩的大小，转速差由路面状况决定，差速器的内摩擦力矩则在很大程度上取决于蜗轮蜗杆的特性参数。通过设定蜗杆的螺旋角以及摩擦角，可以改变托森差速器的锁紧系数，从而得到需要的锁紧效能。一般轴间差速器所需转速差相对较小，可以选择较大的锁紧系数，而轮间差速器需要保证过弯的稳定性，通常会选择稍小一些的锁紧系数。

7.3.3　摩擦片式限滑差速器

摩擦片式限滑差速器可以看作是通过普通自由差速器和左、右半轴齿轮与差速器壳体之间的离合器结合作用来实现的限滑差速。图 7-22 所示为摩擦片式限滑差速器的结构。

摩擦片式限滑差速器差速的基本原理与自由差速器类似，都是通过行星架上的锥齿轮转动来吸收两侧输出轴的转速差的。所不同的是，摩擦片式限滑差速器的行星架并没有直接固定安装于差速器壳体上，而是通过两瓣保持架间接与差速器壳体连接。当车辆两侧半轴转速相同时，差速器壳体将扭矩

第7章 传 动

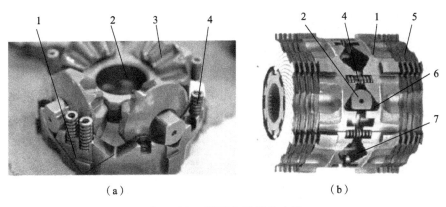

图 7 – 22　CUSCO 限滑差速器

(a) 行星齿轮；(b) 差速器总成

1—保持架；2—行星架；3—行星齿轮；4—预紧弹簧；

5—摩擦片；6—1way 保持架槽；7—2way 保持架槽

传递给保持架，保持架推动行星架将动力通过行星齿轮传递给两侧半轴齿轮。由于两瓣保持架的斜面与行星架支撑面之间是光滑的斜面配合，因此在传递扭矩时，行星架推动两个保持架往两侧移动，使外摩擦片和内摩擦片之间的正压力增加（差速器装配时，弹簧被压缩，有初始预压力）。当两侧车轮转速不同时，假设左侧车轮转速较快、右侧车轮转速较慢，则左半轴转速大于差速器壳体、右半轴转速小于差速器壳体。因此与差速器壳体连接的外摩擦片和与半轴连接的内摩擦片之间便会产生相对转动，从而产生摩擦力矩，其数值大小与差速器传递的扭矩和摩擦片数量成正比，方向则与快转半轴旋向相反、与慢转半轴旋向相同。较大的摩擦力矩作用于慢半轴，使慢半轴的转矩明显增加。

行星架与两瓣保持架之间的配合面是决定摩擦力的重要因素之一。通过对两瓣保持架的斜面设计，可以使差速器呈现 1way、1.5way、2way 三种不同的工作模式。其中 1way 是指差速器在有动力输出的状态下起限滑作用，无动力输出时限滑功能关闭；1.5way 是指差速器在有动力输出的状态下起限滑作用，无动力输出时只产生 50% 的限滑作用；2way 是指无论有无动力输出的状态下，差速器限滑作用均开启。如图 7 – 22 所示安装状态为 1way 状态，将行星架安装到相邻的保持架槽里面即为 2way 状态。这是一个 1way、2way 可调限滑差速器。

为保证赛车在过弯时有良好的动力输出，同时有灵敏的转向响应，一般方程式赛车的差速器设定为1.5way。

市面上有一些限滑差速器如日本CUSCO差速器,其强度及扭矩传递能力均是以超跑的数据来进行标定的,对于动力及整车重量都要小很多的FSAE赛车来说则不太适用,而且重量太大。如果选择这种产品,则需要对差速器壳体进行轻量化改制。通常采用高强度铝合金材料的自制差速器壳。改制中如何保证所需差速器的锁紧系数以及如何匹配赛车是需要谨慎考虑的。有一些高端品牌Drexler有专为FSAE定制的差速器,不仅性能得以保证,重量也很轻,而且完全不用自己改制差速器壳,但是其价格也很高。

7.4 半轴总成

半轴总成是差速器和驱动轮之间传递动力的部件,其内端与差速器半轴齿轮相连。半轴两端都安装了万向节,再通过花键与差速器输出轴或轮毂连接。这样,遇到路面不平等工况时,驱动轮就可以相对于车身上下跳动了。

7.4.1 传动半轴的设计计算

传动半轴的作用是传递动力至驱动车轮,因采用全浮式支承方式,半轴只承受转矩,两端均不承受任何反力或弯矩。所以,半轴的设计相对简单,主要校核其转矩承受能力,结合万向节与驱动轮系及差速器进行匹配即可。

赛车比赛时半轴传递最大扭矩的工况基本是直线加速起步瞬间最大转矩输出工况,此时车辆从静止状态迅速加速,赛车能输出最大轮上转矩。假设半轴传递的最大扭矩为 T_{Rmax},有:

$$T_{Rmax} = T_{max} \cdot i_f \cdot i_1 \cdot i_0 / 2 \tag{7-24}$$

半轴圆截面边缘处切应力最大为

$$\tau_{max} = \frac{T_{Rmax} R}{I_P} = \frac{T_{Rmax}}{I_P / R} = \frac{T_{Rmax}}{W_P} \tag{7-25}$$

式中,τ_{max} 为圆轴截面边缘最大切应力;I_P 为截面极惯性矩;R 为截面半径;W_P 为抗扭截面系数,圆截面 $W_P = \frac{\pi d^3}{16}$。

第7章 传 动

半轴在工作时承受冲击和反复扭转应力的作用，要求材料有足够的强度和良好的韧性。半轴材料一般选择40Cr，性能要求更高的可以选用40CrMo、40CrMnMo等材料。40Cr一般通过调质处理来增加其强度和抗冲击韧性，调质处理是淬火加高温回火的过程。具体热处理温度为850℃并加热保持80min，油淬冷却，淬火后采用620℃高温回火，回火时间在60min以上。

7.4.2 万向节选型

万向节种类很多，根据主、从动轴的瞬时转速关系可以分为不等速万向节、准等速万向节以及等速万向节；根据各自的结构形式可以分为十字万向节、双联式万向节、三销轴式万向节、球面滚轮式万向节（俗称三球销式万向节（见图7-23））、球叉式万向节以及球笼式万向节（见图7-24）等。各种类型的万向节都有其优缺点，目前以十字万向节、三球销式万向节以及球笼式万向节应用最为广泛。赛车半轴总成多采用一个三球销万向节与一个球笼式万向节搭配的形式，应用在半轴与减速器连接及半轴与轮毂连接处。

图7-23 三球销式万向节　　　图7-24 球笼式万向节

球笼式万向节结构紧凑、承载能力强并且拆装方便。固定型球笼式万向节的两根轴允许的交角范围较大（45°~50°），但不允许两轴之间有轴向位移。但是赛车在运动过程中，半轴总成随悬架上下跳动必然会产生横向长度的变化，所以一般选用可伸缩式球笼式万向节或者三球销式万向节。三球销式万向节的可伸缩行程比较长，允许的轴间夹角可达43°。

无论是球笼式万向节还是三球销式万向节，其组成零件的加工工艺都相对较复杂，一般都是选购成品。但是在赛车轻量化的追求下，球销壳与轮毂一体化渐成潮流。在设计自制球销壳时，尺寸上一定要符合标准系列要求，材料及热处理上要考虑强度及耐磨性。

7.5 车轮系统

车轮系统是指围绕轮胎来设计的零件，主要作用是定位轮胎，传递地面对轮胎的力。其组成零件包括立柱、轮毂、轮辋等。其中轴承内圈安装在轮毂上，外圈支承在立柱上，它们的装配关系如图 7-25 所示。

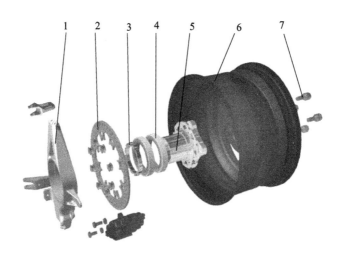

图 7-25　轮系装配图
1—立柱；2—制动盘；3—齿圈；4—轴承；5—轮毂；6—轮辋；7—轮辋螺栓

7.5.1　立柱

立柱是一个多功能零件，它要为悬架的全部外点、卡钳、轴承、轮速传感器等提供安装点。因为悬架外点的位置对赛车操作稳性有很大的影响，所以不少立柱上的悬架吊耳都被做成了分体式。

在图 7-26 中，上 A 臂的吊耳就被做成了分体式，下 A 臂外点和拉杆外点吊耳结构直接由立柱本身提供。这样只要调整分体吊耳背后的垫片数量，就可以改变车轮外倾角了。除此以外,也有 A 臂上下吊耳都做成分体式的,理论上车轮外倾角可以任意调节。转向拉杆吊耳也可以做成分体式,还可以打多个安装孔以改变转向梯形。值得一提的是,调整转向拉杆吊耳内部的垫片位置从而改变转向拉杆外点的垂直高度,也可以对转向特性产生不小的影响。

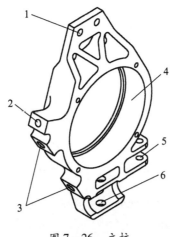

图 7 - 26 立柱

1—上 A 臂吊耳安装点;2—轮速传感器安装点;3—卡钳安装点;
4—轴承支承面;5—转向拉杆外点安装点;6—下 A 臂外点安装点

立柱功能繁多,其受力也十分复杂,但校核时主要看两个工况:一是高速过弯时,地面对立柱施加的压力;二是大力制动时,卡钳对立柱施加的制动力矩。立柱材料一般选用铝合金。

7.5.2 轮毂

轮毂是安装车轮的零件,后轮毂需要将半轴的扭矩转递给车轮,前轮毂仅提供支撑作用(对于后驱赛车)。轮毂一般有两个法兰,一个用于安装制动盘,一个用于安装轮辋。如图 7 - 27 所示,轮毂属于高速旋转的簧下质量,其轻量化意义非凡,材料一般选用铝合金。

后轮毂通常与三球销壳集成一体。为了防止球销接触面被压溃,可以加装钢套或是将铝材料进行阳极氧化处理。对轮毂进行强度刚度校核时,需要考虑的工况有:高速过弯时地面对轮毂施加的压力;紧急制动时制动盘施加

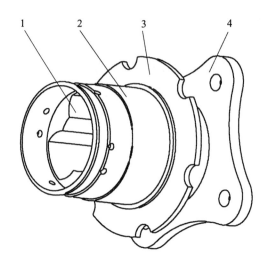

图 7-27 轮毂
1—球销滚道；2—轴承配合面；3—制动盘安装法兰；4—轮辋安装法兰

的扭矩；对于后轮毂，还有加速时三球销施加的扭矩。另外，由于受到循环应力，法兰面根部易疲劳断裂。因此建议对后轮毂进行疲劳仿真。

7.5.3 轮辋

轮辋是安装和支撑轮胎的部件。轮胎装上轮辋之后一般需要做动平衡，以弥补各种因素引起的质量分布不均。作为簧下质量兼旋转件，轮辋减重十分重要。它的材料通常为铝合金或镁合金，近年来还出现了碳纤维轮辋。若预算充足，碳纤维轮辋值得一买。除了材料，选购轮辋时还可以从以下几个方面考虑。

1. 整体式与三片式轮辋

轮辋按能否进一步拆分可以分为整体式、两片式和三片式轮辋等。量产轮辋通常都是整体式轮辋，采用铸造或锻造工艺制成，价格较低，力学性能良好，但轮辋各个参数是固定的，不方便改装。高端定制化的赛车轮辋通常是三片式的，其轮圈在轮辐处断开为两片，加上轮辐作为第三片，如图 7-28 所示，这种轮辋可以定制某些参数，如宽度、ET 值、PCD 值等，其材料、表面质量优于量产式轮辋，但价格也高很多。

第7章 传 动

图 7-28 三片式轮辋
1—轮辐；2—外轮圈；3—内轮圈

2. 直径与宽度

一个轮辋的直径与宽度决定了它能否与轮胎适配。若某赛车轮胎标号为 18.0×6.0-10，适配轮辋宽度为 5.5~7.0 英寸。这说明与它适配的轮辋直径必须为 10 英寸，宽度可以在 5.5~7.0 英寸，这是因为轮胎可以有一定的弹性形变。虽然窄一些的轮辋重量较轻，但是过窄的轮辋与轮胎安装后，轮胎断面会拱起，影响轮胎抓地力。所以在宽度范围之内，一般选择较宽一些的尺寸。

3. 偏置距

偏置距又叫 ET 值（Offset），它被定义为轮毂安装接触面与轮辋中心面的水平距离。偏置距有正偏距、零偏距、负偏距三种，如图 7-29 所示。从受力角度来看，零偏距的轮辋是最佳的。正偏距轮辋的优点是，内部空间大，便于在车轮内布置卡钳等部件，而且主销内倾角不必取太大，磨胎半径就很小。负偏距正好相反，磨胎半径比较大，或是增大主销内倾角来减小磨胎半径，车轮内空间也比较小，故负偏距的轮辋应用较少。

4. 轮毂孔距

轮毂孔距又叫作 PCD 值（Pitch Circle Diameter），它是轮辋与轮毂的安装螺栓的中心孔圆周直径。其设计依据主要是在最大制动力矩或加速力矩下对螺栓组进行校核。FSAE 赛车通常使用 4 个轮毂螺栓，中心孔圆周直径

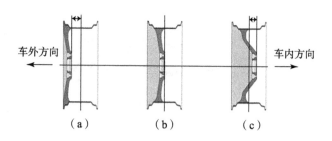

图 7-29 偏置距的种类
(a) 正偏距；(b) 零偏距；(c) 负偏距

为 100mm 左右，螺栓公称直径在 M10 左右。这几个参数可以标记为 PCD100×M10×4。为了防松，轮毂螺栓通常带 60°锥角，螺纹为细螺纹，如图 7-30 所示。

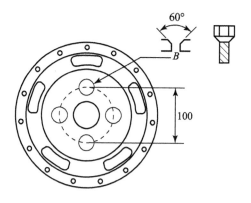

图 7-30 轮毂螺栓相关尺寸

第 8 章
Chapter 8　电子系统

近年来,汽车上的微控制器(MCU,Microcontroller Unit)数量越来越多,汽车电子成本占整车成本的比例逐步提高,汽车智能化水平不断提高,这些都反映出汽车电子技术发展的日益迅猛。汽车上有许多不同功能的电子模块,如发动机管理模块、制动防抱死模块和安全气囊模块等,它们通常通过 CAN (Controller Area Network) 网络与 LIN (Local Interconnect Network) 网络共同连接成为高效的车内网络。

作为 FSAE 电子系统的一名设计员,首先要面对的问题是:电子模块应该是自制还是购买?虽然从 FSAE 的教育意义上来说,自制模块肯定可以学习到更多的知识,但是从项目管理的层面上来说,自制模块所花费的时间与精力是成倍增加的,与购买成熟的新产品相比承担了更多的风险。在这里给出的建议是,要客观判断自身的技术实力和人力物力。在复杂的电子模块上选择购买,如发动机 ECU (Electronic Control Unit);在比较简单的电子模块上可以选择自行研发,为自己的赛车开发出个性化的产品,如仪表模块。

8.1 主芯片

将微处理器(CPU)、存储器、I/O 接口电路和相应实时控制器件集成在一块芯片上,就是单片微型计算机,简称单片机。赛车上电子系统的大脑就是单片机。单片机与个人电脑同宗同源,只是应用领域不同让二者走在完全不同的技术路线上。个人电脑朝着大存储、高运算速度发展,而单片机则有以下特点:

1) 集成度高、体积小;
2) 适用温度宽,可靠性高,能在恶劣环境下工作;

3）控制能力强，低电压、低功耗，成本低廉。

以上几点原因足以说明，为什么赛车不是带着电脑跑，而是广泛使用单片机作为主芯片了。

为电子系统选择一款合适的主芯片，一般要考虑以下几点：

1）技术性：包括单片机的运行速度、存储空间、外部设备种类及数量。单片机所拥有的这些"资源"至少要略大于系统设计要求。

2）可靠性：包括可靠的供货渠道和可靠的运行品质。一般选择大厂家、通用的芯片型号。

3）开发性：芯片要有方便的程序开发工具、仿真调试手段等。初学者还要关注该芯片的学习资料是否完善、充足。

下面介绍两类十分流行的单片机：51 单片机和 ARM 单片机。

8.1.1　51 单片机

1980 年 Intel 公司推出了 MCS - 51 系列单片机，至今 51 系列经久不衰。51 单片机有着精简的内部架构与极高的可靠性。用四个字概括它的用户体验就是"简单好用"。它的主要内部资源由表 8 - 1 列出。

表 8 - 1　51 单片机主要内部资源

资源	数量	资源	数量
VOLTAGE	5V 供电	I/O	32 个通用输入/输出端口
CPU	8 位中央处理器，40MHz	TIMER	2 个 16 位定时计数器
RAM	256B 数据存储器	INT	5 个中断源，2 个优先级
ROM	4KB 程序存储器	UART	1 对全双工串口

51 单片机结构相对比较简单，因此经常成为嵌入式系统开发的入门首选。FSAE 赛车中使用 51 单片机可以做成简单实用的仪表系统，完成发动机转速、挡位、水温和车速等的采集与显示。考虑到其成本低廉、简单易学等优势，51 单片机是一个不错的选择。

在技术日新月异的今天，总有不少人争论 51 单片机是否已经过时了。一方面，选择芯片必须要考量它是否可以完成系统设计任务。在可以完成的前提下，芯片越简单可靠越好；不能完成的话，则果断舍弃该芯片。另一方面，

51单片机让初学者对寄存器读写、中断、总线等重要知识有明晰的基本概念。在学习复杂高端的单片机之前，51是很好的入门工具。基于以上两点，可以说51仍有很高的实用价值。

图8-1所示为宏晶半导体40引脚直插式51单片机。

图8-1　宏晶半导体40引脚直插式51单片机

8.1.2　ARM单片机

ARM（Advanced RISC Machines）是一家著名的微处理器设计企业，总部位于英国剑桥。该企业设计了大量高性能、低功耗、低成本的精简指令集处理器（RISC，Reduced Instruction Set Computer），并将其技术授权给世界上许多著名的半导体厂商。进入21世纪以来，ARM芯片迎来了井喷式发展，迅速占领了高端单片机的市场，并广泛应用在手机等移动设备上。

与51单片机相比，ARM单片机的运算速度有了极大的提高，它拥有的丰富外部设备也令项目开发变得越来越简单。表8-2所示为STM32F103单片机的内部资源，图8-2是该芯片的外形图。

表8-2　STM32F103单片机主要内部资源

资源	数量	资源	数量
VOLTAGE	3.3V供电	I/O	80个通用输入输出端口
CPU	32位中央处理器，72MHz	TIMER	8个16位定时计数器
SRAM	64KB数据存储器	INT	84个中断源，16个优先级

续表

资源	数量	资源	数量
FLASH	512KB 程序存储器	UART	5 对全双工串口
SPI	3 个串行外设接口	CAN	1 个 CAN 2.0B 接口
I2C	2 个 I2C 接口	SDIO	1 个 SD 卡接口
USB	1 个 USB 2.0 全速接口	ADC	12 位精度 16 通道模数转换器

51 单片机较慢的速度与过小的存储空间经常会让程序设计受到诸多的限制。如果希望赛车电子系统有更快的速度和更全面的功能（如数据记录等），推荐使用以 ARM 为核心的更强大的芯片，虽然它会令你的系统更昂贵、更复杂。

图 8-2 意法半导体 64 引脚帖片封装 ARM 芯片

8.2 电源系统

电源为所有的芯片提供动力，电压过低、过高或电压不稳，轻则让芯片工作不正常，重则烧毁芯片。因此设计任何一个电子系统，都需要详细考虑它的电源系统设计。通常需要考虑的是电源的输入选择、输入的电源处理和电压转换等问题。

8.2.1 蓄电池电压输入

FSAE 赛车上的车载蓄电池电压通常为 12～14V，可以考虑使用这个电源作为电子系统的电压输入。车载蓄电池的优点是电量充足，缺点是发动机工况不同会导致电源电压不稳定，需要做滤波处理。最危险的是蓄电池有可能会产生瞬时尖峰电压，对电子系统造成影响，因此需要做超压保护。

一个可行的超压保护电路如图 8-3 所示。蓄电池 13V 的电压从左端输入，先经过一个二极管，以防止电源接反，再经过一个限流 1.85A 的自恢复熔断器，之后接入共模电感以抑制共模的电磁干扰信号。

三极管 Q1 与 Q2 起到了超压保护的作用。超压时，稳压二极管 D2 可以将 Q1 的基极稳定在 15V。若输入电压超过 15.7V，Q1 管将导通，其基极与集电极压差很小，使 Q2 管截止，相当于断路，电压则无法传到后端电路中。Q2 之后是电容滤波电路，滤波之后可以输出相对安全稳定的 13V。

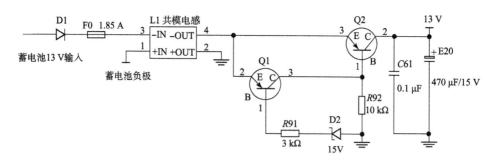

图 8-3 蓄电池输入超压保护电路

8.2.2 发动机 ECU 电压输入

利用赛车上已有的电子模块，有时可以轻松地解决电源问题。例如，许多发动机 ECU 模块具有 5V 辅助输出接口，其电压平稳安全，可以直接接入自行设计的电子系统中。唯一需要注意的是，必须查询 ECU 手册确定该 5V 辅助输出接口的输出能力（最大输出电流），如果达不到设计要求则不能使用这种方法。

8.2.3 电池

上面的方法都有一个缺点,那就是停车之后电子系统掉电。如果是数据记录模块的话,一般希望停车之后模块仍然工作,以便进行数据的查看与下载,这时就需要加装电池。电池一般选择锂电池,如图 8-4 所示。电池的容量要根据电子系统的功率与设计的续航时间来确定。

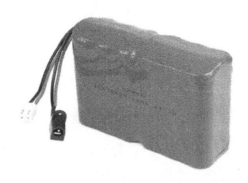

图 8-4 锂电池

1. 纯电池供电

纯电池供电系统十分简单,因为电池电压一般比较稳定,故不需要考虑太多的输入保护措施。但是纯电池供电有电量不足的风险,以及更换电池的麻烦,一般建议加一路 AD 转换器专门监控电量,以提示使用者在电量过低的时候及时更换电池或对电池进行充电。一般电池的负极要与赛车可靠共地。

2. 车载充电式

车载充电式是一种以 13V 蓄电池为主、自带电池为辅的电源方案。该方案大大降低了电量不足的风险,而且自带电池容量可选择得小一些,降低一些重量。一个可行的充电电路如图 8-5 所示。

左端是经过如图 8-3 所示的电路处理过后的 13V 电源,它输入到线性稳压器 LM317 的输入端,LM317 可输出稳定的 8.4V 电压,该电压一边给电子系统所有的负载供电,一边给锂电池充电。二极管 D4 阻止了电池向 LM317 输出端输出电能。熄车后,13V 电源输入为 0,此时锂电池电能流经 D3 进入 LM317 输入端。S1 为电池供能开关。

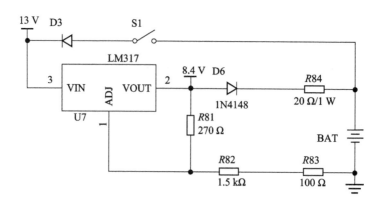

图 8-5 充电电路

8.2.4 直流电压转换

不同芯片的允许输入电压不一样。例如 51 单片机是 5V 供电，ARM 单片机通常是 3.3V 供电。通常一个电子系统里会有几路不同的电源电压分别对特定的芯片（组）供电。这里就涉及直流电压转换。

1. 5V 输出

为了得到 5V 输出，可以使用 LM2576-5 作为直流电压转换芯片。这是一款开关型稳压电源，输入电压范围宽，7~40V 皆可，输出能力可达 3A，转换效率达 80% 左右。一种可行的应用电路如图 8-6 所示，其中电容的作用是滤去交流成分，吸收波动电能。滤波电容要布置在 5V 供电芯片的供电引脚附近。

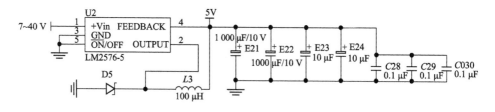

图 8-6 5V 输出电路

2. 3.3V 输出

3.3V 通常是在 5V 的基础上再做转换。5V 转 3.3V 的电源芯片有很多，工作可靠、体积小巧，如 CAT6219，ASM1117-3.3 等。图 8-7 所示为以 CAT6219 为核心的 5V 转 3.3V 电路。

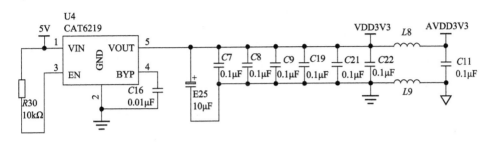

图 8-7 3.3V 输出电路

在图 8-7 所示的电路图右端，还进行了数字信号与模拟信号的隔离操作。由于数字信号通常是阶跃信号（矩形波），若不加任何隔离的话，对模拟信号会有一定的影响。可以采用以下几种隔离方法。

（1）电感隔离

即采用比较简单的电感串联法，使用电感在数字地与模拟地之间、数字信号电源与模拟信号电源之间隔离。电感取值通常在几 μH 到数十 μH 之间。

（2）电阻隔离

可以将电感替换成 0Ω 电阻，0Ω 电阻具有一定的阻抗，并且对所有频率的噪声都有衰减作用。

（3）磁珠隔离

磁珠由氧磁体组成，它对高频噪声有很好的抑制作用，在低频直流下电阻率变低。磁珠相当于电感与电阻串联，它的电路符号与电感相同。

8.3 仪表系统

在自制模块中，仪表系统通常是各个车队自制的首选。因为仪表显示功能相对比较简单，自制又可以实现个性化的显示功能，可以说自制仪表是充满乐趣的尝试。本节主要围绕仪表电子系统，针对几个重要的技术点进行讲解。

8.3.1 屏幕

屏幕是显示赛车重要信息的载体,选购屏幕时需要考虑的因素很多。首先是屏幕尺寸,到底应该选择大屏幕还是小屏幕?大屏幕、大字号会是一种视觉享受,也容易看清,但由于安装空间的限制,显示面积不能过大;然后要考虑功耗,功耗越低的屏幕越好,特别是设计纯电池供电的仪表系统尤其需要考虑这一点。一般保证功耗低的方法主要是选择低功耗的屏幕类型以及限制屏幕尺寸;再要考虑对比度,即赛车在阳光猛烈或在黑暗的环境下,屏幕是不是有足够的对比度显示内容?带着以上种种问题,下面来看几种不同的屏幕类型。

1. 指针式仪表

大多数乘用车采用指针式仪表,如图 8-8 所示。这种显示方式具有直观可靠、功耗较低的优点;缺点是需要多个步进电动机,零部件数量多,控制难度大,布置较为不方便。这种类型的仪表在 FSAE 赛场上比较少见,大多数车队选择用一块屏幕作集成化的显示。

图 8-8 指针式仪表

2. STN 液晶显示屏

STN(Super Twisted Nematic,超扭曲向列)液晶显示屏是一类功耗极低的屏幕,它广泛应用于计算机及老式的手机屏幕上。液晶有一种神奇的旋光特性,可以对光线产生偏转,并且这一特性受控于所施加的电压。液晶相当于一种可控的偏光器,在它前、后加入相互垂直的偏光材料便可以控制光线阻断与否,从而在屏幕上显示出一个黑点。如果加入 RGB 滤镜,还可以显示不同的颜色。正因为它的显示本质上来源于外部光线,所以外部光源越强烈,STN 液晶屏显示对比度越高,效果越好。这一特点十分适合于 FSAE 场外阳光猛烈的天气情况。它的弱点也是因为它依赖于外部光线,在黑暗环境中无法看清,所以绝大多数的液晶屏都具有背光功能。背光耗电量比较大,而且阳光下可见度较差。二者兼得的一种方案是,使用光敏二极管感知环境的光强,实现背光的智能化开启。

无背光和有背光的液晶屏模块如图 8-9 所示。

图 8-9 无背光与有背光的液晶屏模块
(a) 无背光;(b) 有背光

3. OLED 显示屏

OLED（Organic Light - Emitting Diode）有机发光二极管技术采用非常薄的有机材料涂层,在适当的电流下自行发光,无须背光源,功耗较低。OLED 显示屏的屏幕视角很大,对比度强,颜色艳丽夺目,被誉为目前最有前景的显示技术。但其价格较高,可选型号也比较有限。如图 8-10 所示。

图 8-10 OLED 显示屏

8.3.2 转速

赛车仪表系统通常至少需要处理两个转速类的信号：发动机转速与车速。转速信号通常与方波相关，处理难度比普通信号更大一些。

1. 转速传感器

测量转速的传感器通常有两种：磁电式传感器与霍尔传感器。

（1）磁电式传感器

根据电磁感应定律，当通过闭合导电回路的磁通量发生变化时，回路内就会产生感应电动势，其大小与磁通量的变化率有关，即

$$E = -N\frac{d\phi}{dt} \quad (8-1)$$

当转速提高时，磁电式传感器感应电压脉冲频率提高，感应电压亦提高。低速时，尤其是转速接近于 0 时，感应电压过低，会导致无法测得转速信号。所以磁电式转速传感器具有低速性能差的缺点，如图 8-11 所示。

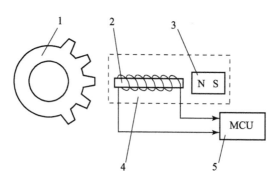

图 8-11 磁电式传感器

1—齿轮；2—感应线圈；3—永久磁铁；4—车速传感器；5—微处理器

（2）霍尔传感器

霍尔效应指的是，当电流垂直于外磁场通过导体时，在导体垂直于磁场和电流方向的两个端面之间会产生电势差，如图 8-12 所示。

霍尔电动势大小可由式（8-2）计算。

$$U = \frac{IB}{ne_0 d} \quad (8-2)$$

第 8 章 电子系统

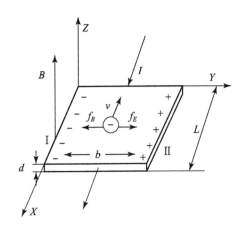

图 8-12 霍尔效应

式中，I 为控制电流；B 为磁场强度；d 为半导体厚度；e_0 为电子电荷量；n 为电子浓度。

霍尔式转速传感器的原理如图 8-13 所示。齿圈的齿轮与霍尔元件的相对位置改变了磁场的大小，从而导致霍尔电压的变化。因为霍尔传感器的输出电压与被测物体的运动速度无关，因此它的高、低速特性都很好。其下限速度可以接近于 0，上限速度理论上不受限制。

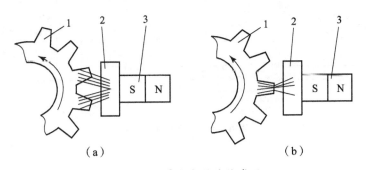

图 8-13 霍尔式转速传感器
1—齿圈；2—霍尔元件；3—磁体

2. 发动机转速

发动机转速是仪表显示的重要数据之一。发动机转速传感器一般都会被发动机 ECU 所占用，故若想获得这一信号不能直接读取传感器数据，还需另寻他法。

（1）发动机 ECU 方波输出

一般发动机 ECU 都具有辅助输出功能,通过适当的设定可以使 ECU 输出发动机转速方波。为了提高精度,该方波的频率可以设定为比发动机转速频率更高,如乘 5 倍、10 倍甚至 20 倍。倍乘该信号之后要注意发动机高转速时频率上限不超过 ECU 的最大输出频率。

(2) 读取 CAN 数据

目前的发动机 ECU 一般都有 CAN 数据接口,通过该接口可以读取许多重要的发动机数据。CAN 数据通信可以使线束大大减少,传输可靠性高,速率也高,可以说是最佳的选择。部分发动机 ECU 的 CAN 通信协议是开源的,在官网上可以查询,这更加降低了开发难度。

图 8-14 所示为 CAN 收发电路图。CAN 接口的硬件设计由 CAN 控制器、CAN 收发器与物理总线组成。近年来主芯片的硬件集成功能越来越强大,不少已经在内部集成了 CAN 控制器。假如选用了集成 CAN 控制器的主芯片,则只需要将芯片的 CAN 收发引脚与 CAN 收发器 TJA1042 的 TXD、RXD 相连。CAN 收发器提供差动发送和接收功能,它一般需要连接 120Ω 的终端电阻,然后再与物理总线相连。

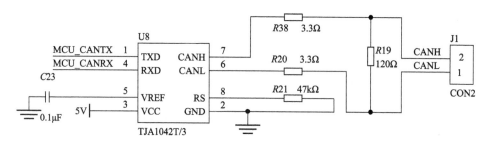

图 8-14 CAN 收发电路

3. 车速

车速传感器通常指的是变速箱输出轴传感器,一般为磁电式转速传感器,输出正弦波形,而且低速性能不佳。由于车速传感器测量的是变速箱输出轴的转速,所以在驱动轮产生比较大的滑移率时,其表示的车速与真实车速还会有较大的误差。

车速传感器通常为三线传感器,由 5V 电源、地线与信号线组成。图 8-15

所示为一个正弦波形处理电路。车速传感器的输出信号由左侧输入到电压比较器的正输入端,电压比较器的负输入端接入分压电路输出的 3.75V。所以,只要车速传感器的输出信号大于 3.75V,电压比较器就输出高电平,反之输出低电平。由此,这个电路就实现了正弦波形整形为方波的功能。

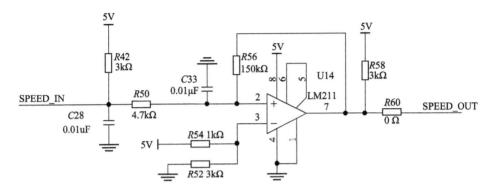

图 8-15　车速传感器正弦波形处理电路

4. 轮速

轮速传感器一般都是霍尔式传感器。传感器的齿圈一般由车队自行制造,材料要求为磁性材料,可以选择 45 号钢,齿圈必须可靠地安装在轮毂上,如图 8-16 所示。

图 8-16　安装在轮毂上的齿圈

使用轮速传感器有以下优点：首先，霍尔传感器低速性能好，如果使用的是开关型霍尔传感器，则直接输出数字量，不必考虑波形整形；再者，对于后驱赛车而言，前轮轮速传感器可以比较真实地反映车速。

但是，如果发动机 ECU 需要使用进阶功能如起步控制、牵引力控制等，则必须要求轮速传感器作为发动机 ECU 的输入信号。这样一来，轮速传感器就被发动机 ECU 占用了。在这种情况下，最好的解决方式是适当配置发动机 ECU，使其将轮速传感器信号通过 CAN 总线或脉冲信号输出到仪表主芯片中。

8.3.3 挡位

挡位显示常常是仪表中最为突出的一路信号，但是它的精确测量难度比较大。挡位测量主要有以下两种方法。

1. 求商法

求商法就是利用发动机转速与车速计算得到当前的挡位。如果车速取自变速箱输出轴，则挡位可按以下方法计算：

$$i_n = \frac{r_{\text{Eng}}}{r_{\text{spd}}} \quad (8-3)$$

式中，r_{Eng} 为发动机转速，r/min；r_{spd} 为变速箱输出轴转速，r/min；i_n 是求得的第 N 挡的变速箱传动比，查阅变速箱手册可知 i_n 是第几挡。

求商法最大的优点是完全利用已有的信号，不必作大的改动，方便快捷；缺点是只能测出动态挡位，无法测出静态挡位，离合器一旦脱离接合，所求得的商也是没有任何意义的。故一般离合器脱离接合，即显示为空挡。

2. 空挡传感器

摩托车的序列式变速箱一般只有空挡传感器，空挡传感器大多只有一个输出端，以输出地或车载电源电压来分辨变速箱是否处于空挡。图 8-17 所示为一个高电平输入检测电路。由于车载电源电压较高，故需要分压后作为三极管的控制电压。无高电平输入时，三极管处于截止状态，K0 开关量输出为 3.3V。有高电平输入时，三极管导通，K0 开关量输出为 0V。故高电平输入与否被转化为单片机可承受并识别的电压变化。

第 8 章 电子系统

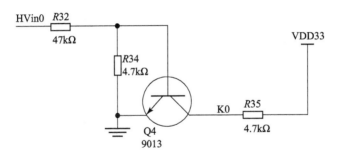

图 8-17 高电平输入检测电路

3. 挡位传感器

挡位传感器有两大类：一类安装在换挡杆处；另一类安装在变速箱内部。FSAE 赛车多采用序列式变速箱，其换挡杆一推或一拉后都会回到原位，所以安装在换挡杆处的挡位传感器没有任何实际意义。

如果原装变速箱内本身就有挡位传感器，那可以直接利用该传感器。但是大多数摩托车发动机是没有挡位传感器的，需要经过一定的改装加入挡位传感器。

首先需要了解一下序列式变速箱的换挡操纵机构原理。如图 8-18 所示，车手前、后拨动换挡杆时，机械联动机构驱动拨叉轴旋转一定角度，拨叉轴上刻有螺旋形凹槽，凹槽一旋转则带动选挡拨叉前后移动，从而完成换挡。改装加入挡位传感器的思路就是加入旋转电位器，测量拨叉轴的旋转角度。

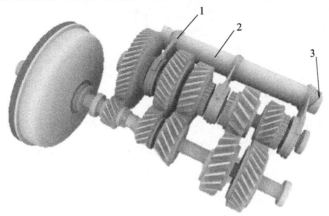

图 8-18 序列式变速箱换挡机构
1—选挡拨叉；2—拨叉轴；3—螺旋凹槽

挡位传感器是测量挡位最准确的方法,可测静态挡位,且不受离合器影响,但是需要改装变速箱。

8.3.4 温度

发动机水温是另一个十分重要的发动机数据。因为发动机水温可以反映出发动机的负荷状况,因此可以根据发动机水温信号制作水温报警,用来警示车手发动机已经工作在超负荷状态。原厂发动机水温传感器一定会被发动机 ECU 占用,因而获取发动机水温信号主要有以下几种方法。

1. 模拟量温度传感器

车用水温传感器通常为电阻式模拟量温度传感器,如图 8-19 所示。具体什么阻值对应什么温度还需要查阅手册或亲自标定。温度与阻值为非线性关系,在程序中一般采用多项式拟合或查表法。安装传感器还需要在水管上打出螺纹孔,这也是比较麻烦的地方。

图 8-19 车用水温传感器

2. 数字量温度传感器

数字量温度传感器的最大优点是省去了标定的麻烦,也无须进行 AD 转换的处理。常用的数字量温度传感器如 DS18B20 具有单总线协议,测温范围在 $-55℃ \sim +125℃$,外形体积十分小巧。安装方面,可以使用导热硅胶将传感器粘接于水管外壁,再将传感器所读取的数据按照发动机 ECU 读取的水温作标定,如图 8-20 所示。

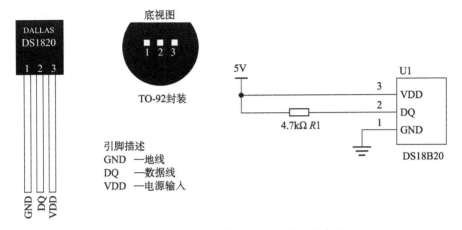

图 8 – 20 DS18B20 外形图与硬件设计电路

3. CAN 总线

发动机 ECU 通过 CAN 总线发送的数据中一定包含发动机水温数据，只需要按通信协议读取即可。CAN 总线硬件设计已在前面发动机转速一小节中进行详细介绍。

8.3.5 指示灯

仪表上的指示灯为 LED 灯，可以作为发动机转速指示灯、水温报警灯和电源指示灯等。LED 灯要求在阳光下可见，故驱动电流较大，不宜使用主芯片直接驱动。当多个 LED 同时亮起时，主芯片直接驱动还有电流过载风险。LED 驱动方式可以考虑以下两种：

1. 三极管驱动

三极管驱动 LED 电路如图 8 – 21 所示。三极管相当于一个开关，基极电压受主芯片控制。基极电压接近 0 时，三极管集电极与基极之间相当于开关断开，LED 灯熄灭。基极电压大于 0.7V（硅管）时，三极管集电极与基极之间相当于开关闭合，LED 灯点亮。

2. 总线驱动器

对于 LED 数量很多的场合，可以使用总线驱动器，以满足多路 LED 驱动的功能。应注意图 8 – 22 中 DIR 引脚电平为高时，驱动方向为 A 端口控制 B 端口。

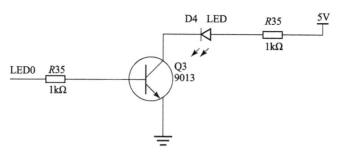

图 8-21 三极管驱动 LED

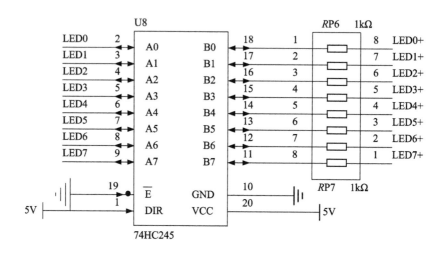

图 8-22 总线驱动器驱动 LED

8.3.6 继电器

继电器经常应用于弱电电路控制强电电路的场合。在 FSAE 赛车仪表系统中,气动换挡电磁阀、智能冷却风扇开启等都需要使用继电器。选择继电器时,应选择动作电压适中、动作时间短的继电器。

1. 电磁继电器

电磁继电器的原理是通过电磁铁吸合触点来控制电路的通断,如图 8-23 所示。继电器控制电流一般为几十毫安的级别,所以需要加三极管驱动。电磁继电器线圈两端并联一个二极管,因为线圈突然掉电时会产生反向电动势,二极管为该反向电动势提供续流回路。二极管方向与该电动势相反,以起到减小电流的作用。

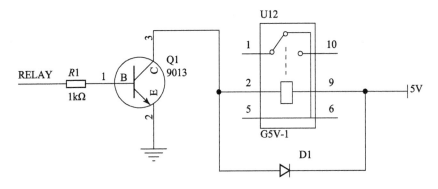

图 8-23 电磁继电器应用电路

2. 光耦继电器

光耦继电器工作原理如图 8-24 所示。控制端为发光二极管,受控端为光敏元件,电信号被转换为光信号传输,从而实现了电磁隔离。除此以外,光耦继电器还有许多优点:无触点、磨损寿命高、可实现高速切换以及体积小等。在应用电路的设计上也比较简单,只需为输入端的发光二极管加上限流电阻即可。

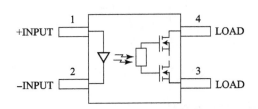

图 8-24 光耦继电器原理图

8.4 数据记录系统

仪表系统对数据作实时处理和实时显示,但并没有将数据存储下来以供研究分析。若在采集数据的基础上增加数据存储的功能,那么就做成了数据记录仪。目前已经有不少成品的赛车数据记录仪,如 MoTeC、Magneti Marelli 等品牌,其产品价格昂贵、功能齐全。在研发仪表系统积累一定经验之后,可以尝试制作数据记录系统。

8.4.1 模数转换

如今主流的 ARM 芯片都集成了 AD 转换模块,令模数转换硬件设计大为简化。具体的模块引脚如图 8-25 所示,VDDA、GNDA 为 AD 模块供电;VREFA+、VREFA- 提供参考电压;AIN 为模拟信号输入。若该模块为 12 位精度 AD 转换模块,则模拟信号输入 3.3V 时会被转换成 4095;输入 0V 时会被转换为 0。

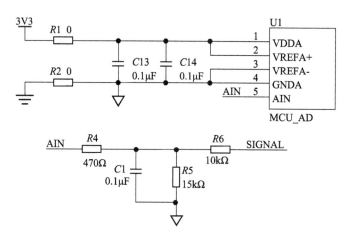

图 8-25 模数转换输入电路

传感器的信号输出自 SIGNAL 标号处输入,由 $R5$、$R6$ 组成的分压电路进行分压,令信号的电压变化范围落入到 AD 参考电压范围之内。同时 $R5$、$C1$ 组成了低通滤波器,在一定程度上可以降低输入的噪声。

8.4.2 数据存储

对于实时采集的各路数据必须使用存储器将数据保留,再在适当的时机将数据导出。数据存储方案有许多种,这里仅介绍最常用的两种方法。

1. NAND FLASH + USB

NAND FLASH 是一种非易失闪存技术,与 NOR FLASH 相比,它拥有更快的擦除及读取速度,非常适合存储大量数据,因而大部分大容量数据存储器为

NAND 类型。图 8-26 中选取的 NAND FLASH 芯片是 SPI 接口的，容量为 512MB。

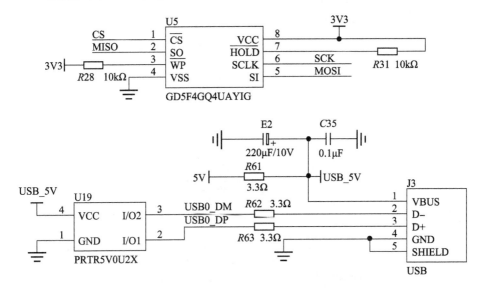

图 8-26 FLASH 与 USB 接口电路

目前大多数 ARM 芯片都在内部集成了 USB 控制器，可以方便地设计出 USB 接口电路，使器件成为 USB 从设备，拥有 OTG 功能的器件还可以成为 USB 主设备，且软件设计上也有完善的 USB 库函数可供调用。结合大容量 FLASH 存储器，可以通过 USB 接口高速地导出数据，亦可以在 FLASH 存储器上建立文件系统，将其做成和 U 盘一样的产品。

2. SD 卡 + CH376

虽然前面的方法在硬件设计上十分简单，但是对于软件开发有很高的要求。如果不想详细研究 USB 通信协议、FAT 文件系统管理等内容，可以考虑使用专用的 USB 接口控制芯片，如 CH376。该芯片内置了 USB 通信协议基本程序固件、SD 卡通信接口程序固件、FAT32/16/12 文件系统管理程序固件等。单片机只需要发出文件管理和文件读写等文件级 API 命令即可完成对 U 盘的操作，大大降低了开发难度。

一种可行的 CH376 管理 SD 卡存储器的实用电路如图 8-27 所示。其中 CH376 与 SD 卡之间选择 SPI 通信，单片机与 CH376 之间也选择了 SPI 通信方式。

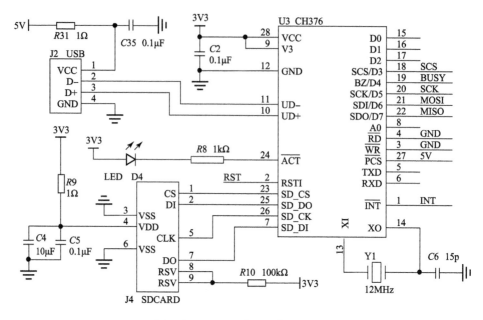

图 8-27 CH376 与 SD 卡应用电路

8.4.3 无线通信

虽然无线通信不及有线通信可靠，但无线通信有免去线束、方便灵活的特点。只要无线通信技术在 FSAE 赛车上运用恰当，便可以起到锦上添花的作用。在 FSAE 赛事中，无线通信主要有两大应用场合。

（1）车内无线通信

最典型的应用是方向盘按钮信号与仪表主芯片的无线连接。因为快拆方向盘要求可频繁拆卸，若使用弹性线束，则在传输多路信号时会令线束过于粗大；若在快拆内部安装连接插件，则对精度要求很高，同时也带来了磨损隐忧，故使用无线通信不失为一种好方法。

（2）车外无线通信

在 F1 赛事中，车队赛事决策团队可以实时知晓赛车的重要数据，并向车手下达决策建议以提高圈速。在 FSAE 赛事中，也有少部分车队采用无线通信技术，实现场下队员实时知晓赛车重要数据的功能，极大地提高了赛车测试效率。

第8章 电子系统

表8-3是对几种常用的无线通信技术进行横向比较。从表中可以看出，3G移动通信覆盖距离最广，但联网时间过长而且需要支付入网费用；蓝牙技术适用于短距离通信，如蓝牙方向盘等；WiFi技术比较适合100m左右距离的通信，但其功率比较大；Zigbee虽然传输速率比较慢，但它的远距离通信功能与低功耗表现都十分突出。

表8-3 常用无线通信技术比较

种类	蓝牙	WiFi	3G移动通信	Zigbee
频段/GHz	2.4	2.4	分上下行频段	2.4
单点覆盖距离	0.1~10m	100m	全国有信号的地方	1km
传输速率	1Mb/s	1~11Mb/s	2Mb/s	250kb/s
电池寿命	数天	数小时	数天	数年
网络节点数	无网络扩展	50	依赖现有网络	65 000
联网时间	10s	3s	数秒	30ms
网络使用费	无	无	有	无
安全性	128bit AES	SSID		128bit AES
复杂性	复杂	非常复杂	复杂	简单
终端设备成本	低	高	较高	低
使用成本	低	一般	高	低

8.4.4 上位机

上位机是来自于工业控制领域的概念，原本指的是工控现场的人机交互界面，实际上也是一台计算机。与之相对应的下位机是直接控制设备获取设备状况的计算机，一般是PLC或单片机。上位机发出命令给下位机，下位机传输重要数据给上位机，上位机才能完成控制、显示等功能。

举例来说，不少ECU厂商都推出了自己的上位机软件，这种软件可以安装在个人电脑里面，并对ECU模块发送指令以改变参数设置；同时ECU模块中的数据也可以上传到个人电脑中，通过上位机软件以丰富的图文界面展示各种数据。在这里，ECU模块就是下位机，个人电脑就是上位机。

要完成一个赛车数据记录系统,开发一个配套的上位机软件可以完成实时监测、数据分析和文件管理等功能,会令赛车调试的效率大大提高。常用的上位机开发环境可以有多种选择,下面介绍一下比较常用的 Visual Basic 与 LabVIEW。

1. Visual Basic

Visual Basic 是一个强大的 Windows 平台上的开发工具,它是真正的面向对象编程,具有可视化的编程方式以及向导功能。VB 的常用组件可以方便地搭建出窗口界面,它的串行通信组件常被作为与下位机通信的工具。图 8-28 所示为使用 VB 编写出的一款上位机界面。

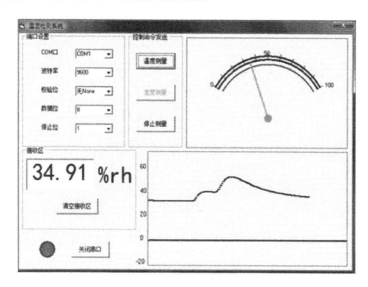

图 8-28 VB 上位机界面

2. LabVIEW

LabVIEW 是一种程序开发环境,由美国国家仪器(NI)公司研制开发,它的一大特点是使用图形化的编辑语言 G 编写程序。LabVIEW 在监控控制、测试测量、数据采集等领域可以快速开发美观实用的界面。图 8-29 所示为使用 LabVIEW 开发的一款上位机界面。

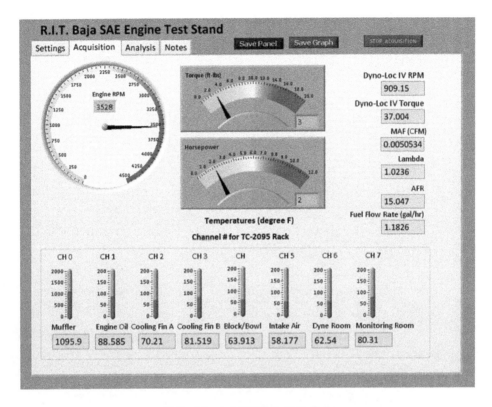

图 8-29 LabVIEW 上位机界面

第 9 章
Chapter 9　空气动力学

9.1 空气动力学简介

空气动力学（Aerodynamics）是流体力学的一个分支，主要研究的是物体在同气体做相对运动时的受力特性、气体流动规律和伴随发生的物理化学变化。它是在流体力学的基础上，随着航空工业和喷气推进技术的发展而成长起来的一门学科。传统上所说的空气动力学，指的都是飞行器的空气动力学。随着时代的发展，越来越多的领域需要用到空气动力学的原理来解决问题及优化设计。

空气动力学研究对象的状态接近于真实流体，按照相对气流的速度范围可划分成几个部分，包括低速、亚声速、跨声速和超声速几类。由于必须考虑真实流体的黏滞性、可压缩性和三维运动等特点，所以得到的计算方程式比较复杂，通常为非线性的偏微分方程式形式。这种方程在绝大多数情况下都难以求得解析解。随着计算机技术的迅速发展，使用计算机进行大量数值运算及流体仿真分析来求解空气动力学方程式成为可能。利用数值法以及计算流体力学的方法，可以求出非线性偏微分方程的数值解，得到所需的各种数据，从而省去了大量的实验成本。由于数学模型的不断完善以及计算机计算能力的不断提高，现在已经可以采用电脑模拟流场的方式来取代部分空气动力学实验。

在赛车领域中，空气动力学也扮演着重要的角色。在发动机、动力单元、轮胎等研发相对稳定的前提下，空气动力学对赛车性能的影响可以说是巨大的，而且带来的收益效果甚至可以说是惊人的，比如一辆F1赛车在正常直线行驶的情况下其空动套件产生的下压力足以保证它在天花板上倒置行驶，再如从20世纪60年代F1赛车第一次引入尾翼，到20世纪70年代地面效应的引进，随后前翼、整车空动套件的完善，再到近些年双层扩散器、废气驱动

第 9 章 空气动力学

扩散器、蝙蝠翼、肩翼等设计的提出，空气动力学在赛车领域的运用在短短的几十年里取得了长足的进步，几乎可以媲美其在航空领域的运用，甚至在某些方面有超越后者的势头。

在赛车空气动力学的发展中，一代又一代的工程师们最关注的是三个方面的内容：下压力、阻力和灵敏性（敏感度）。巨大的下压力可以提高赛车的过弯极限，但是下压力的增加带来赛车阻力的增加，不可避免地牺牲掉赛车的部分极速。赛车的空气动力学灵敏性（敏感度）则是指赛车的状态性能在空气动力学环境改变时其自身变化的强弱，例如由不平整的赛道路面带来赛车翼片以及底盘和路面距离之间的频繁变化时，赛车性能所受到的干预强弱。而由于赛车表面以及外形的极端不规则性，通常一个部件的改动将会对整车的空气动力学性能产生颠覆性的影响和改变。赛车空气动力学的研究，就是通过不断地整合各方面的气动效果，统一协调后，使整车效果达到最优的一个过程。

在本章中，作者将从基础空气动力学原理的角度入手，为读者介绍其中必要的基础性常识和几种常见的效应，以及流体力学中的理论定律，并将结合理论知识解决赛车上的实际问题，以期帮助读者建立起对赛车空气动力学较为清晰、透彻的认识。

9.2 空气动力学原本原理

9.2.1 下压力的产生

下面介绍产生升力的原理，即伯努利原理（Bernoulli Equation），伯努利方程是理想流体定常流动的状态方程，意为流体在忽略黏性损失的流动中，流线上任意两点的压力势能、动能与位势能之和保持不变。

理想流体在有势体积力作用下做定常运动时，运动方程（即欧拉方程）是沿流线积分而得到的表达运动流体机械能守恒的方程。由著名的瑞士科学家伯努利于 1738 年提出而得名。

对于重力场中的不可压缩的均质流体，方程表示为

$$P_0 = P + \rho\Omega + \frac{1}{2}\rho v^2 = C$$

式中，P、ρ、v 分别表示流体的压强、密度和速度；Ω 为铅垂高度 h 与重力加速度 g 的乘积，通常在分析时重力势能是不存在的，这样就剩下静压与动能；C 为常量。

上式各项分别表示单位体积流体的压力能 P、重力势能 ρgh 和动能 $1/2\rho v^2$，在沿流线运动的过程中，总和保持不变，即总能量守恒，但各流线之间总能量（即上式中的常量值）可能不同。

由伯努利方程可知，流速越大的地方动压越大而静压越小，再来分析气流流过翼型时的运动，如图 9-1 所示，翼型上表面气流在相同时间内流过的路程长，因此流速快而静压小，翼型上下表面产生了压力差，形成了升力 L，它与阻力 D 合成为合力 R。如将图 9-1 所示的翼型上下颠倒，则会产生下压力。

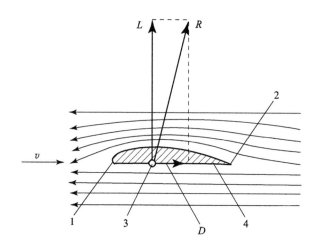

图 9-1　伯努利原理，流速与压强的关系，流体的机械能守恒
1—前缘；2—后缘；3—压力中心；4—弦线

而当翼型存在一定的攻角之后，这种作用就会变得更加明显，就如同你拿着一块玻璃板，当顺着气流方向放置时不会有升力产生，而当你把它向上倾斜一定角度后会发现能感受到明显的上托力，但同时你也会发现这样做会

使得向来流方向前进时有阻力，如图9-2所示，v_∞为来流方向，α为翼弦线与来流方向的夹角，称为攻角或迎角。

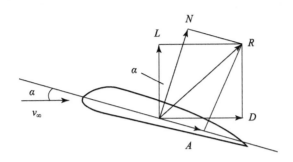

图9-2 翼型的攻角

通过实验人们发现，并不是迎角越大产生的升力也会随之增大，当翼型的迎角增大到一定程度后，若继续增大迎角会导致升力急剧下降，反映到赛车上就是下压力的急剧减小，从而不能保证赛车在弯中的下压力要求而导致侧滑，如图9-3所示，其中C_L升力系数被定义为物体所受到的升力与气流动压和参考面积的乘积之比。

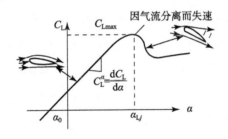

图9-3 翼型失速

9.2.2 阻力的产生

关于翼型失速的原因，涉及一个附面层的问题，首先要明确一个概念，即流体的黏滞性，所谓黏滞性就是指流体在运动状态下抵抗剪切变形的能力，最能体现流体黏滞性的实验就是平板流动实验，如图9-4所示，分别描绘了理想流体与实际流体通过平板时的流动状态。

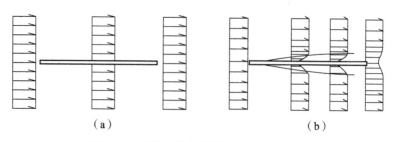

图 9-4 理想流体与实际流体的平板流动

(a) 理想流体平板绕流；(b) 黏性流体平板绕流

由此发现，实际气体通过物体表面时，会在其与物体表面接触区附近形成一层附面层，需要注意的是附面层并不能影响到整个流场，事实上只有与物体接触的地方气流速度为0，越往上气流速度逐渐升高，直至达到来流速度99%的地方即所谓附面层边界，再往上气流速度将恢复成来流速度，并且越向后附面层影响的范围越大。

为了更好地理解翼型的附面层分离，可以引入圆柱绕流的模型，同样也分为理想流体和实际流体，如图9-5和图9-6所示。

从图9-5和图9-6中可以看到，在理想流体中只有动能与压能的相互转换，而在实际流体中，由于气体的黏滞性产生附面层，在由 A 点到 B 点的流程中将消耗部分动能用于克服摩擦力做功而使机械能损失，而损失的机械能将无法满足由 B 点到 D 点压力升高的要求。在其中的一点 S，气流的全部动能消耗殆尽，速度变为0，流体将从这里开始离开物面进入主流场，则 S 为分离点，分离点下游流体发生倒流，形成漩涡区。它的出现使得柱壁面压

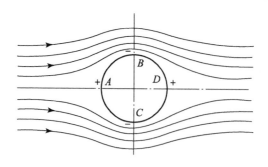

图 9-5 理想流体的圆柱绕流

第9章 空气动力学

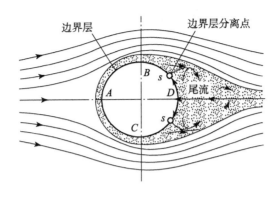

图9-6 实际流体的圆柱绕流

强分布出现变化,前后不对称,前部压力大于后部,形成所谓的压差阻力,其本质是由于流体的黏滞性造成的。

实际上,赛车下压力的产生必然伴随着阻力。阻力,又称后曳力、空气阻力或流体阻力,是物体在流场中相对运动所受到的与运动方向相反的力。阻力方向和其所在流场的速度方向相反。一般摩擦力不随速度的变化而变化,但阻力会随速度而变化。

空气阻力系数 C_D 是计算赛车空气阻力的一个重要参数,它是通过风洞实验所确定的一个重要参数,按照式(9-1)可以计算出赛车在行驶时的空气阻力。

$$F_w = (C_D A u_a^2)/21.15 \qquad (9-1)$$

式中,A 为迎风面积,单位 m^2;u_a 为车速,单位 km/h。

阻力系数的大小取决于赛车的外形以及雷诺数等因素。图9-7展示了不

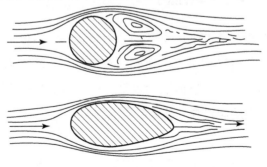

图9-7 不同形状对阻力大小的影响

同形状产生的空气阻力的不同。一般越接近流线型的形状，尾部紊流越小，阻力越小。

空气阻力正比于车速的平方，在车速200km/h以上时，空气阻力几乎占所有行车阻力的85%。因此对于高速赛车而言，降低空气阻力意义非凡。

9.3 空气动力学套件

为了改善赛车空气动力学性能而加装的部件称为空气动力学套件，其作用主要是为赛车减小空气阻力，增大气动下压力。赛车空套主要分为两类，一类是直接用来产生气动负升力的装置，包括前翼、后翼、车身和扩散器，为了整车的操控平衡，需要对不同部分分配不同比重的压力配比，通常来说前翼产生的下压力约占全部下压力的30%，后翼约占30%，扩散器约占40%。另一类则是用来提升前、后翼、车身以及扩散器的工作效率的辅助性装置，通过提升气流的传输效率，或是改变气流的流向和流动路线间接地提升赛车的气动性能，其包括前翼除主副翼以外复杂的导流翼片，端板外侧的引导片和导流槽孔；鼻锥及其下方的所谓蝙蝠翼（实质是一排长条形的导流翼片）；侧箱前方的导流板以及上方的肩翼等。本节主要介绍和分析前翼、后翼、扩散器等赛车重要空气动力学套件。

9.3.1 前翼（Front-Wing）

前翼是安装在赛车最前端的空气动力学装置，它不仅负责产生赛车前部的下压力，还有担负整流和将气流准确导向赛车后方的作用。前翼由主要结构和众多的附加结构组成，最前端的水平翼片或翼面积最大的一片翼称为主翼，其后端带有攻角的倾斜翼片称为襟翼或副翼。

1. 下压力

赛车在高速行驶时，流过前翼所在区域的气流被前翼分割为两部分：一部分从翼片的上表面流过，另一部分则流过翼片的下表面，这两股气流依附在翼片上流动,最后在前翼后方的某一区域重新汇聚,两股气流的区别在于,由于襟翼相对于主翼有一个很大的倾角,因此襟翼拥有较大的迎风面积,在气体的流动过程中,翼片上表面的气流在流动中受到了阻碍,流速有所降低,而翼片下表面的气流则可以在无阻碍的状态下顺利通过,结合伯努利方程,上翼面的气流流速低、压强大,下翼面的气流流速高、压强小,两者压力差即产生了所需的气动负升力。襟翼的气动攻角越大,对翼片上方气流的阻碍作用也越明显,上、下翼面的流速差就越大,产生的气动负升力就越大。

2. 翼型

翼型是机翼垂直于前缘的剖面形状。翼型数据包括几何特性和气动特性,是气动设计中极为重要的参数。翼型按速度分类有低速翼型、亚声速翼型与超声速翼型,如图9-8所示。由于FSAE赛车的速度不高,故一般采用的是低速翼型。

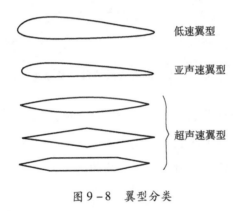

图9-8 翼型分类

在选取前翼翼片翼型的时候,主要关注的是弦长、厚度以及弯度,以NACA-4415翼型为例,该翼型的主要几何参数如图9-9所示。

图9-10所示为翼型表面的附面层示意图,合理地选择翼型以及安排前翼主翼的翼片攻角,会使得前翼效果提高的非常明显。对于前翼而言,更大的襟翼攻角和更长的翼弦可以获得更多的气动负升力。但是在这两种设置下,下翼面的气流很容易失去对翼片的依附而与翼面发生分离,这一现象即为前面提到的附面层分离,附面层分离会引发前翼失速,降低前翼的气动负升力

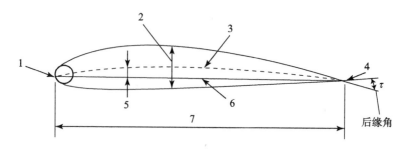

图 9-9　NACA-4415 翼型

1—前缘；2—厚度；3—中弧线；4—后缘；5—弯度；6—弦线；7—弦长 b

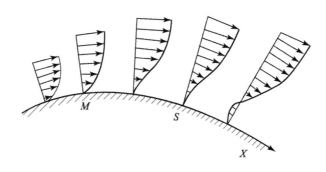

图 9-10　翼型表面的附面层分布

水平，因此，常需要在翼面上开槽来解决这一问题。开槽将完整的翼片拆分为主、副翼，使得前翼上表面的气流流入下表面，并保证每一小块翼片上都时刻有气流附着，这样一来就避免了气流的剥离，从而大大地提升了前翼的气动效率。

3. 地面效应

前翼翼片的工作状态与航空器有着很大的区别，一个重要的原因是受到了地面效应的影响。一般来说，翼片的离地高度 h 越小，翼片越靠近地面，地面效应的干预就越强烈，前翼就能制造出更多的气动负升力，这种现象会一直持续，直到离地高度 h 小到前翼下表面的气流难以顺利流动为止。从图 9-11 可以看出，随着离地间隙越来越小，负升力系数与阻力系数都快速上升，只有在快要触地的时候，负升力系数才开始回落。

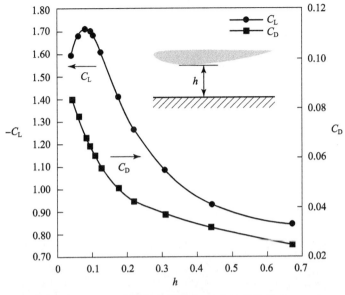

图 9-11　前翼气动性能与离地距离的关系

4. 端板

由于赛车上所使用的负升力翼展弦比（翼的展长与弦长之比）很小，为了提高空气动力学效率，在翼的两端都会设计出竖直的端板，来隔绝翼型上下两侧的高压和低压气流，防止翼型上表面的高压气流流到下面，形成翼尖涡流降低效率。

5. 设计实例

（1）两片翼结构

图 9-12 所示为一个两片翼结构的前翼，其组成为一片主翼加上一片副

图 9-12　两片翼结构的前翼

翼的形式，副翼依靠主端板和一片支撑片固定。副翼产生下压力的同时，还起到对轮胎前方气流导流的作用，从而减少了正面阻力，并为后方提供稳定的气流，保证赛车后方的空动套件能够稳定地发挥作用。

（2）三片翼结构

图9-13和图9-14所示为一个三片翼结构的前翼。在两片翼的基础上，将副翼划分为两段，这样一来仍可以引导前轮前方气流绕过前轮，降低正面阻力；二来通过两翼缝隙的气流在翼型的特定弯曲度的引导下还可以被导向侧箱进气口，帮助水箱冷却。此外，还在主端板内侧增设了一块用于导引通过轮胎正面的气流的导流板，使得轮胎不会受到来自正面气流的阻力。

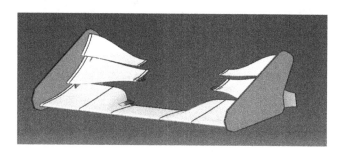

图9-13 三片翼结构的前翼（1）

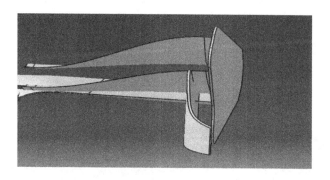

图9-14 三片翼结构的前翼（2）

9.3.2 后翼（Rear-Wing）

与前翼相同，后翼也是由主副翼以及端板组成的空动套件，后翼位于赛车末端，产生约占全车30%的负升力。FSAE赛车的后翼通常由两片组成，水平的翼片称为主翼，倾斜带有攻角的翼片称为副翼。主翼与副翼之间保留一条开槽，将气流引导至翼面下方，从而提升整体的气动表现。由于没有受到地面效应的影响，整个后翼暴露在由赛车前部与来流混合而成的气流环境中，因此为了整流，工程师通常会在翼表面设置翼刀来梳理气流。

后翼的工作原理与前翼基本相同，下压力的产生、端板的作用与前翼部分的内容相同，请读者自行参阅上一小节的内容。

1. 阻力

因为后翼位于赛车的尾端，因此副翼的攻角直接决定了翼片工作时伴随阻力的大小。不像前翼那样受到前轮的影响而呈现出整体气动阻力先升后降的趋势——赛车行进中有很大一部分阻力都是后翼提供的，因此可以根据赛道特性调整副翼攻角以满足赛车在不同赛道下的需要。例如在八字绕环中，车队通常不遗余力地获取负升力，因此后翼副翼的攻角就被尽可能调大，代价是牺牲赛车极速；而如果是在直线加速中，则可以使用小攻角、低负升力、低阻力的气动设置，以此来获得直路尾端的极速输出。

2. 涡流

气流在流过上下翼面后，会在翼片的后方区域会合。由于两股气流存在速度差和压力差，因此这两股气流相接触后会形成螺旋形的涡流，涡流在后翼的后缘交汇拓展，这种涡流会带来阻力，降低赛车的直线速度。一般来说，后翼的上翼面大部分是高压，而边缘和下翼面是低压，因此通过在端板的上层添加百叶结构来平衡翼尖部分的气压，减小产生的涡流。

图 9-15 是一种后翼复杂的开槽设计。图 9-16 是对另一款具有复杂的开槽设计的后翼的仿真结果图。可以看到后翼上表面的高压气流通过开槽流到了端板外侧，形成螺旋涡后向后上方流动，基本控制了尾涡的走向。

3. 格尼襟翼

后翼副翼的后缘通常还会加装格尼襟翼，所谓格尼襟翼（gurney flap）是前翼和后翼上常用的一个附件。它是截面为直角的碳纤维条，贴在翼片尾端，通过在翼片后缘制造一对旋向相反的涡流，增加一点下压力，同时也增加一点阻力。格尼襟翼的作用在于，让翼在大迎角的情况下，不产生气流失速现象。另外，格尼襟翼对于提高赛车在制动时的稳定性以及后翼在低速状态下

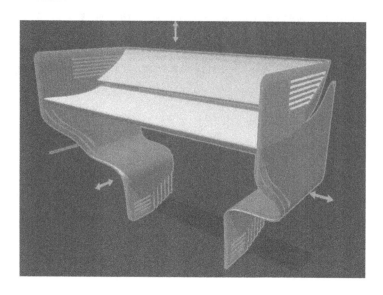

图 9 – 15　复杂开槽形式的后翼

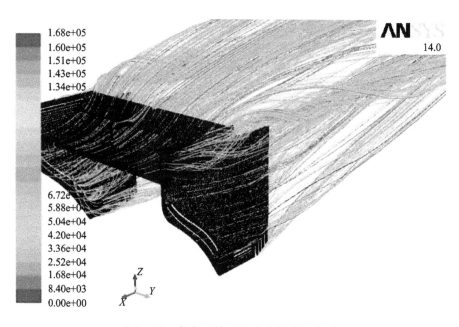

图 9 – 16　复杂开槽形式的后翼 CFD 仿真

制造下压力的能力也有积极的帮助。因此可以通过更换更宽或更高的襟翼来调整翼片性能。图 9 – 17 所示为 AERO 赛车上所采用的格尼襟翼。

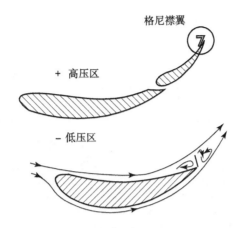

图9-17 AERO赛车上所采用的格尼襟翼

4. 可调后翼

DRS（Drag Reduction System）即可调后翼，直译为降低阻力系统，这也是它的主要作用。该系统通常是利用液压或其他电子、机械结构在需要的时候将后翼的副翼展平，减小了副翼相对气流的正对面积，很好地起到了减阻的效果。图9-18所示为F1赛车上使用的DRS系统。

图9-18 F1赛车上的DRS装置

DRS系统增加了系统复杂度与重量，而且在FSAE赛道没有足够长的直道能够发挥DRS的作用，所以是一项备受争议的技术。近几年的FSAE赛事领域，出现了几支尝试使用DRS装置的车队，总体形式都比较相像和传统。如图9-19所示2015年浙江大学采用的两半式的DRS，在过弯的时候通过控制两边副翼的攻角达到分配后部下压力的作用,从而帮助赛车更好的过弯,思路十分新颖。

图9-19 浙江大学2015年赛车两半式DRS

9.3.3 扩散器（Diffuser）

所谓"扩散器",顾名思义,就是要造成气体的扩散,扩散器其实就是底盘末端的一段上翘结构,或者说是底盘末端的一个斜坡,如图9-20所示。扩散器与赛车的底盘相连,位于赛车的尾端。与前翼和后翼相比,扩散器被应用的时间相对较晚,但是扩散器却是目前公认的最有效的气动部件,因为与传统的翼片工作方式不同,扩散器工作时几乎不伴随阻力,通常来说,扩散器可以为赛车提供40%的负升力。

图9-20 扩散器

1. 基本原理

（1）文丘里效应

文丘里效应指的是流体通过缩小截面时，流体出现流速增大的现象。这一现象可以用伯努利定律解释。利用这种效应可以制作出文丘里管，这是一种口径先缩小再扩大的管，在发动机进气一节中有提及。

（2）康达效应

康达效应（Coanda Effect）亦称附壁作用或柯恩达效应。流体有离开本来的运动方向，改为随着凸出物体表面流动的倾向。只要物体表面的曲率不是很大，流体与凸出的物体表面摩擦后流速会减慢，并被吸附在物体的表面上流动。

一个简单的实验验证康达效应就是打开水龙头，放出小小的水流，把小汤匙的背放在流动的旁边，水流会被吸引，流到汤匙的背上。如图9-21所示。

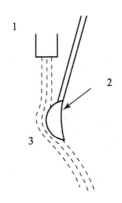

图9-21 康达效应
1—水龙头；2—汤匙；3—水

有了以上的理论基础，就可以更加直观地理解扩散器的工作原理。由于底盘与地面的高度十分有限，底盘下方的气流处于一种"压缩状态"中，流速会比相对赛车的来流速度有所加快，当这股气流进入扩散器时，气流会由于康达效应附着扩散器的斜坡形状流动。由于扩散器的上翘结构，它相当于文丘里管里的渐扩段，所以处于真空低压区，车底被压缩的气流就会加速向着扩散器的方向流动。这样一来，扩散器将气流源源不断地从车底抽出，车底的气流也获得了更为强大的流速，根据伯努利原理，车底由于气流的高速运动而产生了低压区，于是赛车便获得了巨大的负升力。

2. 离地距离

扩散器对其与地面之间的距离要求非常严格，距离变化会对负升力产生巨大的影响，这也就是为什么普通民用车没有使用扩散器，因为民用车的底盘对于扩散器而言还是太高了。因为地面效应（可参见前翼章节），扩散器高度越低越好，但一旦接触地面将会把前后气流切断，扩散器立刻失效。

3. 涡流发生器

研究表明赛车底部运动气流在扩散器起始位置发生分离，后在文丘里效应的影响下重新附着在扩散器的表面而流向尾部。针对这种情况，设计师通常会给扩散器安装涡流发生器来保证气流的附着，强化扩散器的"抽气"效能。涡流发生器是以某一安装角垂直地安装在扩散器表面上的片状结构，如图9-22所示。图9-23中形象地说明其工作原理：涡流发生器通过产生混合涡来有效地阻止气流的过早分离，尽可能地使扩散器处于理想的工作状态。

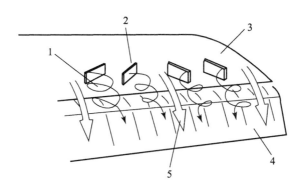

图9-22 带涡流发生器的扩散器（底视图）
1—涡流；2—涡流发生器；3—扩散器底板；4—扩散段；5—吸入气流

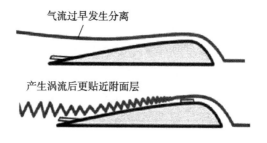

图9-23 涡流发生器工作原理

4. 侧裙

侧裙是在扩散器侧边边缘处的向下翻边结构。侧裙将扩散器的两边封闭，这样一来底盘两侧的气流就无法进入车底，只有从底盘前端流入的气流被扩散器高效地抽出，使得底盘下方的空间呈现出近乎真空的状态，大大地提升了负升力，如图9-24所示。

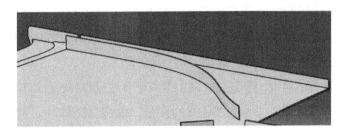

图9-24 扩散器上的侧裙结构（底视图）

9.4 CFD仿真

前面介绍了在FSAE赛车上主要的空气动力学套件，但并不是所有的设计结果都能直接运用在赛车上的，还要对其进行空气动力学仿真，看看它是否满足了设计要求，另外有时可能出现一个部件单独仿真效果很好但在整车仿真中效率很低的情况，因此，CFD仿真就是一个对原设计不断优化和修改的过程。CFD是计算流体动力学（Computational Fluid Dynamics）的缩写，是预测流体流动、传热传质、化学反应及其他相关物理现象的一门学科。CFD一般要通过数值方法求解以下的控制方程组：

□ 质量守恒方程

□ 动量守恒方程

□ 能量守恒方程

□ 组分守恒方程

□ 体积力

CFD分析是物理试验的补充，但更节省费用和人力。目前国内外很多企业、高校、车队等机构，都对赛车、民用车的负升力、阻力、侧风敏感性等空气动力学性能进行了各方面的研究。主要的研究方法就包括计算流体力学仿真、比例模型或全尺寸风洞实验以及实车赛道测试等。现代方程式赛车的空气动力学设计工作很大一部分依靠计算流体力学（CFD）来完成，CFD为赛车的空气动力学升级提供了巨大的帮助。

为了能使赛车的空套部件能够最大限度地发挥应有的效能，可以对所有的空套部件都进行单独的仿真分析，同时在整车仿真的过程中对部件的形状尺寸、位置等参数进行优化和改进。

一般来说，对FSAE赛车空气动力学部件的仿真常使用FLUENT、XFlow等一系列CFD软件进行分析计算。XFlow是一款强大的软件，使用具有专利的基于粒子和完整拉格朗日函数，能够在工程、设计、科学和建筑领域简单的处理传统的复杂计算流体动力学（CFD）问题。此软件最大的一个特点就是其无网格化的仿真模式，XFlow中的无网络方法是基于粒子和具有完整拉格朗日函数的方法，这意味着将不再需要对经典的流体区域划分网格，同时表面复杂性不再是一种限制因素。XFlow能够解决运动的物体和可变形部分，能够适应低质量的输入几何。此外，XFlow具有仿真模拟气体和液体流动、热量和质量转移、移动体、多相物理学、声学和流体结构作用的能力。

CFD仿真主要有以下几方面内容：

1）首先建立简化的原始车身三维模型或部件（如前翼）模型，简化掉一些对整车流场影响比较小的部件。针对所建立的原始车身模型，选择合适的计算域大小，在考虑地面效应情况下使用ICEM软件对整车模型进行网格划分，根据实际情况选择合理的边界条件、湍流模型以及差分格式，使用FLU-ENT软件计算整车的流场，得到相应的结果。

2）用profile、gambit等软件对翼型进行升力以及阻力的计算，和文献中的风洞实验结果做比对，验证试验方法的可靠性。

3）对安装不同版本部件的赛车模型进行仿真，根据计算结果以及流场，找出效果最好的形式，并且分析变化趋势，得出最优方案。

图9-25～图9-28所示为经过简化的赛车模型、计算域的划分及仿真结果。

第 9 章 空气动力学

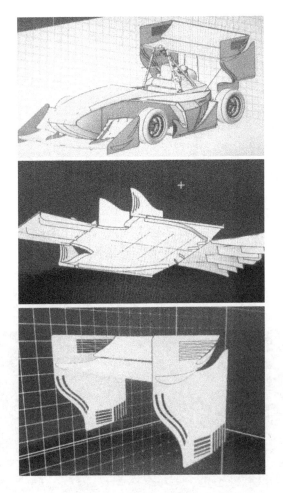

图 9-25 XFlow CFD 仿真

图 9-26 经过简化的 FSAE 赛车

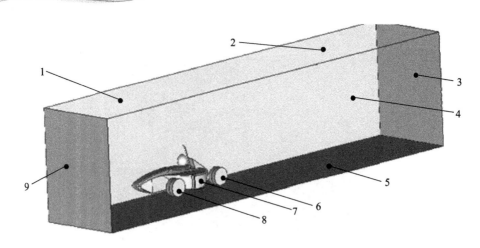

图 9-27 计算域

1—对称面；2—上面；3—计算域出口；4—侧面；5—地面；
6—后轮；7—车身；8—前轮；9—计算域入口

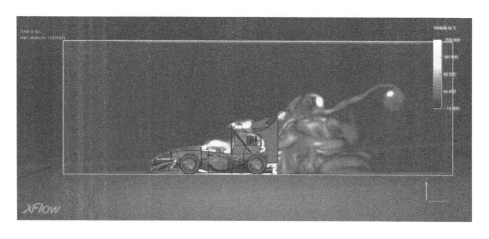

图 9-28 整车仿真结果

9.5 复合材料加工工艺

复合材料的成型方法由于基体材料的差别而有所不同。以 FSAE 赛车上多采用的碳纤维及玻璃纤维等树脂基复合材料的成型方法为例，有手糊成型、

第9章 空气动力学

喷射成型、纤维缠绕成型、模压成型、拉挤成型、RTM 成型、热压罐成型、隔膜成型、迁移成型、反应注射成型、软膜膨胀成型和冲压成型等。目前大多数车队常采用的是手糊工艺或者真空袋压的方法，以下将简要介绍这两种成型工艺。

9.5.1 手糊工艺

手糊工艺，其过程是先在清理好或经表面处理好的模具成型面上打蜡与涂抹脱模剂，待表面完全干燥后，在模具上涂刷含有固化剂的树脂混合物，再在其上铺贴一层按要求剪裁好的纤维织物（如碳纤维布、玻璃纤维布），用刷子、压辊或刮刀挤压织物，使其均匀沁润树脂并排除气泡后，再涂刷树脂混合物和铺贴第二层纤维织物。反复上述过程直至达到所需厚度为止。然后，在一定压力作用下加热固化成型（热压成型）或者利用树脂固化时放出的热量固化成型（冷压成型），最后脱模得到复合材料制品。其工艺流程如图 9-29 所示。

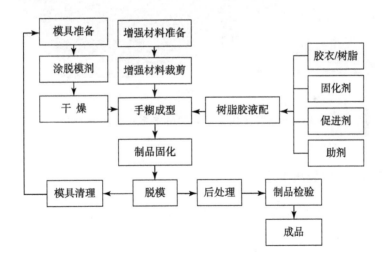

图 9-29 手糊工艺流程

手糊工艺对操作者的技能要求较高，包括操作过程中对模具表面的处理以及树脂的调配比例都需要丰富的实际操作经验。图 9-30 所示为采用手糊工艺制作的碳纤维前翼及其模具。

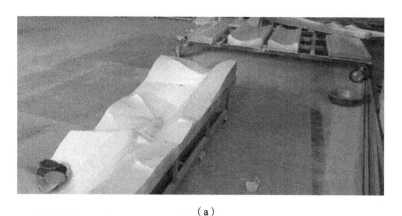

(a)

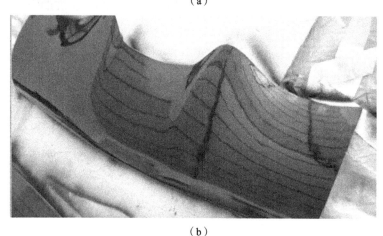

(b)

图 9-30 北京航空航天大学 2014 年赛车前翼模具及成品
(a) 模具；(b) 成品

9.5.2 真空袋压工艺

真空袋压工艺是借助弹性袋（或其他弹性隔膜）接受流体压力使介于刚性模和弹性袋之间的增强塑料均匀受压而成为制件的一种方法。基本工艺过程是，将预浸料叠层和其他工艺辅助材料组合在一起，构成一个真空袋组合系统，再通过气泵抽真空，待树脂固化后成型。袋压工艺具有许多手糊工艺不具备的优点，如气泡含量少；树脂含量可控制，最低可达到 35%~40%；制品强度高，可重复性强；污染少，成型效率高，特别是厚制品可一次成型；制品厚度非常均匀等。图 9-31 和图 9-32 所示为一套典

第 9 章 空气动力学

型的袋压制作工具与袋压制作的碳板。

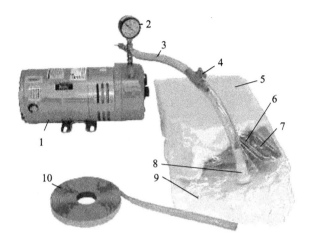

图 9-31 典型的袋压制作工具

1—真空泵；2—真空度表；3—气管；4—双向阀；5—透气毡；6—制品；
7—模具；8—抽气口；9—真空膜；10—密封胶条

图 9-32 袋压制作碳板

第 10 章
Chapter 10　赛车驾驶理论

FSAE 赛事中，除了有设计优良、制造精密的赛车之外，车手在动态项目中的发挥也是决定比赛结果的关键。一流的车手往往能将中流的赛车开出一流的成绩，但一流的赛车如果没有一流车手驾驭，成绩自然会受到限制。车手作为最终坐在赛车里的那个人，承担着所有队员、赞助商的希望，顶着巨大的压力，心理素质与驾驶技术缺一不可。

本章从车手日常训练与赛场比赛两个角度去剖析 FSAE 赛车驾驶理论，同时融合了底盘调校内容，希望能给各位车手与赛车工程师带来更多的启发。

10.1 车手训练

赛车手的驾驶技术不是一蹴而就的，往往需要大量的练习以及一定的天赋。车队应该在赛季初期就制定出行之有效的车手培养方案。常见的车手培养方法有赛车模拟器训练、高性能卡丁车训练以及 FSAE 实车训练。

10.1.1 赛车模拟器

赛车模拟器培养的是车手的赛车意识。从最基础的走线意识到更为高阶的预判失控与救车意识等，都可以在模拟赛车软件中得到大量的练习，这一点对于初级赛车手是非常必要的。因为模拟赛车省去了大量的资金和时间投入，同时也大大降低了实车练习中的种种风险。目前在 FSAE 圈内也有数款赛车模拟软件可供各支车队选择。各款模拟软件中均有为数众多的车型以及赛道可供使用者选择和练习。比较流行的 Live For Speed（LFS）软件中，就包含了一款早期 FSAE 车型，以及三条 autocross 赛道。近几年来，FSC 圈中也涌现出了不少模拟赛车界热心人，他们利用自己的业余时间制作出 FSC 的赛道

第 10 章　赛车驾驶理论

文件，可以导入相应的软件中供车手练习。

10.1.2　卡丁车练习

卡丁车练习则是在模拟练习的基础上进一步提高。赛车手在卡丁车练习中，可以亲身体验到赛车加、减速以及过弯时的各向加速度，也可以通过这一过程理解为什么赛车运动是一件十分消耗体力的事情——体能方面没有经过针对性训练的新人很难适应 15min 以上的高性能卡丁车驾驶。当然，卡丁车训练也是车手体能训练的一部分。赛车驾驶中需要使用到特定的身体肌肉群，在驾驶卡丁车的过程中也可获得力量与协调性方面的强化。另外较大的体感加速度也会增加判断失误的概率，让车手对周围环境以及赛车行驶状况做出错误的判断。通过高性能卡丁车的训练可以使车手在过载环境中保持冷静的心态以及良好的判断力。

10.1.3　FSAE 实车练习

FSAE 实车练习则是最为接近于实战的训练方式，但是通常时间成本与经济成本都比较高。方程式赛车的驾驶体验是其他类型的车辆无法比拟的，无论从坐姿、操控方式、各方向加速度的体验及过弯时油门和刹车的输入对转向性能的影响，对于第一次驾驶这种车型的人来说都是人生中一次充满刺激性的体验。但同时也危机四伏：低矮的坐姿带来视野的局限、用手控制的离合器需要车手学习适应，加减速以及转向过程中超过 $1.0g$ 的体感加速度带来的判断力下降、4s 左右突破 100km/h 的加速性能和较高的车速以及高速过弯时油门或刹车的微小操作失误都可能造成赛车失去控制，方方面面的因素对于驾驶方程式赛车的人来说都是不小的挑战。任何人在初次驾驶 FSAE 赛车时都有可能出现不同程度的操作失误。也正因如此，FSAE 赛车的实车练习才会显得尤为重要。毕竟任何一支车队都希望自己的车手在比赛时已经充分熟悉赛车的驾驶特点，有能力在比赛中发挥出赛车的最佳性能并取得满意的成绩。

10.2 FSAE 赛场驾驶技巧

FSAE 的动态各分项赛事分别对赛车性能与车手技术进行有针对性的考验。因此，对各分项赛事进行赛车的专门调校和对车手的针对性练习，成了提高车队动态比赛成绩的关键。本章将分别讨论 FSAE 赛事四个分项动态赛的驾驶技巧与赛车调校思路。

10.2.1 直线加速

直线加速测试旨在评价赛车的平地直线加速能力。直线加速在 FSAE 动态比赛中，是对车手技术要求相对较小的项目。这个项目的关键在于车手正确掌握工程师设定的挡位与速度关系，结合实际路况，发挥出赛车的最高性能。因此对于该项目而言，工程师对赛车的设定尤为重要，本节的重点主要是介绍赛车直线加速的性能设置以及赛前的准备工作。

1. 赛前准备

（1）起步前正确放置赛车

起步前，赛车中轴线应与起步线垂直，轮胎调至正前方，方向盘处于回正状态。赛车未放到位，直线加速距离会增大；方向盘角度不正，即轮胎处于转向状态，会导致起步瞬间车尾横摆运动，需要车手进行方向修正以致影响成绩。因此，队员把车推向发车线时一定要留足直线距离，让车手验证轮胎是否回正、车头是否与起步线垂直，必要时需来回推拉，确保赛车到位。

（2）胎面与路面干净

热熔胎在滚动中，很容易粘上灰尘和石子，这对轮胎抓地是不利的。因此，车队应尽量使用轮胎罩保护轮胎，直至将车推至发车区域。第二次发车时，可用软毛刷清理轮胎表面。

发车区域的路面有可能会有尘土，队员可以自带扫把，稍微清扫地面。如果地面有大量热熔胎留下的胎胶，则不必清扫。

第 10 章　赛车驾驶理论

2. 弹射起步

弹射起步前，赛车状态应为离合器半接合状态，刹车应略松使车身有向前运动的趋势（但并未移动），稳定发动机转速（可保证弹射起步且滑移率在 15% 左右的发动机转速）。在起步前一瞬间，同时松开刹车、离合器把手，继续以稳定转速向前，随着速度的提高踩下加速踏板，使转速提高。当驾驶的赛车离合器需要一只手控制时，松开离合器控制机构的动作应迅速完成，尽快回到方向盘上；另一只手要注意用力均匀，避免方向盘的微小转动导致赛车行驶不稳定。

弹射最佳发动机转速主要是匹配扭矩，一般使驱动轮扭矩稍大于地面与轮胎间的最大摩擦力为佳。一般而言，发动机功率过剩、转速过大，都会超过抓地力极限，在路面上打滑而使整车不动，过小就会对发动机转动产生阻力，发动机会有顿挫。弹射最佳发动机转速需要多次练习来确定。

如果赛车具有发动机起步控制功能，则车手可放心大胆地踩下加速踏板而不必担心驱动轮打滑。

3. 挡位控制

因为直线加速赛时间只有短短的四五秒，车手要在这么短的时间内将赛车升至四挡甚至五挡，换挡时机要在 0.1s 内敏锐地感应出来。首先，车手应当与赛车工程师沟通，商定理论上的各挡最佳换挡转速，再经过多次跑动练习去感受最佳换挡点。初阶练习时，可以依靠发动机转速提示灯确认。技巧更加纯熟后，应当凭借节奏感、发动机声音和加速度感觉，去判断最佳换挡点，真正做到人车合一。

当然做到换挡时机零误差是非常困难的，如果赛车具有自动挡功能，车手只管将加速踏踩到底并控制好方向盘就可以了，这无疑极大地减轻了车手的压力。

4. 底盘调校

（1）车轮外倾角

FSAE 赛车常用的是不等长双 A 臂独立悬架，当轮胎向上跳动时，车轮外倾角会有负增益。直线加速过程中，向前加速度很大，可观的载荷转移到后轮,故后悬被压缩,后车轮外倾角减小。为了使驱动轮(后轮)有更大的接地面积,后轮静态外倾角应该为正值,通常为 1°~3°,具体数值应通过多次跑动试验确定,当观察到跑动后胎面磨损均匀时,说明该静态外倾角值比较适合。

同理可得,前轮的静态外倾角值应该为 0 左右,稍偏负一些。

(2)车轮前束角

为了使赛车有一定的转向不足,车轮前束角一般被设定为前轮正值、后轮负值,即前轮"外八"、后轮"内八"。这一思路沿用在直线加速的工况下并无大碍,毕竟前轮"内八"或是后轮"外八"都有可能导致不可预料的过度转向。但是要注意前束角的角度可以调得更小一些,大约为 0.2°。前束角过大会导致直行不稳。

(3)胎压

直线加速的胎压应该做到前硬后软。后胎胎压不宜过大,因为加速时驱动轮少量的变形会使轮胎接地面积增大,从而增大轮胎摩擦力极限。但太小也不合适,会使滚动阻力明显增大。

前轮因为轮荷转移,轮荷比较小,又是非驱动轮,不是"推"着赛车而是"拖"着赛车,故应当尽量减小其滚动阻力。一般前轮胎压会十分高,可达 20PSI 以上。

10.2.2 八字环绕

八字绕环测试的目的是衡量赛车在平地上做定半径转向时的转向能力,如图 10-1 所示。八字绕环的理想状态应该是,赛车以稳态接近极限进行绕环,但是实际上不可能做到完全的稳态行驶。因此,让车平稳地接近极限并且保持住,是驾驶的关键。

1. 挡位选择

对于八字绕环项目,车手的目标是尽量让赛车接近稳态。如果油门响应过于敏感,会使赛车发生窜动。一般情况下起步之后使用的第二个挡位比较合适,加速踏板既不会太敏感,挡位与车速也比较匹配。

第 10 章　赛车驾驶理论

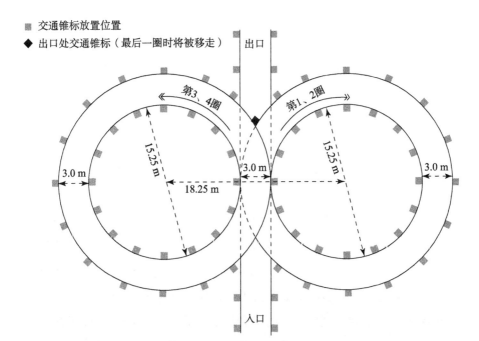

图 10-1　八字绕环的赛道图

2. 转弯半径控制

八字绕环一般有两种控制方法，一种是加速踏板恒定，靠方向盘来修正车身姿态；第二种是方向盘稳住，靠加速踏板开度控制。

一辆优秀的赛车应转向灵敏、响应较快，这种情况应该使用固定加速踏板同时修正方向盘的方法来控制转弯半径。在练习时，用桩桶摆出八字绕环赛道，先用较低的速度，使用固定油门同时修正方向盘的方法练习绕八字，直到对赛车逐渐熟悉，方向盘修正量也很小，达到一种油门不动方向盘也不怎么动的稳定状态。按此方法逐渐增加速度，直到轮胎快要侧向滑移，这说明赛车已经达到了侧向加速度的极限，这个速度即是八字环绕的最高速度了。

如果转向比较沉，反应不灵敏，或是遇到方向盘"修不过来"的情况，可以用加速踏板控制赛车的转弯半径。此方法虽然可行，但并不推荐。因为在收放加速踏板时，赛车前后载荷会不断变化，导致前轮或者后轮瞬间失去大部分抓地力，频繁地进行载荷转移并不便于车手感受赛车抓地力极限。当方向盘转角比较大时，猛松加速踏板容易导致后轮突然失去抓地力而出现甩尾。理论上，如果靠加速踏板能控制转弯半径，说明赛车转向特性偏离中性转向过多。

总体来说，八字绕环应该以稳取胜，赛车的转向特性应被调节为中性转向。

3. 左右圈转换

规则6.6 赛车垂直驶入八字形中，并且绕右圆行驶一圈建立转向。接着的第二圈仍绕右圆，并计时。紧接着，赛车将驶入左圆进行第三圈。第四圈仍绕左圆并计时。

八字绕环另外一个重点在于八字腰部的左右圈转换，转换过程中赛车载荷重新分配，还伴随着加速、制动等不稳定的状况。八字腰部同时还是右圈终点计时处，很多赛车都会有一个冲刺动作，使左右圈转换工况更为复杂。所以八字绕环比赛中大多数赛车冲出赛道的意外情况都发生在八字腰部。

事实上，八字腰部红外线计时装置检测的是车鼻前端，由此可知，当右圈第二圈加速冲过了中点后，其实还有充分的空间进行制动减速，然后稳定车身进入左圈后，逐渐加速逼近练习时的极限速度，再刷出左半圈的好成绩。

4. 底盘调校

（1）转向特性

上面提出适合八字绕环的转向特性应该是中性转向，而如何调节赛车的转向特性是一门综合性学问：一般可调变量很多，但调节力度各不一样，同时还要考虑调节某变量时可能会造成的其他影响。表10-1列举了一些转向特性调校的方法。

表10-1 转向特性调校表

设定项目	趋向转向过度	趋向转向不足
前轮胎压	高	低
后轮胎压	低	高
前轮束角	正值	负值
后轮束角	负值	正值
前防倾杆	软	硬

续表

设定项目	趋向转向过度	趋向转向不足
后防倾杆	硬	软
前弹簧刚度	软	硬
后弹簧刚度	硬	软
前轮压缩阻尼（入弯）	减小	增加
后轮回弹阻尼（入弯）	减小	增加
前轮回弹阻尼（出弯）	增加	减小
后轮压缩阻尼（出弯）	增加	减小

（2）提高轮胎抓地力

八字绕环的最高速度是由轮胎极限抓地力限制的，提高轮胎抓地力便可提高极速。与直线加速项目不同，稳态回转时没有前后轮荷转移，前后轮都在努力地提供侧向力，所以前轮与后轮地位相同，它们的调校思路也相似。

车轮外倾角与胎压的设定，都要以轮胎磨痕均匀为依据反复多次调校。一般车轮外倾角为负值，以补偿车身侧倾时外侧车轮产生的车轮外倾。由于大部分轮荷转移到外侧车轮，故内侧车轮负外倾过大的不利情况可以忽略。

一般前、后轮胎并非同时到达极限，但如短板效应一样，只要前轮或后轮出现侧滑，赛车就有失控的风险。当侧向加速度一定时，左、右总的轮荷转移量是一定的，但可以调节前、后侧倾刚度来调节左、右轮载荷转移在前、后轴之间的分配，通过精调，可以令前、后轮几乎同时到达极限。

10.2.3 高速避障

高速避障，即在高速下避开障碍。实际上，高速避障通常是指在已有的赛车跑道上用桩桶布置出发夹弯、蛇形穿桩等赛道，综合考验赛车加速、制动、转向的能力。高速避障赛分值为 150 分，占到了总成绩的 15%，同时作为耐久赛发车排位的参考，其重要程度难以忽视。本节主要讲解影响高速避障制胜关键的种种因素。

1. 熟悉赛道

（1）提前来到赛场

对于有条件的车队，建议可以提前一周左右的时间入驻赛场。在赛场方允许的情况下，在赛道上布置出与实际比赛接近的各个赛段，最大限度地还原出正式比赛的赛道绕桩布置。2015年FSC比赛前夕，十多支车队提前一周甚至更长的时间来到襄阳梦想赛车场，为的就是提前在赛场进行适应性训练。

虽然各赛段桩桶的布置并不一定与正式比赛完全一致，但不夸张地说，提早到赛道练习几天，对于高速避障的成绩会有着5s以上的提升。

（2）特殊赛段练习

即使不能提早来到赛场，在车队本地的场地也应该针对特殊赛道进行练习。应认真阅读规则中对高速避障赛道的说明，截取部分说明如下：

规则7.2.1

定半径弯：直径为23（75ft①）~45m（148ft）。

发夹弯：最小外径为9m（29.5ft）。

蛇形穿桩：交通锥标以7.62（25ft）~12.19m（40ft）的间隔直线排列。

在合适的场地布置桩桶，结合规则布置出蛇形穿桩、发夹弯、组合弯等赛段来进行实车训练。在真实赛场上，蛇形穿桩交通锥标间距有时大有时小，所以练习时也要加以练习。

（3）走赛道

通常在高速避障（Autocross）项目以及耐久赛项目正式比赛的前一晚，组委会就会在赛道上布置出正式的比赛桩桶，赛道将进行管制，不允许赛车在赛道上行驶，但允许车队成员在赛道上步行熟悉赛道。

车手在赛道行走时，可以将提前准备好的赛道图纸带上，并带好笔。走赛道的同时自己在赛道图纸上绘制出桩桶的布置情况。一方面绘制出桩桶区域规划出的形状，另一方面可以通过脚步丈量的办法粗略测算出各区域的大致尺寸并作出标示。同时，如果考虑到赛道各区域的干净或平整程度，车手同样可以在图纸上进行标注，在正式进行比赛之前对需要规避的区域进行强化记忆。

在图纸中绘制出赛道的详细布置情况之后，车手可以将注意力集中于行驶走线的规划上。高速避障比赛的精髓之一就在于将看似分段的各个赛段用

---

① 1ft = 0.304 8m。

第10章 赛车驾驶理论

流畅的走线连接在一起。越是顺畅的走线，往往越可以节省出更多的比赛用时。

赛车比赛中最为重要的部分是弯道，而弯道中最为重要的就是入弯点、弯心、出弯点。在走赛道的同时，车手可以将自己判断出的三个区域位置标注在自己的赛道图上。在这个过程中，诸如刹车点的选取、走线的注意事项——例如某个弯道考虑到前后赛道的连接是选择"晚入弯晚弯心"还是"早入弯早弯心"的策略，以及选择出各赛段的具体参照物等，都可以记录在赛道图上。通常为了确定出某一弯道的详细行驶策略，赛车手可以在这一路段反复行走多次，必要的时候也可尝试蹲下来让视线降低到驾驶赛车时的高度观察赛道，或者通过奔跑的方法来测试想象的赛道走线是否合适。熟悉车辆性能的车手也可同时将每个赛段预期的行驶挡位记录在图纸上。赛道图上走线策略的标记如图10-2所示。

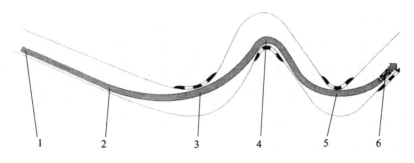

图10-2 赛道图上走线策略的标记
1—开始制动；2—入弯；3—切弯；4—切弯；5—切弯；6—出弯

有了上述工作的铺垫，车手就可以在正式比赛之前进行详细的"回忆练习"。通常10~20遍的回忆，车手就能对赛道的布置以及如何走线十分熟悉。

2. 正式比赛

高速避障一共由两个车手来完成，每个车手只有两次机会，在这两次机会中，第一次不适合一上来就用极限的速度去开，可以用70%~80%的速度，一边开一边感受赛道，将眼前所看到的这些锥桶和前一天走赛道时所记住的联系起来，力求达到看到这个锥桶，就能知道接下来的路线的水平。

完成第一个单圈之后，回到排队等候区，让队员迅速检查胎温胎压等数据，检查机油、水温是否正常，决定底盘是否需要微调。同时，心里要回忆，刚才那一圈，有哪里可以再推进的更狠一些，有哪里需要提前一点刹车，有哪里的加速踏板还需要控制等，随后开始第二圈。

第二圈，要将前面所有的信息都用上，尽力推进，同时避免撞锥桶，跑出干净的单圈。这圈结束之后，要把这两圈的赛道及赛车的所有信息告诉第二名车手，并且把赛车调整回他喜欢的设置，让第二名车手去冲击更好的成绩。

3. 底盘调校

适合跑直线的调校方式不一定适合跑弯道。比如后轮静态车轮外倾角在直线加速时为正，在八字绕环时为负，恰好是相反的。高速避障是直道与弯道的组合，在底盘调校上不会走前面两个项目的极端，而是应该折中考虑。因为高速避障赛道直道较短，赛车大部分时间在转弯，所以这个折中是更偏向于转向的折中。

相对于直线加速中近似恒加速度直行与八字绕环的近似定速转向，高速避障可谓是瞬息万变的比赛。其工况复杂，考验的是赛车的瞬态响应，故避震器的阻尼调节会显得更加重要。因为阻尼产生的反力响应基于速度而非位移，所以阻尼相当于一个动态弹簧。FSAE 赛车推荐的阻尼比为 0.5~0.7，比乘用车 0.2~0.3 的阻尼比要高不少。

阻尼的基础调节方法如下：为赛车寻找地面低频激励条件，可以使用爬坡法或是台阶法，如图 10-3 所示。爬坡法即寻找一凸起的小坡，驾驶赛车加速冲过去。台阶法需要将后轮或前轮置于台阶之上，再将赛车从台阶上推下。两种方法都是为了让赛车在路面给予的脉冲激励下以自身固有频率震荡起来。

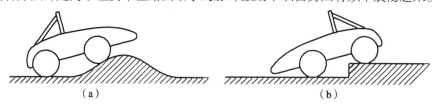

图 10-3 创造地面低频激励条件
(a) 爬坡法；(b) 台阶法

第 10 章 赛车驾驶理论

当车身上下振动起来时，用眼睛观察或是使用避震器行程传感器定量分析车身的振动。一遍遍地重复爬坡法或是台阶法，按照以下顺序调节避震器的阻尼：先调节振动更大的部分，通常是后悬，再调节前悬；先将阻尼调节至最软，再慢慢增加；先调节回弹阻尼，再调节压缩阻尼。

那么通常调节到什么状态为最佳呢？一般而言，将车身振动周期控制在 1.5~2 个周期是比较好的，如图 10-4 所示的避震器位移曲线，振动基本在第二个周期后就结束了。虽然继续加大阻尼会使车身更快恢复稳定，但是过大的阻尼会使轮胎受力变化过大、抓地力下降。

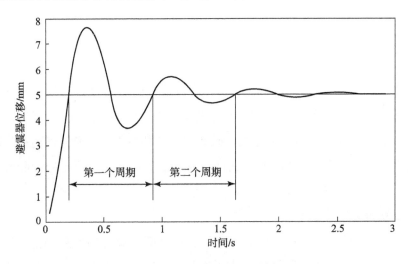

图 10-4 避震器位移曲线

10.2.4 耐久比赛

耐久赛通常会在大赛的最后一天进行。耐久赛的里程通常会设置在 22km 左右，由两位车手各驾驶 7 圈。当第一位车手完成比赛时，车队将在有限时间内在规定区域完成车手的交换。当赛车顺利完成耐久项目之后，车辆首先将被推到加油区进行再次加油，以确认在耐久赛过程中消耗了多少燃油。紧接着赛车还要进入指定的车检区域，进行赛后的复检工作。通常而言，耐久赛的赛道与高速避障赛的赛道相比是差不多的，只是增加了一段让赛道形成连续闭环的路段。

耐久比赛分值最高，满分 300 分，加上燃油经济性 100 分总共有 400 分。它也是所有比赛项目中难度最大、条件最苛刻的项目，除了考验了赛车的加速、制动、转向性能外，还考验了赛车的耐久性与可靠性。只有坚持完成了耐久比赛的赛车才算是真正意义上的完赛。

1. 比赛之前

耐久赛赛程很长，最能够暴露赛车潜在的各种问题。对于队员们而言，耐久赛前一晚必须对整车进行全面的检修，保证每一颗螺丝都要防松可靠。对于车手而言，必须全面了解车况，知道赛车可能存在的弱点，在比赛时要有意识地保护赛车。另外，就像高速避障比赛一样，车手应该在比赛前多走几遍赛道，并做好功课。

2. 正式比赛

耐久赛中车手驾驶的圈数更长，因此可以有更多的机会去体验和优化自己的走线。在耐久赛的数圈中，车手的驾驶通常都不是一成不变的，例如头两圈车手在可控范围内可尝试突破赛车的"极限"，以确定车辆在当时路况上的"极限点"。头两圈的尝试将有利于车手确定之后数圈的驾驶节奏和走线。

3. 更换车手

在换车手的时候，第一个车手应该将这几圈所获得的信息都告诉第二名车手，包括应对措施，以便其可以更好地操作赛车。车手更换区也是赛车状况频发的地带，如果对自己的赛车没有十足的把握，可以在换车手之前的最后一圈，降低对赛车极限的推进。例如尝试降低发动机转速来冷却，这样可以在一定程度上避免发动机熄火后由于局部高温过热而无法再次起动的窘境。

4. 沉着应对意外

在耐久比赛的过程中，一切都有可能发生。无论是发动机过热开锅了、气瓶没气了换不了挡、发动机故障没动力、胳膊没力气转不动方向盘、仪表失灵、刹车因过热而衰退、头盔带子没系上，或者是前翼上带着个锥桶跟着走，车手都要时刻记住：沉着应对，坚持完成比赛。

如果发动机出现了过热的情况，可能需要尽量选择更高的挡位，或者在

第 10 章 赛车驾驶理论

加速时留有余地;突然无法换挡了,全程用一个挡仍要跑出尽量好的成绩;如果闻到了一些奇怪的味道,或者听到了来自赛车的异常声音,或者感受到了异常的振动,这些信息都需要快速处理。总之,车手在赛场上不仅要时刻跑出最快圈速,还要敏锐地捕捉到赛车可能发生的问题、潜在的隐患,即使赛车出了问题,仍然可以安全地把赛车带回来并且成功完赛。

无论是顺利完赛,还是铩羽而归,全队的队员都会在收车区迎接自己的英雄。最后祝所有车手都能在比赛中享受驾驶赛车的过程,同时取得理想的成绩!

参 考 文 献

[1] 中国大学生方程式汽车大赛组委会. 中国大学生方程式汽车大赛规则（2015）[M]. 2015：1-20.

[2] 陈家瑞. 汽车构造 [M]. 北京：机械工业出版社，2009.

[3] 余志生. 汽车理论 [M]. 北京：机械工业出版社，2009.

[4] 王望予. 汽车设计 [M]. 北京：机械工业出版社，2004.

[5] Carroll, Smith. Tune to Win [M]. California, USA：Aero Publishers, Inc, 1978.

[6] Carroll Smith. Drive to Win [M]. USA：Carroll Smith Consulting Incorporated P. O. Box 2851, 1996.

[7] W. F. Milliken and D. L. Milliken. Race Car Vehicle Dynamics [M]. Pennsylvania, USA：Society of Automotive Engineers, Inc, 1995.

[8] Fred Puhn. How to Make Your Car Handle [M]. USA：H. P. Books, P. O. Box 5367, 1976.

[9] Michael, Royce. Learn & Compete [M]. London, UK：Racecar Graphic Limited, 2012.

[10] Ross, Bentley. Speed Secrets [M]. Wisconsin, USA：MBI Publishing Company, 1998.

[11] Matt Brown. Searching for the Limit in Formula SAE [M]. USA：Severn Car Publishing, 2011.

[12] Adam, Theander. Design of a Suspension for a Formula Student Race Car [D]. Stockholm, Sweden：KTH Royal Institute of Technology, 2004.

[13] 李松焱，闵永军，王良模，等. 轮胎动力学模型的建立与仿真分析 [J]. 南京工程学院学报（自然科学版），2009（9）：34-38.

[14] 倪俊. FSAE 赛车动力学仿真中轮胎模型应用 [J]. 汽车工程学报，2012

(9)：360 - 365.

[15] 王行. 方程式赛车操纵稳定性研究 [D]. 广州：广东工业大学，2013.

[16] 柴天. FSAE 赛车整车性能研究 [D]. 长沙：湖南大学，2009.

[17] 李朝青. 单片机原理及接口技术 [M]. 第3版. 北京：北京航空航天大学出版社，2005.

[18] 王建. 汽车测试技术 [M]. 北京：国防工业出版社，2013.

[19] 张亮，李杰，张天佑. USB 接口芯片 CH376 在专用控制系统中的应用 [J]. 兵工自动化，2014 - 03，33（3）：51 ~ 53.

[20] 钱翼稷. 空气动力学 [M]. 北京：北京航空航天大学出版社，2004.

[21] 杨洋. 大学生方程式赛车空气动力学性能改进研究 [D]. 北京：北京航空航天大学，2014.12.

[22] 吴望一. 流体力学 [M]. 北京：北京大学出版社，1982.

[23] 康宁，杨洋. 基于 CFD 技术的方程式赛车扩散器仿真分析 [A]. 北京航空航天大学第十一届研究生学术论坛文集 [C]. 2014：140 - 144.

[24] 滕艳琼. FSAE 赛车总布置及车身造型设计 [J]. 研究与开发，2013.

[25] Jingsi Wu, Owusu Agyeman Badu. Design, Analysis, and Simulation of an Automotive Carbon Fiber Monocoque Chassis [J]. SAE International, 2014.

[26] Paul F. Gardner, Design of an aluminum sandwich panel FSAE monocoque chassis [R]. PLTOFF, School of Engineering & Information Technology, 2011.

[27] Luke Matthew Bateman. Investigation Into A Monocoque Chassis For Formula SAE [D]. Head of School of Engineering, University of Queensland, 2005.

[28] 王国荣. 复合材料概论 [M]. 第3版. 哈尔滨：哈尔滨工业大学出版社，2011.

[29] 单辉祖. 材料力学（Ⅱ）[M]. 北京：高等教育出版社，2009.

[30] 赵帅，隰大帅，王世朝. FSAE 赛车车架的强度和刚度分析 [J]. 计算机辅助工程，2011，20（4）：53 - 56.

[31] 赵强，朱雄，刘晨曦. 大学生方程式赛车车架的拓扑优化设计 [J]. 农业装备与车辆工程，2011，240（7）：33 - 35，39.

[32] 姜立嫚. FSAE 赛车车架结构动态分析与优化设计 [D]. 北京：北京信

息科技大学，2012.
- [33] 赵文娟. YD02 赛车车架结构设计及其轻量化研究 [D]. 秦皇岛：燕山大学，2009.
- [34] 陈应津，马东. MSC 魔速教程 [Z]. 北京：MSC Software，2014.
- [35] 黄新民，华文林. 汽车发动机散热器散热面积的计算 [J]. 黄石高等专科学校学报，2004（4）：37-39.
- [36] 杨世铭，陶文铨. 传热学 [M]. 北京：高等教育出版社，2009.
- [37] 鸠田幸夫，渡边横三，关根太郎. 汽车设计制造指南 [M]. 北京：机械工业出版社，2012.
- [38] 黄家康. 复合材料成型技术及应用 [M]. 北京：化学工业出版社，2011.
- [39] 周龙保. 内燃机学 [M]. 北京：机械工业出版社，2010.
- [40] M84 Engine Management System User Manual [Z]. Australia，MoTeC Pty Ltd.

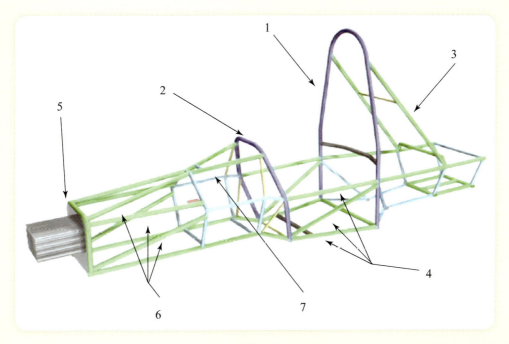

图 2-3 车架的基本结构

1—主环；2—前环；3—主环斜撑；4—侧边防撞结构；5—前隔板；6—前隔板支撑；7—前环支撑结构

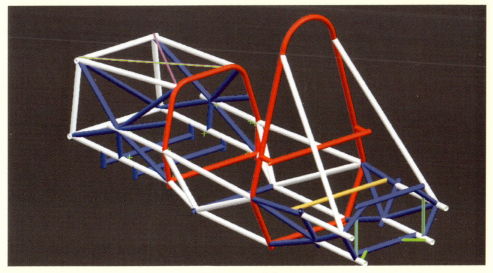

图 2-6 典型车架模型

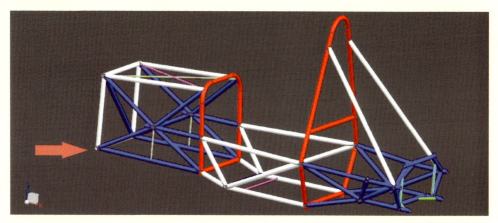

图 2-11　车架空间杆系

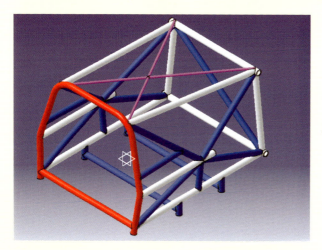

图 2-14　车架前鼻

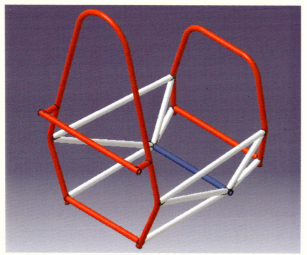

图 2-16　车架驾驶舱

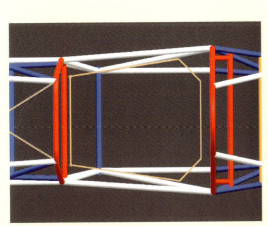

图 2-19 驾驶舱开口检测

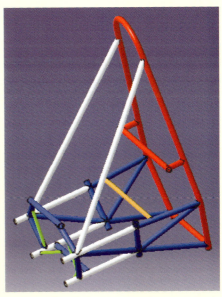

图 2-21 车架后部

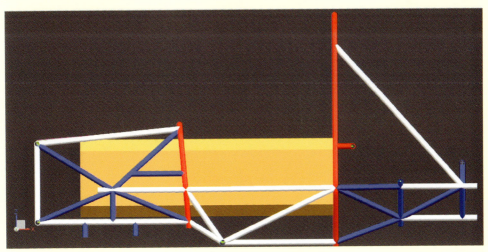

图 2-20 驾驶舱横截面检测

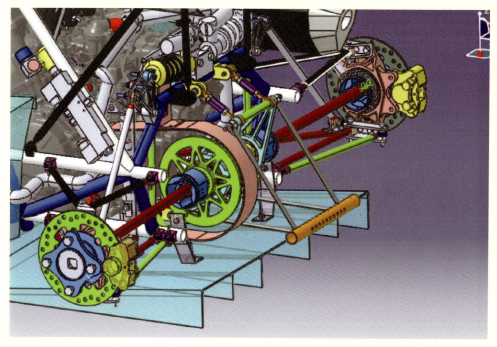

图 2-22　短车架总装模型

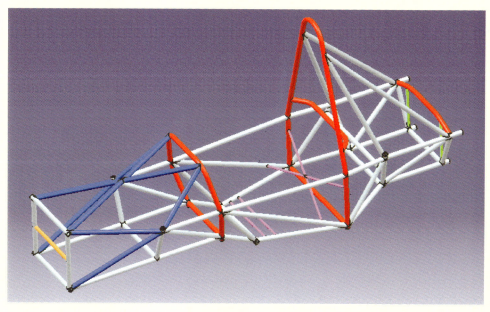

图 2-26　车架三维模型

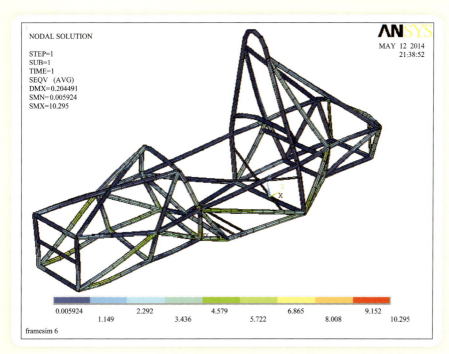

图 2-29 车架弯曲工况节点应力云图

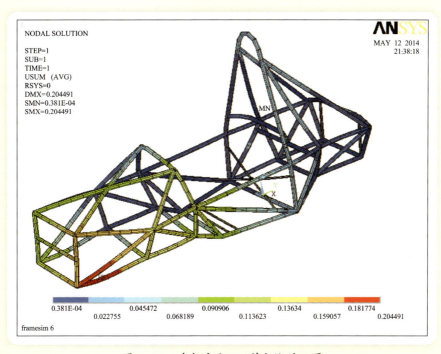

图 2-30 车架弯曲工况节点位移云图

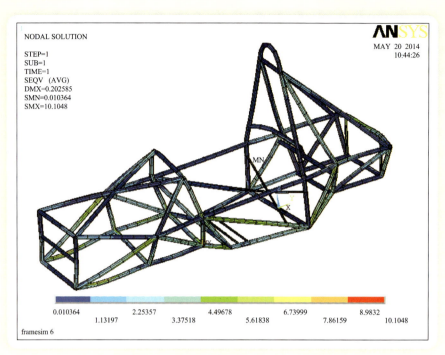

图 2-31　车架制动工况节点应力云图

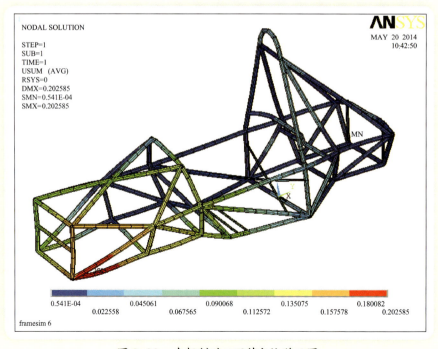

图 2-32　车架制动工况节点位移云图

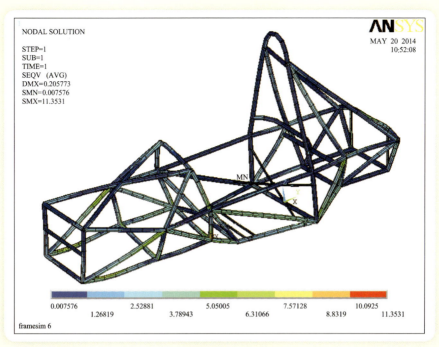

图 2-33 车架转弯工况节点应力云图

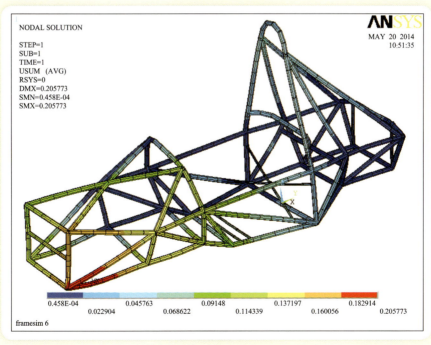

图 2-34 车架转弯工况节点位移云图

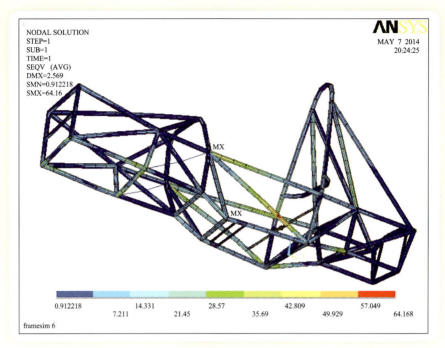

图 2-36 车架扭转刚度分析应力云图

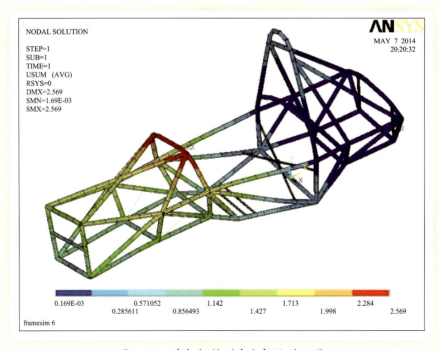

图 2-37 车架扭转刚度分析位移云图

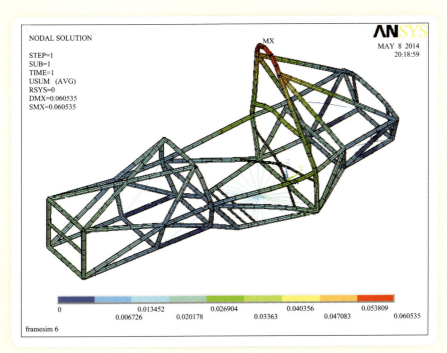

图 2-38 车架弯曲刚度应力云图

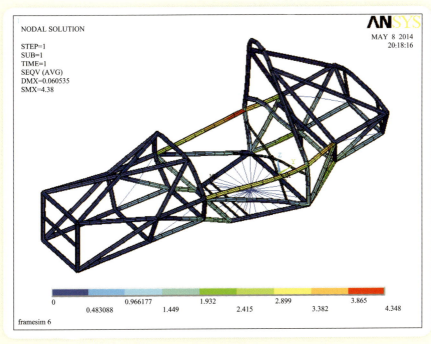

图 2-39 车架弯曲刚度位移云图

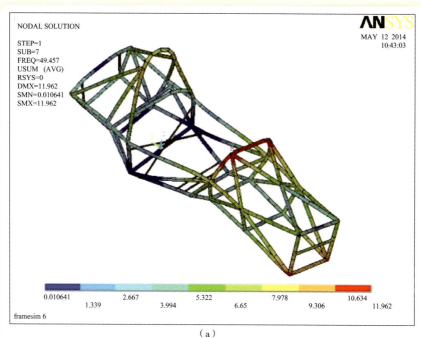

(a)

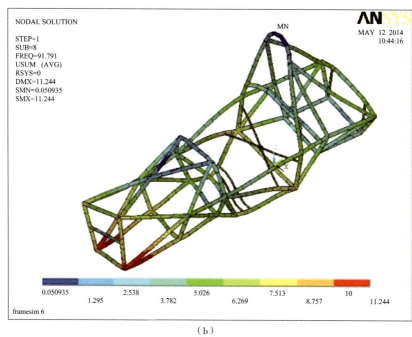

(b)

图 2-40　车架第 7~8 阶模态振型

(a)第 7 阶模态振型;(b)第 8 阶模态振型

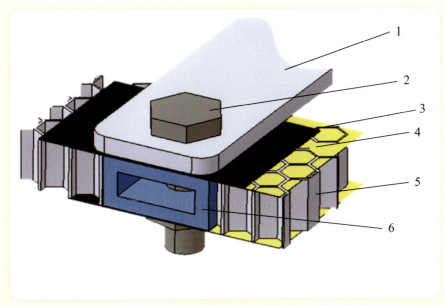

图 2-51 嵌入件、层合板、固定部件的装配模型
1—连接部件；2—螺栓；3—碳纤维树脂复合材料；4—胶膜；
5—蜂窝铝芯材；6—铝制嵌入件

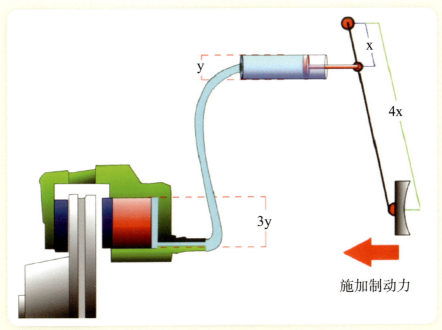

图 5-4 液压制动系统工作原理图

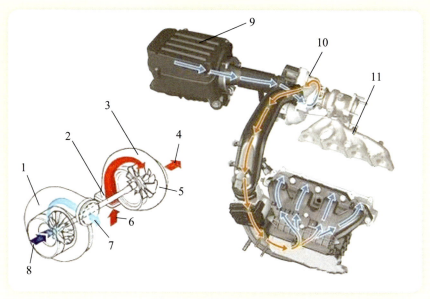

图 6-5　涡轮增压原理

1—压缩机壳体；2—转轴；3—涡轮壳体；4—涡轮废气出口；5—涡轮；6—涡轮废气入口；7—压缩机排气口；8—压缩机进气口；9—空气滤清器；10—涡轮增压器；11—排气歧管

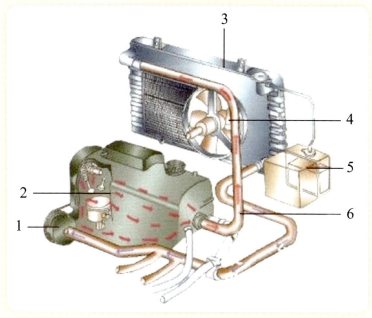

图 6-23　冷却系统构成

1—水泵；2—冷却水；3—散热器；4—风扇；5—溢流瓶；6—水管

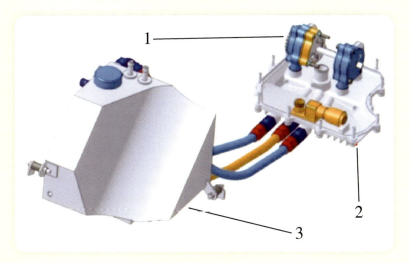

图 6-42　干式油底壳示意图
1—机油泵；2—集油盘；3—储油罐

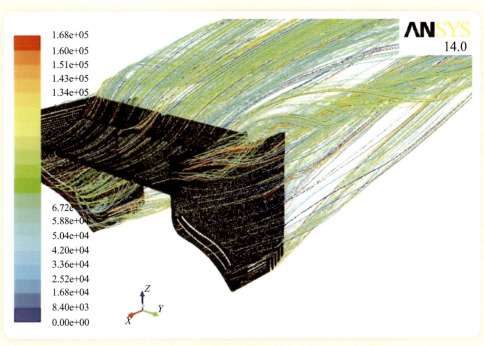

图 9-16　图 9 16 复杂开槽形式的后翼 CFD 仿真